Os Seis Livros da
República

Livro Sexto

Coleção Fundamentos do Direito

Ícone
editora

JEAN BODIN

TÍTULO ORIGINAL*

LES SIX LIVRES DE LA
RÉPUBLIQUE

* Tradução de *Les six livres de la République*, de Jean Bodin (1530-1596).
  Tratado publicado originalmente em seis volumes em Paris por Jacques Du Puys em 1576.
  Traduzido para o latim pelo próprio autor em 1586 com o título de *De Republica Libri Sex*.
  Reeditado em seis volumes, com a ortografia original, no "Corpus des œuvres de philosophie
  en langue française", coleção sob a direção de Michel Serres publicada pela Editora Fayard,
  Paris, 1986.

Dados Internacionais de Catalogação na Publicação (CIP)
(Câmara Brasileira do Livro, SP, Brasil)

Bodin, Jean, 1530-1596.
Os seis livros da República : livro sexto /
Jean Bodin ; tradução e revisão técnica José
Ignacio Coelho Mendes Neto. -- 1. ed. -- São Paulo :
Ícone, 2012. -- (Coleção fundamentos do direito)

Título original: Les six livres de la
République : livre sixième.
ISBN 978-85-274-1136-3

1. Ciências políticas - Obras anteriores a 1800
2. O Estado 3. Soberania I. Título. II. Série.

10-06958   CDD-320.15

Índices para catálogo sistemático:

1. República : Ciências políticas   320.15

Jean Bodin

Os Seis Livros da República

Livro Sexto

Título Original
Les Six Livres de la République – Livre Sixième

Tradução e Revisão Técnica
José Ignacio Coelho Mendes Neto

Coleção Fundamentos do Direito

1ª Edição   Brasil – 2012

© Copyright da tradução – 2012
Ícone Editora Ltda.

COLEÇÃO FUNDAMENTOS DO DIREITO

Conselho Editorial
Cláudio Gastão Junqueira de Castro
Diamantino Fernandes Trindade
Dorival Bonora Jr.
José Luiz Del Roio
Marcio Pugliesi
Marcos Del Roio
Neusa Dal Ri
Tereza Isenburg
Ursulino dos Santos Isidoro
Vinícius Cavalari

Título Original
Les Six Livres de la République – Livre Sixième

Tradução e Revisão Técnica
José Ignacio Coelho Mendes Neto

Revisão do Português
Saulo C. Rêgo Barros
Juliana Biggi

Projeto Gráfico, Capa e Diagramação
Richard Veiga

Proibida a reprodução total ou parcial desta obra, de qualquer
forma ou meio eletrônico, mecânico, inclusive por meio de processos
xerográficos, sem permissão expressa do editor. (Lei nº 9.610/98)

Todos os direitos reservados à:
ÍCONE EDITORA LTDA.
Rua Anhanguera, 56 – Barra Funda
CEP: 01135-000 – São Paulo/SP
Fone/Fax.: (11) 3392-7771
www.iconeeditora.com.br
iconevendas@iconeeditora.com.br

Índice

Capítulo I
Do censo e se é conveniente recensear a quantidade
de súditos e obrigá-los a entregar por declaração
os bens que possuem, 11

Capítulo II
Das finanças, 33

Capítulo III
O meio de impedir que as moedas tenham seu
preço alterado ou sejam falsificadas, 97

Capítulo IV
Da comparação entre as três Repúblicas legítimas,
a saber, o estado popular, aristocrático e real,
e porque o poder real é o melhor, 119

Capítulo V

Que a monarquia bem ordenada e real não se transmite por escolha, nem por sorteio, nem por linhagem feminina, mas é transmitida por direito sucessório ao varão mais próximo do ramo paterno, e sem partilha, 157

Capítulo VI

Da justiça distributiva, comutativa e harmônica, e de qual proporção existe entre elas e o estado real, aristocrático e popular, 199

O Sexto Livro da
REPÚBLICA

Capítulo I

Do censo e se é conveniente recensear a quantidade de súditos e obrigá-los a entregar por declaração os bens que possuem

Até aqui discorremos e deduzimos amplamente a primeira parte da definição da República, a saber, o reto governo de vários lares com poder soberano, e o que depende dessa definição. Resta agora falar da segunda parte, a saber, do que é comum à República e reside na administração das finanças, do território, das rendas e receitas, talhas e impostos, moedas e outros encargos para a manutenção da República. E, para compreender isso, falemos primeiramente do censo. *Census*, em bons termos, não era outra coisa senão a estimativa dos bens de cada um[1]. E como temos que tratar das finanças, é preciso falar do censo e mostrar que, de todas as magistraturas de uma

---

1 Festo liv. 4.

República, não há nenhuma que seja mais necessária. E se sua necessidade é evidente, sua utilidade é ainda maior, seja para apreender a quantidade e qualidade das pessoas, seja para estimar e declarar os bens de cada um, seja para regular e educar os súditos[2]. Fico espantado como uma coisa tão bela, tão útil e tão necessária é desprezada, visto que todos os povos gregos e latinos já a usavam muito antigamente, uns todos os anos, diz Aristóteles, outros a cada três, quatro ou cinco anos, fazendo a estimativa dos bens de cada um em particular. Assim, Demóstenes[3], tendo feito um extrato dos papéis censuários, disse ao povo que a receita total do território da Ática chegava a sessenta mil talentos, ou trinta e seis milhões de escudos coroa.

Os gregos tinham censores

Também os romanos, imitadores dos gregos nas coisas louváveis, fizeram muito bem em adotar esse costume e levá-lo para Roma. Quem o fez foi o rei Sérvio, que por esse motivo é muito louvado pelos historiadores[4]. Embora o povo tivesse abolido e cassado todos os éditos e ordenanças dos reis depois de expulsá-los, o censo permaneceu como o fundamento das finanças, dos impostos e encargos públicos, e foi continuado sob o governo dos cônsules.

Os latinos e romanos tinham censores

Depois que os cônsules foram alijados, para os negócios de guerra foi instituído o ofício dos censores[5], sessenta e seis anos depois que os cônsules o exerceram. Os primeiros chamados censores foram L. Papírio e L. Semprônio, que detiveram o estado por cinco anos. Porém, dez anos depois, L. Emílio Mamerco reduziu o tempo da censura a dezoito meses[6]. Logo depois o costume foi seguido por todas as cidades da Itália e até nas colônias romanas, que levavam a Roma os papéis censuários. Depois esse estado foi sempre continuado, e o próprio ditador César deu-se ao trabalho de ir de casa em

---

2 Aristóteles, Política liv. 5 cap. 8.

3 No discurso περι των συμμοριων.

4 Dionísio de Halicarnasso liv. 4; Lívio.

5 No ano 310 da fundação de Roma.

6 Lívio liv. 9.

Livro Sexto – Capítulo I

casa fazer o ofício de censor, já que se chamava *magister morum*. E assim que o imperador Augusto retornou a Roma após a vitória sobre Marco Antônio, o senado conferiu-lhe por decreto o cargo de censor[7], chamando-o de *praefectum morum*. Ele fez três vezes a contagem dos cidadãos romanos e dos bens de cada um, e não somente dos burgueses romanos que estavam espalhados por todo o Império, mas também de todos os súditos de cada província. Por isso, nunca houve imperador que deixou o Império em estado mais belo do que ele[8]. Depois o estado foi interrompido sob a tirania de Tibério e retomado pelo imperador Cláudio, que fez o 74º lustro. Foi abandonado por Nero e continuado imediatamente por Vespasiano, que fez o 75º lustro. Foi abandonado sob a tirania de Domiciano, que se nomeou censor perpétuo e não fez um único lustro[9]. Mais ou menos cento e cinquenta anos depois, o imperador Décio fez o senado nomear censor Valeriano, com poder infinito, e depois que esse ofício foi abandonado o Império só fez declinar.

É verdade que os imperadores da Grécia instituíram um ofício que chamaram de *magistrum census* para receber as insinuações, os testamentos, os atos públicos, os nomes e idades de cada um, mas não com a dignidade e poder dos antigos censores. Todavia, é certo que todas as cidades sujeitas ao Império Romano ainda tinham censores sob o imperador Trajano e que os senadores de cada cidade eram eleitos pelos censores, como se pode ver numa epístola de Plínio, o Jovem, ao imperador Trajano. E sem ir mais longe que este reino, lemos que o rei Childeberto, por sugestão e insistência de Maroveus, bispo de Poitiers, fez um édito no qual ordenou que se fizesse a contagem dos súditos e dos bens de cada um, como ainda se faz às vezes em Veneza, Gênova e Lucca, onde há censores em título de ofício. Em Veneza mesmo, no ano 1566, criou-se três magistraturas que foram chamadas I SEIGNORI SOPRA IL BEN VIVERE DE LA CITA. No ano anterior eu havia publicado um livro[10] no qual, ao falar do estado de Veneza, eu disse que, entre o grande número de oficiais que eles tinham, eles haviam esquecido os mais necessários, que eram os censores. Todavia, não quiseram chamá-los de censores, temendo talvez que a severidade do nome diminuísse a liberdade

---

7 No ano 735 da fundação de Roma. Díon liv. 54.

8 Suetônio, Augusto.

9 Suetônio, Domiciano.

10 O Método da História, cap. 6.

dessa cidade dissoluta em prazeres e volúpias. A República de Genebra, em vez de censores, delegou junto aos ministros doze pessoas eleitas, duas no Conselho dos 25 e dez nos Conselhos dos 60 e dos 200, não como magistrados, mas como anciãos, e seguram os súditos em rédea tão curta que muito poucos delitos ficam impunes. Não se deve duvidar que sua República florescerá nos bons costumes enquanto for guiada pela mão dos anciãos.

Vemos, portanto, que nunca houve República bem ordenada que não tenha usado censores e censo. Nisso muitos se enganam ao pensar que Davi foi repreendido e punido por ter recenseado a quantidade dos súditos, visto que o próprio Deus ordenou a Moisés que o fizesse depois de ter saído do Egito, e depois novamente antes de entrar na Palestina[11], e não somente a quantidade, mas também as famílias e nomes de cada um em detalhe, antes que conquistassem qualquer coisa. Mas o erro que cometeu Davi foi de esquecer o mandamento de Deus que dizia que, quando se recenseasse a quantidade do povo, cada um deveria oferecer a Deus duas dracmas de prata, como José observou muito bem. O texto da lei é formal a esse respeito[12]. Isso era talvez para suprimir a impiedade dos pagãos, que, ao recensear a quantidade dos súditos, ofereciam aos seus deuses alguma moeda de prata por cabeça, como em caso semelhante Deus ordena que se esparja o sangue das hóstias sacrificadas em cima e dos lados do altar, isso porque tinham o costume de oferecê-lo aos diabos[13], o que é expressamente proibido pela lei[14]. Parece que o rei Sérvio tinha tomado essa cerimônia dos povos do Oriente quando ordenou que fosse colocado um baú dentro da igreja de Juno Lucina, no qual se colocava um tostão para cada um que nascesse, e outro no templo de Juventa, no qual também se colocava um tostão para cada um que tinha atingido os dezessete anos, que era a idade na qual se passava a usar a toga simples sem púrpura. O terceiro estava no templo de Vênus Libitina, no qual se colocava um tostão para cada um que morria[15]. Esse costume permaneceu para sempre, ainda que a censura tenha sido abandonada, assim como em Atenas cada um era registrado aos quatorze anos nos registros da República[16].

---

11 Números cap. 1, 2, 3, 4, 26, 31.

12 Êxodo cap. 30.

13 Maimônides liv. 3.

14 Levítico cap. 17.

15 Dionísio de Halicarnasso liv. 4; Capitolino, Gordiano.

16 Plutarco, Sólon.

Contagem do povo eleito de Deus

Mas a contagem do povo que Deus ordenou que fosse feita era apenas daqueles que podiam portar armas, a partir de vinte anos e acima, na qual parece que os anciões sexagenários não estavam incluídos. Não obstante, feitas as contas por nomes e por cabeças calculou-se seiscentas e trinta mil quinhentas e cinquenta pessoas, além da linhagem de Levi, que tinha vinte e duas mil a partir de um mês e acima, o que dava um total de 652 mil quinhentas e cinquenta. Quarenta anos depois que o número foi calculado e que todos aqueles que haviam sido recenseados tinham morrido, exceto Moisés, Josué e Caleb, contou-se seiscentas e vinte e quatro mil e setecentas e setenta e três, incluindo os levitas[17], sem as mulheres, os escravos, os anciões e a juventude abaixo de vinte anos, que eram no mínimo o dobro disso. Mas Tito Lívio, ao falar do número de cidadãos que havia em Roma, diz no livro terceiro: *Censa sunt civium capita centum quattuor et XV milia praeter orbus, orbasque*. E Floro no livro LIX: *censa sunt civium capita CCCXIII milia, DCCCXXIII praeter pupillos et viduas*. Cinco anos depois ele diz: *censa sunt civium capita CCCXC milia, DCCXXXVI* e no lustro seguinte *CCCXCIV milia CCCXXXVI*, no lustro seguinte 450 mil e no outro depois 150 mil. Deixo de lado os lustros precedentes, que são todos maiores que este último. Mas parece que as burguesas romanas não estavam excluídas, como se depreende disso que notei, dado que somente as viúvas e os órfãos eram excluídos. No entanto, Floro diz no livro XXVII: *Censa sunt CXXXVII milia civium: ex quo numero apparuit, quantum hominum tot praeliorum adversa fortuna populi Romani abstulisset*, e no lustro precedente ele diz: *Censa sunt civium capita CCLXX milia* como se quisesse dizer que as perdas que eles haviam sofrido contra Aníbal tivessem levado cento e trinta e três mil burgueses, pois se as mulheres, que não iam para a guerra, tivessem sido incluídas, só teria restado mulheres, visto que elas são sempre em número igual ou superior ao dos homens, como mostrei anteriormente. Em Atenas houve uma acima do número de homens, como diz Pausânias, mas a dificuldade foi resolvida por Tito Lívio quando ele diz, ao falar do sétimo lustro: *Civium qui puberes essent supra centum decem milia erant: mulierum autem et puerorum, servorumque, et mercatorum, et sordidas artes exercentium (si quidem Romanorum nemini cauponariam, aut operosam*

---

17 Êxodo cap. 12.

artem tractare licuit) triplo plus quam turbae civilis. Disso se depreende que os mercadores, artesãos, as mulheres e crianças não estavam incluídos na contagem. Quanto aos escravos, não eram contados entre os burgueses, mas entre os bens móveis, que eram geralmente cinquenta para um. Mesmo em Atenas havia cem vezes mais escravos que homens livres na contagem que foi feita, pois para dez mil estrangeiros e vinte mil burgueses havia quatrocentos mil escravos. E do número que foi calculado para os habitantes de Veneza há mais ou menos vinte anos havia duas mil mulheres a mais do que os homens, como observei acima.

As utilidades que se pode obter com a contagem dos súditos

As utilidades que revertiam para o público graças à contagem que se fazia eram infinitas. Primeiramente quanto às pessoas, sabia-se a quantidade, a idade, a qualidade e quantas poderiam ser tiradas, seja para ir para a guerra, seja para permanecer, seja para enviá-las às colônias, seja para empregá-las nos labores e corveias das reparações e fortificações públicas, seja para saber as provisões ordinárias e os víveres que eram necessários para os habitantes de cada cidade, principalmente quando se devia resistir ao cerco dos inimigos, o qual é impossível remediar se não se souber a quantidade de súditos. E quando só houvesse o bem que advém de se saber a idade de cada um, elimina-se um milhão de processos e litígios que são movidos para as restituições e atos referentes à minoridade ou maioridade das pessoas. Esse foi o principal motivo pelo qual o chanceler Poyet, entre as ordenanças louváveis que mandou publicar, quis que os prelados mantivessem registro daqueles que nascessem. Porém, como os registros não são observados como se deve, a ordenança é mal executada.

Meio de eliminar os processos

Quanto à qualidade, vê-se uma infinidade de processos por nobreza que seriam eliminados por esse meio, e os processos de falsidade por usurpação dos nomes, dos parentes, do país, do estado e da qualidade de cada um, nos quais, por falta de censores e de papéis censuários, não se enxerga nada. É o que se viu no número de burgueses de Atenas que Péricles mandou contar devido às prerrogativas e privilégios que eles tinham com relação aos estrangeiros. Contou-se treze mil trezentos e sessenta burgueses e cinco mil estrangeiros que se comportavam com qualidade de burgueses e que foram vendidos como escravos[18]. Além disso, para regular e ordenar os estados, corpos e colégios segundo os bens e a idade de cada um, como se fazia em Roma e na Grécia, é mais do que necessário saber o número de súditos, e para recolher os sufrágios nas eleições o número também é exigido, assim como para repartir o povo em dezenas, centenas e milhares também é preciso saber a quantidade do povo.

Meio de expulsar os vagabundos e a escória da República

No entanto, um dos maiores e principais frutos que se pode obter com o censo e a contagem dos súditos é que se pode conhecer qual estado, qual profissão cada um exerce, com o que ganha sua vida, a fim de expulsar das Repúblicas as vespas que comem o mel das abelhas e banir os vagabundos, os indolentes, os trapaceiros, os rufiões que estão entre as pessoas de bem como os lobos entre as ovelhas. Seriam vistos, marcados e identificados em toda parte. Quanto à contagem dos bens, não é menos necessária que a das pessoas. Cassiodoro diz dela[19]: *Orbis Romanus agris divisus, censuque descriptus est, ut possessio sua nulli haberetur incerta, quam pro tributorum susceperat quantitate solvenda*. Portanto, se toda a extensão do Império Romano estava incluída na contagem para que se soubesse os encargos que cada um devia ter levando em conta os bens que possuía.

Meios de igualar os encargos e impostos segundo os bens de cada um

Não será isso ainda mais necessário hoje em dia, já que há mil espécies de impostos em todas as Repúblicas que os antigos nunca conheceram? Esse ponto é de tamanha importância que deve bastar na falta de outra coisa para fazer com que cada um apresente por declaração os bens e receitas que possui,

---

18 Plutarco, Péricles.
19 Liv. 2 epístola 83.

como se fez na Provença em 1471. Quando depois se revelou com toda evidência que um terço era oprimido pelos outros dois, isso foi consertado pelo édito do rei Francisco I feito em 1534 e por outro édito do seu sucessor. Por causa deste último os três estados da Provença entraram em grande processo levado ao Parlamento de Paris, no qual foi dito por sentença provisória que todas as pessoas, de qualquer qualidade que fossem, pagariam os encargos e impostos segundo os cadastros feitos em 1471, nos quais estavam recenseados três mil lares distribuídos por contribuição, sem levar em conta nem as famílias nem as pessoas, mas as terras contribuintes. Para a cobrança das dízimas em 1516 também se precisou fazer contagens e declarações de todos os benefícios deste reino. Não obstante, as mudanças advindas exigiram novas contagens, pois tal beneficiário paga mais da metade, o outro não paga nem a trigésima parte das décimas. O mesmo foi exigido pelo advogado do rei Marillac para os fogais[20] na Provença. Por esse meio prover-se-ia as justas queixas e reclamações dos pobres, que os ricos têm costume de taxar, ao mesmo tempo em que se isentam em todo o reino da França, assim como na Provença e no Languedoc. Por esse meio cessariam as sedições que são corriqueiras em todas as Repúblicas por causa da desigualdade dos encargos. Além disso, todos os processos que estão perante os juízes dos auxílios seriam cortados pela raiz ou suprimidos em sua maioria.

Meio de obviar as concussões, furtos e favor daqueles que compõem o departamento dos impostos e subsídios

Por esse meio as concussões, os auxílios, os favores dos eleitos, fiscais e outros oficiais que têm por tarefa igualar os impostos seriam descobertos, ou pelo menos os processos seriam fáceis de eliminar nos registros dos censores.

Costume louvável dos atenienses

Ou então poder-se-ia propor o costume dos antigos atenienses de que, se houvesse alguém sobrecarregado que tivesse menos bens que outro, ele poderia obrigar o menos taxado a assumir seu encargo ou a trocar seus bens com ele,

---

20 [N.T.]: Antigo imposto pago por cada fogo ao senhor feudal.

como Isócrates que perdeu contra Lisimáquides e ganhou contra Megálides[21]. Por esse meio também se saberia quem são os pródigos, os cessionários, os bancarroteiros, os ricos, os pobres, os falidos, os usurários, e em que lugar uns ganham tantos bens e outros gastam tudo, para remediar tal situação, já que com a pobreza extrema de uns e riqueza excessiva dos outros vê-se tantas sedições, distúrbios e guerras civis. Ademais, todos os éditos e ordenanças, e geralmente todos os despachos, julgamentos e sentenças referentes às penas pecuniárias e multas seriam regulados segundo a verdadeira distribuição de justiça quando se soubesse os bens e o alcance de cada um, levando também em conta que a pena não deve exceder o pecado. Assim, as enganações que se comete nos casamentos, nas vendas, nos mercados e em todas as negociações públicas e privadas seriam descobertas e conhecidas. Deixo de lado uma infinidade de processos relativos às sucessões, partilhas e hipotecas, que são fechadas e secretas em sua maioria e que seriam verificadas pelos registros sem investigação, o que evitaria os gastos dos súditos e as falsidades e falsos testemunhos que são forjados em toda parte.

Talvez me dirão que é coisa difícil expor ao ridículo a pobreza de uns e à inveja a riqueza de outros. Eis o principal argumento que se pode usar para impedir uma coisa tão louvável e tão santa. Porém, digo ao contrário que cessará a inveja contra aqueles que pensamos ser ricos e que não têm nada, assim como a zombaria contra aqueles que possuem os bens mas são considerados pobres. Será preciso que a inveja dos mal-intencionados ou a zombaria dos galhofeiros impeça uma coisa tão santa e tão louvável? Nunca o sábio Príncipe nem o bom legislador levaram em consideração a inveja ou a zombaria quando se trata de boas leis e ordenanças. Além disso, a lei mencionada diz respeito apenas aos móveis e não aos imóveis. Se disserem que não é bom que se conheça o andamento, o tráfico, a negociação dos mercadores, que reside com frequência em papéis e em crédito, que também não é bom que se divulgue o segredo das casas e das famílias, eu respondo que são apenas os enganadores, os trapaceiros e aqueles que ludibriam os outros que não querem que seu jogo seja descoberto, que suas ações sejam entendidas, que sua vida seja conhecida. Mas as pessoas de bem, que não temem a luz, sempre terão prazer em tornar conhecidos seu estado, sua qualidade, seu patrimônio, sua

---

21 Plutarco na Vida dos oradores.

maneira de viver. Um arquiteto disse um dia ao tribuno Drúsio que faria a abertura de sua casa de modo que ninguém tivesse vista sobre ele.

Notável resposta de um tribuno

"Mas por favor", disse então Drúsio, "faça de modo que se possa ver de todos os lados aquilo que faço em minha casa". Veleio Patérculo, que narra a história, diz que esse homem era *sanctus et integer*.

O censo é contrário aos malvados

É principalmente contra os malvados que é preciso realizar o censo. De fato, antigamente cada romano fazia um registro de todas as suas ações, de sua despesa e de todos os seus bens. Porém, com o declínio do Império, quando os vícios começaram a proliferar, cessaram de fazê-lo, diz Ascônio, porque muitos eram condenados pelos seus registros. Creio que só há os tiranos, usurários, ladrões e cessionários que têm ódio do censo e impedem tanto quanto podem que seja feita a contagem dos bens, como observei em Tibério, Calígula, Nero, Domiciano. Portanto, é pura zombaria alegar que isso serviria aos tiranos para fazer exações sobre o povo, pois não há tirano tão cruel que não preferira tomar do rico que do pobre. E por falta de censo os pobres são escorchados e os ricos sempre escapam. Por isso se vê que, pelas manobras dos ricos burgueses e usurários romanos, de seis censores eleitos consecutivamente em um ano, nem um único deles pode realizar o censo[22]. Os tribunos, ao queixarem-se disso diante do povo, diziam que os senadores temiam os registros e ensinamentos públicos, que revelavam os bens de cada um e as dívidas ativas e passivas, por meio das quais se teria sabido qual parte dos burgueses era lesada pela outra e roída pelas usuras. Destarte, os tribunos declararam que não tolerariam que um devedor fosse adjudicado aos credores nem alistado para ir à guerra sem que se tivesse visto por declaração as dívidas de cada um para decidir do modo que se visse ser mais correto. Então os devedores reúnem-se em torno do tribuno para prestar-lhe conforto e auxílio.

Por que então o credor honesto temeria que se visse as dívidas contraídas por ele? Por que não quereria que se conhecesse as sucessões legítimas que lhe

---

22 Lívio liv. 6.

cabem? Por que impediria que se constatasse os bens adquiridos justamente com sua indústria e labor? Isso sempre reverterá em elogio e honra para ele. E se for homem de bem, se prezar a conservação da República e o alívio dos pobres, ele não criará dificuldade para entregar seus bens por declaração para ajudar o público quando for necessário. E se for malvado, se for usurário, concussionário, usurpador do público, ladrão dos particulares, terá razão de impedir e opor-se tanto quanto puder a que seus bens, sua vida, suas ações sejam conhecidas. Mas não é certo pedir a opinião dos taberneiros se se deve suprimir os cabarés, nem das mulheres dissolutas se se deve eliminar o bordel, nem dos banqueiros se se deve abolir as usuras, nem dos malvados se se deve ter censores. Ora, todos os antigos gregos e latinos sempre falaram do censo como de uma coisa divina que conservou a grandeza do Império dos romanos enquanto os censores tiveram credibilidade.

Julgamento dos antigos a respeito do censo

Tito Lívio[23], ao falar do rei Sérvio, que foi o primeiro a dispor que cada um entregaria seus bens por declaração, disse: *Censum instituit, rem saluberrimam tanto futuro imperio*. Mas depois que os censores foram alçados a título de ofício no lugar dos cônsules e que começaram pouco a pouco a tomar conhecimento dos hábitos e da vida de cada um, então se começou a respeitar os censores e a reverenciá-los mais que todos os outros magistrados.

Encargo dos antigos censores

Diz Tito Lívio sobre isso[24]: *Hic annus Censurae initium fuit, rei a parva origine ortae, quae deinde tanto incremento aucta est, ut morum, disciplinaeque Romanae penes eam regimen, senatus, equitumque centuriae, decoris dedecorisque discrimem sub ditione eius magistratus, publicorum ius privatorumque locorum, vectigalia populi Romani sub nutu, atque arbitrio essent.* Por conseguinte, era encargo dos censores receber a contagem dos bens e das pessoas, ser superintendentes das finanças, consolidar os impostos e pedágios e todo o domínio da República, corrigir os abusos, instituir ou destituir os senadores, cassar as

---

23 Lívio liv. 1.

24 Liv. 4.

pessoas das ordenanças e da ordem de cavalaria, censurar e notar a vida e os hábitos de cada um. Plutarco[25] fala dela ainda mais altamente, chamando a censura de ofício sacratíssimo e poderosíssimo. Dir-se-á, talvez, que o encargo era grande. Todavia, num império tão grande bastavam dois censores. Mas pode-se dividir os encargos, pois instituir ou destituir os senadores foi atribuído aos censores para descarregar o povo, diz Festo, o que não se poderia fazer na monarquia, na qual o Príncipe escolhe especialmente os do seu conselho.

O censo é o meio para corrigir os abusos em todos os estados

Contudo, seria preciso que os superintendentes das finanças fossem verdadeiros censores, quer dizer, pessoas sem mácula, pois sempre se deve entregar a bolsa ao mais leal e a correção dos abusos ao mais íntegro. Quanto à correção dos abusos, é talvez a coisa mais bela e mais excelente que já foi introduzida em qualquer República do mundo e que mais manteve a grandeza desse império. Afinal, assim como os censores eram sempre eleitos entre os homens mais virtuosos de toda a República, assim também eles se esforçavam para conformar os súditos ao verdadeiro objetivo de honra e virtude. Isso se fazia de cinco em cinco anos e depois que se havia feito o balanço das finanças e consolidado o domínio. E se o censo era abandonado, como acontecia às vezes por causa da duração das guerras, percebia-se à vista de todos que os hábitos do povo se corrompiam e que a República se tornava doente, como um corpo que deixa de fazer suas purgações ordinárias. Foi o que se viu durante a Segunda Guerra Púnica, quando não se pôde realizar o censo comodamente. Mas assim que Aníbal se retirou do território de Nápoles, os censores, diz Tito Lívio[26], *ad mores hominum regendos animum adverterunt, castigandaque vitia, quae, velut diutinos morbos aegra corpora ex sese gignunt, nata bello erant.* No entanto, eles se detinham apenas nos abusos que não são levados à justiça, pois os magistrados e o povo tomam conhecimento dos assassinatos, dos parricídios, dos furtos, das concussões e outros crimes semelhantes que são punidos pelas leis. Não basta, dirá alguém, punir suficientemente os crimes e delitos contidos nos éditos e ordenanças? Eu digo que as leis só corrigem as

---

25 No Catão maior.

26 Liv. 24.

maldades que perturbam o repouso da República, e os mais destacados em maldade escapam quase sempre à pena das leis, como as grandes bestas rompem facilmente as teias das aranhas. E qual é o homem tão mal aconselhado que medirá a honra e a virtude pelo padrão das leis? *Quis est*, dizia Sêneca, *qui se profitetur legibus omnibus innocentem? Ut hoc ita sit, quam angusta est innocentia ad legem bonum esse: quanto latius patet officiorum, quam juris regula? Quam multa pietas, humanitas, liberalitas, justitia, fides exigunt, quae extra publicas tabulas sunt!*

Os maiores e mais frequentes vícios castigados pela censura que foram aceitos por leniência das leis

Bem se sabe que os vícios mais detestáveis e que mais desgastam a República nunca vão a juízo. A perfídia, que é um dos vícios mais abomináveis, nunca é punida pela lei. Mas os censores, diz Cícero, não se interessavam mais por coisa do mundo do que pela punição do perjúrio. A embriaguez, os jogos de azar, as devassidões e lubricidades são permitidos com uma licenciosidade transbordante; e quem pode remediá-los senão a censura? Também se vê a maioria das Repúblicas cheias de vagabundos, de vadios, de rufiões, que corrompem pelo fato e pelo exemplo todos os bons súditos; e não há meio de expulsar esses vermes senão pela censura.

Razão necessária para restabelecer a censura

Há decerto uma razão especial que mostra que a censura é mais necessária do que já foi outrora, pois havia antigamente em cada família justiça alta, média e baixa: o pai sobre os filhos e o senhor sobre os escravos tinham poder de vida e de morte com soberania, se se pode dizer assim, e em última instância; e o marido tinha o mesmo poder sobre a mulher em quatro casos, como dissemos no lugar apropriado. Mas agora que tudo isso acabou, que justiça se pode esperar da impiedade dos filhos para com os pais e mães? Do mau governo entre pessoas casadas? Do desprezo pelos patrões? Quantas filhas vemos serem vendidas e desonradas pelos próprios pais? Ou que preferem ser abandonadas do que casadas? Não há meio de remediar isso a não ser pela censura. Não falo aqui da consciência com relação a Deus, que é a primeira e principal coisa pela qual toda família e República deve zelar, coisa que foi sempre reservada aos pontífices, bispos e intendentes e que os magistrados devem controlar com especial atenção. Afinal, embora a lei de Deus ordene que cada um compareça diante dele nas três grandes festas do ano pelo menos[27], há alguns que nunca vão. E pouco a pouco do desprezo pela religião nasce uma seita detestável de ateus, que só têm blasfêmias na boca, e o desprezo por todas as leis divinas e humanas, do qual decorre uma infinidade de assassinatos, parricídios, envenenamentos, traições, perjúrios, adultérios, incestos. Pois não se deve esperar que os Príncipes e magistrados tragam sob a obediência das leis os súditos que espezinharam toda religião. Todavia, isso depende dos intendentes ou dos censores, que empregam as leis divinas quando as ordenanças dos homens não têm mais força, já que *metus legum, non scelera, sed licentiam comprimit*, como dizia Lactâncio; *Possunt enim leges delicta punire, conscientiam munire non possunt.*

E quanto à instrução da juventude, que é um dos principais encargos de uma República e pela qual, como das jovens plantas, se deve zelar ao extremo, vemos que ela é desprezada, e aquilo que deveria ser público é deixado à discrição de cada um, que faz como quer, uns de um jeito, outros de outro. Disso não tratarei aqui, pois já tratei desse ponto em outro lugar[28]. E como Licurgo dizia que nisso reside o fundamento de toda a República, ele ordenou o grande pedônomo censor da juventude para regulá-la segundo as leis e não segundo a vontade dos pais[29]. O mesmo foi ordenado por édito dos atenienses publicado a pedido de Sófocles, por saber que as leis são feitas para nada se a juventude, como diz Aristóteles[30], não for formada nos bons costumes. Ora, tudo isso depende do cuidado e da vigilância dos censores para zelar primeiramente pelos hábitos e instituição dos mestres da juventude.

As comédias e farsas são perniciosas
para qualquer República

Tampouco falarei do abuso que se comete ao tolerar os comediantes e malabaristas, que é outra peste das mais perniciosas que se poderia imaginar

---

27 Deuteronômio 26.

28 Na Oratio de instituenda in Republica juventute ad Senatum populumque Tolosatem.

29 Aristóteles liv. 8 cap. 2.

30 *Política* liv. 5 cap. 30.

para as Repúblicas, pois não há nada que prejudica tanto os bons costumes e a simplicidade e bondade natural de um povo, e que tem tanto mais efeito e poder porque as palavras, as inflexões, os gestos, os movimentos e as ações são conduzidas com todos os artifícios que se pode imaginar, e do sujeito mais sórdido e mais desonesto que se pode encontrar deixa uma impressão viva na alma daqueles que voltam para aí todos os seus sentidos. Em suma, pode-se dizer que o teatro dos atores é o aprendizado de toda impudicícia, lubricidade, devassidão, trapaça, artimanha e maldade. Não é sem motivo que Aristóteles dizia que se deve impedir os súditos de irem ver as representações dos comediantes[31]. Teria dito melhor ainda se dissesse que é preciso arrasar os teatros e fechar as portas da cidade aos atores: *quia*, diz Sêneca, *nihil tam moribus alienum, quam in spectaculo desidere*. Por essa causa Felipe Augusto rei da França expulsou do reino por édito expresso todos os prestidigitadores. Se disserem que os gregos e romanos permitiam seus jogos, eu respondo que era por causa de uma superstição que tinham com relação aos seus deuses. Mas os mais sábios sempre os vituperaram, pois embora a tragédia tenha um não sei quê de mais heroico que afemina menos os corações dos homens, mesmo assim Sólon, tendo visto a representação de uma tragédia de Téspis julgou-a muito ruim; Téspis, desculpando-se, disse que não passava de uma brincadeira. "Mas não", disse Sólon, "a brincadeira torna-se coisa séria." Ele teria criticado muito mais ainda as comédias, que ainda eram desconhecidas. E agora põe-se sempre no fim das tragédias (como um veneno nas carnes) a farsa ou comédia.

Ainda que os jogos fossem toleráveis para os povos meridionais, por serem de um natural mais pesado e melancólico, e pela sua constância natural menos sujeitos a mudarem, eles devem ser proibidos para os povos mais na direção do Setentrião, por serem de natural sanguíneo, ligeiro e volátil, e terem quase toda a força de sua alma na imaginação do senso comum e brutal. Mas não se deve esperar que os jogos sejam proibidos ou impedidos pelos magistrados, pois geralmente se vê que eles são os primeiros a comparecer aos jogos. É o encargo próprio dos censores graves e severos, que terão discricionariedade para estimular os honestos exercícios da ginástica para manter a saúde do corpo e da música para conter os apetites sob a obediência da razão. Entendo a música que significa não somente a harmonia, mas também todas as ciências

---

[31] *Política* liv. 7 cap. 15.

liberais e honestas. Eles zelarão principalmente para que a música natural não seja alterada e corrompida como é hoje em dia, pois não há nada que se infiltre mais suavemente nas afeições interiores da alma. E se não se puder obter o ponto de que as canções jônicas e lídias, ou seja, do quinto e do sétimo tom, sejam banidas da República e proibidas para a juventude, como Platão e Aristóteles diziam que é necessário, que pelo menos a música diatônica, que é mais natural que a cromática e a enarmônica, não seja corrompida pela mistura com as outras, e que as canções dóricas, ou do primeiro tom, que é condizente com a brandura e gravidade apropriadas, não sejam disfarçadas em vários tons e diláceradas de modo que a maioria dos músicos se tornam loucos e insensatos, pois não saberiam provar uma música natural, não mais que um estômago desgastado e corrompido por guloseimas pode provar uma boa e sólida carne.

Tudo isso depende do dever dos censores, visto que os juízes e outros oficiais nunca zelarão por isso. Também há queixas dos hábitos, dos excessos, e de que as leis suntuárias são espezinhadas. Nunca se fará outra coisa se não houver censores que façam executar as leis, como faziam antigamente em Atenas os nomofílacos. Eis porque um antigo orador[32] dizia que o primeiro tribuno que roeu o poder dos censores arruinou a República; e este foi Cláudio, um dos homens mais maus de sua época. Por isso, a lei foi cassada seis anos depois pela Lei Cecília. Portanto, como a censura é uma coisa tão bela, tão útil e tão necessária, resta saber se os censores devem ter jurisdição, pois parece que a censura será ilusória sem jurisdição. Digo, todavia, que os censores não devem ter uma jurisdição qualquer, para que seu cargo não seja envolvido em processos e manipulações.

Os censores não devem ter jurisdição

Assim, os antigos censores romanos não tinham jurisdição alguma. Porém, um olhar, uma palavra, um risco de pena que davam eram mais sangrentos e feriam mais vivamente que todas as sentenças e julgamentos dos magistrados. Quando se fazia o lustro, via-se quatrocentos ou quinhentos senadores, a ordem equestre e todo o povo tremer diante dos censores, de medo que o senador tinha de ser expulso do senado; o homem de ordenança,

---

32 Cícero, In Pisonem e Pro Milone.

de ser privado de seu cavalo ou colocado no nível do povo; e o simples cidadão de ser riscado de sua ordem e de sua linhagem para ser colocado entre os *cerites* e tributários. De fato, Tito Lívio conta que, certa vez, 66 senadores foram riscados do registro e expulsos do senado. Não obstante, para que a honra e autoridade tão grande dos censores não dessem margem à tirania, se eles fossem armados de poder e jurisdição ou se alguém fosse condenado sem ser ouvido, foi decidido muito sabiamente que eles não teriam nada além da censura. É por isso, dizia Cícero[33], que o julgamento dos censores faz apenas enrubescer. E como isso atingia apenas o nome, a correção do censor chamava-se *ignomínia*, que é bem diferente da infâmia, que depende dos juízes que têm jurisdição pública e dos casos nos quais se sofre infâmia. Eis porque o pretor tachava de infames aqueles que eram cassados com ignomínia, o que teria sido ridículo se eles fossem infames. Contudo, a dúvida que os jurisconsultos levantavam, se os homens ignominiosos devem sofrer a pena dos infames, basta para mostrar que a ignomínia e a infâmia não são a mesma coisa, como muitos pensaram. O antigo costume da Grécia permitia a todos matar aquele que fosse declarado infame e seus filhos, como diz o orador Libânio na defesa de Allirotius.

A censura não é julgamento

Embora o censor tenha riscado o senador dos registros do senado, se este quisesse apresentar requerimento ao povo e mostrar sua inocência ele era admitido, e às vezes absolvido e reintegrado. Mas se houvesse acusador que sustentasse a censura ou se o próprio censor fizesse função de acusador na qualidade de particular, se o acusado fosse convicto e condenado pelo povo, ou pelos comissários deputados pelo povo, então ele era não apenas ignominioso, mas também infame e declarado inapto para sempre para ocupar estado. É por isso que aqueles que eram conjurados não eram julgados, mas eram como pré-julgados. E se o censor era homem eloquente ele se fazia acusador daqueles que queriam ser reintegrados contra sua censura, como fez Catão contra L. Flamínio, contra o qual fez uma exposição da vida sórdida e suja de Flamínio, que ele havia riscado dos registros do senado. Porém, os mais prudentes e que estavam cientes de sua competência pediam algum ofício ou

---

33 *República* liv. 4.

comissão honorária ao povo, e se a obtinham a ignomínia e a censura ficavam encobertas; ou então pediam para ser reintegrados pelos outros censores cinco anos depois. Mas se não faziam nem uma coisa nem outra, a entrada no senado ficava totalmente fechada para eles. Ao falar deles, Ulpiano diz pensar que não sejam aceitos para testemunhar, mas não ousa afirmá-lo. E para confirmação mais clara do que foi dito acima, Cícero[34] dá o exemplo de Caio Geta, que foi riscado e expulso do senado pelos censores mas depois foi eleito censor. Pouco depois, ao falar da censura ele diz que os antigos quiseram que a censura inspirasse um certo medo e não acarretasse pena. Essa foi em parte a causa pela qual a Lei Cláudia[35] foi cassada, que dispunha que o senador não poderia ser expulso do senado nem riscado dos registros se não fosse acusado diante dos censores e condenado por ambos, pois senão seria fazer da censura uma turba e aniquilá-la. Ela era tão venerável que o senado romano não quis tolerar que os censores, depois de expirados seus cargos, fossem acusados[36] nem chamados em juízo pelas coisas que haviam feito, o que era lícito contra todos os outros magistrados.

Parece que, pela mesma causa, o imperador Constantino lacerou todos os libelos de acusação propostos contra os intendentes no Concílio de Niceia, dizendo que não queria julgar aqueles que eram censores da vida de cada um. Pela mesma causa Carlos Magno, nas suas Constituições, inseriu o cânone que dispõe que o prelado não será julgado se não houver 72 testemunhas e que o Papa não será julgado por ninguém. Isso sempre foi observado até o Concílio de Constança, onde foi promulgado o decreto segundo o qual dali em diante o Papa seria julgado pelo concílio. Não debaterei se a jurisdição eclesiástica tem fundamento. Mas por muito interferir há o risco de que se perca a jurisdição e a censura eclesiástica, que sempre teve notável importância, pois assim como os antigos druidas, que eram juízes soberanos e pontífices na Gália, excomungavam os reis e Príncipes que não queriam obedecer aos seus decretos[37], assim também a censura eclesiástica entre os cristãos não apenas manteve a disciplina e os bons costumes por muitos séculos, mas também fez tremer os tiranos, trouxe os reis e imperadores à razão e com frequência

---

34 *Pro Cluentio.*

35 Ascônio, In Pisonianam.

36 Lívio liv. 39.

37 César nos Comentários.

fez cair de suas mãos as coroas e de suas mãos os cetros, obrigando-os a fazer a paz ou a guerra, ou então a mudar sua vida dissoluta, ou a fazer justiça e reformar as leis. Todas as histórias estão cheias disso, mas não há nenhuma mais ilustre que a de Santo Ambrósio, que censurou Teodósio, o Grande, e a do papa Nicolau I, que censurou Lotário rei da Itália em parte, e a de Inocêncio que excomungou Luís VII rei da França, que passou três anos inteiros sem que um padre ousasse dar-lhe hóstia.

É verdade que o abuso de uma censura de tamanha importância fez com que fosse desprezada a disciplina e os ministros, bem como sua censura, que era de interdição, suspensão e excomunhão, pois muitos excomungavam com razão ou sem e por causas ligeiras. Chegaram a postular trinta e nove casos nos quais incorria-se em excomunhão de fato, sem julgamento nem sentença. Além do mais, excomungava-se também os corpos e colégios, as universidades, os imperadores, reis e reinos, sem distinção de idade, nem de sexo, nem entre os inocentes e os furiosos, embora depois, mas tarde demais, se tenha corrigido tais abusos, ainda que só parcialmente. Porém, neste reino foi decidido nas ordenanças de Orléans que a excomunhão não seria usada exceto para crimes e escândalos públicos. Ora, os prelados, bispos e papas sempre sustentaram que a censura dos costumes e da religião lhes pertencia, como coisa da qual os juízes e magistrados não tomam conhecimento algum senão em caso de execução. Mais tarde os anciãos e intendentes usaram em vários lugares da mesma prerrogativa, coisa que é bem necessária se não há censores, tanto para corrigir os costumes do povo e zelar diligentemente por eles quanto para autorizar a dignidade dos pastores, bispos e ministros, que não se pode honrar e prezar o bastante pelo cargo e dignidade que detêm. A isso Deus proveu sabiamente escolhendo seus ministros e dando a prerrogativa de honra à linhagem de Levi acima de todas as linhagens e à família de Abraão, única da qual eram oriundos os sacerdotes acima de todos os levitas, dando-lhes o dízimo do gado, dos frutos, de todas as heranças, e grandes honras e privilégios. E um artigo da lei de Deus dispõe que seja condenado à morte aquele que não obedecer à sentença do grande pontífice[38].

---

38 Deuteronômio cap. 17.

A indignidade, o desprezo e a mendicância dos ministros fazem com que a religião seja desprezada

Aqueles que querem rebaixar o estado dos ministros, bispos e intendentes e retirar-lhes a censura eclesiástica, assim como os bens e as honras, para vê-los mendigar e rastejar, desprezam Deus e aniquilam toda religião. Esse é um ponto muito considerável, que foi parcialmente a causa de que o ministro principal de Lausanne abandonou a cidade, porque os senhores das ligas não podiam suportar a censura dos costumes na pessoa dos anciãos. Portanto, é preciso por necessidade que sejam instituídos censores. No entanto, a senhoria de Genebra reservou aos bispos, ministros e anciãos essa prerrogativa de ter direito de corpo e colégio e de censurar no seu consistório os costumes e a vida, todavia sem jurisdição nem poder de comandar nem de executar suas sentenças, seja por eles ou pelos oficiais da senhoria. Porém, se não forem obedecidos eles excomungam, coisa que acarreta graves consequências, pois o excomungado é processado criminalmente pelo magistrado depois de algum tempo. Faz-se o mesmo na Igreja católica, mas não tão logo, pois viu-se casos em que alguém passou quinze anos excomungado e depois foi chamado diante do inquisidor da fé, que queria processá-lo. O acusado recorreu do abuso ao Parlamento, que declarou seu recurso não recebível[39], condenou-o a pagar multa, ordenou que fosse detido e levado preso nas prisões do bispo, e mandou o inquisidor perfazer o processo contra ele até a sentença definitiva e notificar a Corte. Naquela época era permitido excomungar qualquer um mesmo por simples dívida, ainda que os devedores declarassem que nada tinham. Porém, mais tarde, segundo a ordenança publicada a pedido dos estados reunidos em Orléans e confirmada por sentença do Parlamento[40], os bispos e intendentes não podiam usar de tais censuras neste reino. De fato, o sr. Du Moulin irritou-se muito em Lyon contra o consistório, dizendo que ele interferia sob aparência de censura na jurisdição temporal e culpando por isso a Igreja católica. Todavia, retirando-se a via de suspensão, interdição e excomunhão a censura eclesiástica é aniquilada, e pelo mesmo inconveniente os bons costumes e a disciplina são abolidos. Mas não é por essa razão que se usará tais censuras para a desobediência de coisas ligeiras.

---

39 Em 7 de maio de 1538.

40 Em 3 de julho de 1565.

Os censores antigos punham notas e marcas nos registros contra aqueles que o mereciam para avisar seus sucessores no estado daqueles que já estavam anotados, se não se regenerassem. Parece-me que isso bastaria, sem recorrer às multas e interditar ou excomungar por falta de pagamento. Deixo aqui que os mais sábios decidam se vale mais a pena separar a censura temporal relativa aos costumes e outros casos mencionados acima da censura eclesiástica, ou então cumular ambas. Mas vale mais a pena conferir ambas aos bispos e intendentes do que lhes retirar ambas e privar a República da coisa que é mais necessária, pois vê-se as Repúblicas que fazem uso dela florescer em leis e bons costumes; vê-se as devassidões, as usuras, as falsidades, os excessos suprimidos de todas as coisas; os blasfemadores, os rufiões, os vadios expulsos. E não se deve duvidar que as Repúblicas que fizerem uso de tais censuras serão duráveis e florescentes em todas as virtudes. Se a censura for abandonada, as leis, as virtudes e a religião serão desprezadas, como aconteceu em Roma algum tempo antes que esse império fosse arruinado, quando no lugar dos censores instituiu-se um ofício chamado "tribuno dos prazeres e voluptuosidades", como se pode ver em Cassiodoro.

Porém, como a censura foi primeiramente e principalmente estabelecida para as talhas, encargos e impostos e para financiar as necessidades públicas, falemos também das finanças.

Capítulo II

Das finanças

As finanças são os nervos da República

Se é verdade que os nervos da República estão nas suas finanças, como dizia um antigo orador, é necessário ter delas um verdadeiro conhecimento, que pode ser exposto em três pontos: o primeiro são os meios honestos de se angariar fundos, o segundo é empregá-los em proveito e honra da República, o terceiro poupá-los e reservar uma parte deles para as necessidades. Abordaremos cada um desses três pontos na sua ordem.

Quanto ao primeiro ponto, há vários grandes doutores em matéria de impostos que conhecem muitos meios de angariar fundos, mas nunca tiveram a verdadeira ciência de honra nem a prudência política. Por essa causa, deixando de lado esses mestres de sutilezas, seguirei aqueles que tomaram muito cuidado das finanças. Eles também procuraram os meios honestos de fundar a renda da República para que não se fosse obrigado a usar meios desonestos e ilícitos ou deixar a República em necessidade, como ocorreu com aqueles que pareciam mais versados nos assuntos políticos. Entre eles incluem-se os lacedemônios[41], que não estavam satisfeitos com seu território, como seu mestre Licurgo os havia ensinado retirando-lhes todo uso de ouro e prata em talheres e em moeda, mas queriam ser conquistadores. No entanto, assim que saíam das fronteiras, eles iam tomar empréstimos, quer ao rei da Pérsia, como Lisandro e Calicrátides, quer aos reis do Egito, como Agesilau e Cleômenes reis da Lacedemônia[42].

A guerra não é mantida por dieta

Foi por essa causa que a senhoria de Esparta, com o auxílio dos aliados, tendo conquistado e logo em seguida perdido a Grécia, ordenou que o ouro e a prata que haviam tirado dos inimigos seriam guardados no tesouro da fazenda para serem usados em caso de necessidade, com proibição de uso particular. Mas tendo logo esgotado o tesouro sem fundos, eles foram obrigados a retornar aos empréstimos para fazer a guerra, que não é mantida por dieta, como dizia um antigo capitão. Portanto, em toda República é preciso dar ordem para que as finanças sejam construídas e garantidas sobre um fundamento certo e durável. Existem sete meios em geral de angariar fundos para as finanças, nos quais estão compreendidos todos que se pode imaginar.

O domínio é o meio mais seguro de angariar fundos

O primeiro é o domínio da República, o segundo as conquistas sobre os inimigos, o terceiro os presentes dos amigos, o quarto a pensão ou tributo dos aliados, o quinto o comércio, o sexto sobre os mercadores que trazem ou levam mercadorias, o sétimo os impostos sobre os súditos. Quanto ao primeiro, que é o domínio, parece ser o mais honesto e mais seguro de todos.

Sete meios de angariar fundos para as finanças

Assim, lemos que todos os antigos monarcas e legisladores que fundavam as Repúblicas ou transportavam novas colônias designavam, além das ruas, templos e teatros, certos lugares próprios à República e comuns a todos em

---

41 Políbio, De militari ac domestica Romanorum disciplina liv. 6.

42 Plutarco em Lisandro, Agesilau e Cleômenes.

geral, que são chamados de comunas, e um certo domínio arrendado ou alugado aos particulares por um certo tempo ou perpetuamente, para financiar com tais rendas ou receitas o tesouro da fazenda, a fim de prover as despesas da República.

Divisão do território de Roma

Lemos também que Rômulo, fundador de Roma e da República romana, dividiu todo o território em três partes, designando um terço para o temporal da Igreja, outro para o domínio da República e o restante dividido entre os particulares[43], que eram então três mil cidadãos, que receberam cada um dois jornais de terra, de modo que, de dezoito mil jornais de terra que havia no território de Roma, foram reservados seis mil para os sacrifícios, seis mil para o domínio da República e manutenção da casa do rei, e seis mil para os cidadãos.

Origem do domínio

Todavia, Plutarco cita o dobro de cidadãos e diz que Rômulo não quis limitar o território de Roma para que não se percebesse o quanto ele havia ocupado, e que seu sucessor Numa dividiu o domínio entre os cidadãos pobres. Mas a primeira opinião é a mais verossímil e a mais comum, pois até a divisão dos dois jornais para cada um permaneceu por muito tempo, como diz Plínio ao falar do ditador Cincinato, que veio duzentos e sessenta anos depois de Rômulo: *Aranti sua duo jugera Cincinnato*, etc. Além disso, Dionísio de Halicarnasso, que sustenta a primeira opinião, seguia Marco Varrão, verdadeiro registro de todas as antiguidades romanas. É verdade que, pela Lei Licínia, depois se permitiu a cada burguês ter sete jornais de terra, se é verdadeiro o que lemos em Plínio e Columela: *Post exactos reges Liciniana illa septem jugera quae plebis Tribunus viritim diviserat, majores quaestus antiquis retulere, quam nunc nobis praebent amplissima vervacta.* Mas a divisão de Rômulo foi feita por imitação dos egípcios[44], que dividiam antigamente toda a receita do Egito em três: a primeira parte era para os sacrifícios e sacrificadores, a segunda para manter a casa do rei e tocar os negócios públicos, a terceira para os *calasyres*, que eram pessoas de guerra mantidas a todo tempo para servir

---

43 Dionísio de Halicarnasso liv. 2.

44 Diodoro liv. 2.

em caso de necessidade. Também lemos que o profeta Ezequiel, ao corrigir os abusos dos Príncipes hebreus, aconselhou que se tivesse dali em diante um certo temporal destinado aos sacrifícios e comunas para o povo, além de um domínio suficiente para manter a casa do rei e prover as despesas públicas, a fim de que, disse ele, "os Príncipes não sobrecarreguem mais meu povo com exações e impostos".

O domínio público é inalienável por natureza

Mesmo assim, os reis tinham tido algum domínio já em épocas muito remotas e muito tempo antes de Ezequiel, pois a cidade de Siceleg, que foi dada a Davi pelo rei Áquis[45], permaneceu para sempre no domínio dos reis e nunca foi alienada. Geralmente, em todos os jurisconsultos e historiadores não há nada mais frequente que a divisão do domínio em público e particular. E para que os Príncipes não sejam obrigados a sobrecarregar seus súditos de impostos ou procurar os meios para confiscar-lhes os bens, todos os povos e monarcas consideraram lei geral e indubitável que o domínio público deve ser santo, sagrado e inalienável, seja por contratos, seja por prescrição. Por isso os reis, sobretudo neste reino, ao outorgar cartas-patentes para a reunião do domínio, declaram que prestaram juramento, ao assumir a coroa, de não alienar de modo algum o domínio. E se este for alienado correta e devidamente, ainda que perpetuamente, mesmo assim está sempre sujeito à recompra, de modo que a prescrição de cem anos, que dá título a todos os possessores, não atinge o domínio. Os éditos[46], sentenças e ordenanças deste reino são bastante notórios, não somente contra os particulares, mas também contra os príncipes do sangue que foram alijados[47] da divisão do domínio e da prescrição de cem anos[48]. Não se trata de coisa peculiar deste reino, mas também comum aos reis da Espanha, da Polônia e da Inglaterra, que têm o hábito de prestar juramento de não alienar nada do domínio. O mesmo também é observado nas Repúblicas populares e aristocráticas, e igualmente em Veneza a ordenança não comporta prescrição alguma (que muitos quiseram limitar a cento e vinte

---

45 Samuel I cap. 27.

46 De 1440, 1504 e 1538.

47 Contra o rei da Sicília na sucessão de Alfonso, conde de Poitiers, em 1283.

48 Sentença de Dreux de 25 de junho de 1551.

anos), tampouco entre os senhores das ligas. De fato, tendo o rei Henrique II exigido que a senhoria de Lucerna se obrigasse a favor dele com alguma soma em dinheiro, o *avoyer* Hug respondeu ao embaixador que o Grande e o Pequeno Conselho e toda a comunidade de Lucerna tinham jurado nunca hipotecar ou obrigar o seu país. Também lemos que as mesmas ordenanças eram santamente respeitadas nas duas mais belas Repúblicas populares que já houve, Atenas e Roma, onde dois grandes personagens, Temístocles e Catão, o Censor, mandaram reaver todo o domínio público usurpado por particulares em longa sequência de anos e por tolerância dos magistrados, dizendo nos discursos que fizeram ao povo que os homens nunca prescrevem contra Deus, nem os particulares contra a República[49].

É por isso que a Corte do Parlamento, diante do requerimento civil obtido pelo procurador-geral do rei contra a sentença dada a favor dos sucessores de Nogaret de Saint-Félix, a quem, pelas suas virtudes ilustres e méritos para com a República, Felipe, o Belo, havia dado, duzentos e sessenta anos antes, a terra e a senhoria de Couvisson, proveu todo o Conselho. Isso mostra bem que a prescrição não ocorre quando se trata do domínio. O Parlamento de Rouen fez o mesmo, na sua sentença de 14 de fevereiro de 1511 entre o procurador do rei e os religiosos de Saint-Omer, ao adjudicar a posse de certos bosques ao rei e permitir que os religiosos se provessem por outra via a ser comprovada devidamente, por outra via que não a processual, e com causa. Essas palavras, "e com causa", não devem ser aplicadas aos súditos pobres do país, mas devem geralmente ser estendidas a todos os súditos. Com frequência, os tratados feitos entre os Príncipes não tratam de outra disputa a não ser a conservação do domínio, que os Príncipes não podem alienar com prejuízo para o público. O rei da Inglaterra, no tratado feito com o Papa e os potentados da Itália em 1527, fez acrescentar a cláusula segundo a qual não se entregaria nada do domínio da França para a libertação do rei Francisco, pois sobre esse ponto se fundava a infração do tratado de Madri. Isso porque o costume antigo deste reino, conforme aos éditos e ordenanças dos outros povos, requer o consentimento dos três estados, como ainda se faz na Polônia pela ordenança do rei Alexandre segundo a disposição do direito comum, e exige que a alienação seja feita em tempo de guerra e quando os inimigos tiverem entrado no país, e que a forma observada nas alienações dos bens pupilares seja seguida ponto

---

49 Plutarco, Catão, o Censor, e Temístocles.

por ponto (pois a República é sempre considerada como pupila). Se houver omissão de um único ponto, o todo é nulo, ou pelo menos sujeito a rescisão, sem que os adquirentes possam resgatar o preço das coisas alienadas. É o que se exige para a reunião do domínio, que a República oferece ao Príncipe como um dote ao seu esposo, para a tutela, defesa e sua manutenção, e do qual os reis não podem se apropriar de modo algum.

Assim é porque antigamente se tinha costume, quando os reis queriam alienar o domínio, de enviar suas ordens ao Parlamento, que mandava inscrever na dobra "colação feita com o original". Carlos V quis que tais cartas fossem publicadas na barra da Corte, e a partir de Carlos VII foi decidido que se colocaria na dobra "lidas, publicadas e registradas", a pedido ou mediante consentimento do procurador-geral do rei, como se pode ver nos antigos registros da Corte e da Câmara de Contas. A razão é que o domínio pertence à República, como os Príncipes sábios sempre reconheceram. Até mesmo quando Luís VIII deu apanágio a quatro filhos e ordenou que o quinto e os outros que nascessem seriam da Igreja, ele deixou 70 mil libras às igrejas e às pobres viúvas e órfãos, e quis que se vendessem os móveis e joias para cumprir o legado. Mas ele não deu nada do domínio, pois era coisa que não lhe pertencia. Foi por essa causa que Pertinax, imperador romano, mandou apagar seu nome gravado nas heranças dominiais, dizendo que eram o domínio próprio da República e não dos imperadores, embora recebessem o usufruto para prover à manutenção da República e de sua casa. Lemos também que Antonino Pio mantinha-se com seus bens e viveu somente de suas próprias heranças, como fez igualmente aquele bom rei da França chamado de Pai do Povo, que não quis misturar seu patrimônio e sua renda com o domínio, instituindo a Câmara de Blois para suas terras de Blois, Coucy e Montfort, o que mostra que os dois domínios não têm a mesma natureza, como pensaram alguns.

O domínio público e o patrimônio do Príncipe são diferentes

Por isso, não é lícito aos Príncipes soberanos abusar dos frutos e rendas do domínio, ainda que a República esteja em paz e quites com todos, visto que eles não são usufrutuários, mas apenas usuários, que, uma vez mantidas a República e sua casa, devem reservar o restante para a necessidade pública, apesar do que Péricles disse aos embaixadores dos aliados, que não era da conta deles em que as finanças eram empregadas, contanto que eles fossem mantidos e assegurados em boa paz. Pois estava contido no tratado de aliança que as finanças que seriam angariadas em tempo de paz seriam colocadas em depósito no templo de Apolo e que elas só seriam empregadas de comum acordo.

Mas há uma grande diferença entre o tesouro da fazenda das monarquias e o dos estados populares, pois o Príncipe pode ter seu tesouro particular do seu patrimônio, como eu disse, e daquilo que lhe é permitido pegar no tesouro público, que os antigos chamavam de *aerarium*, enquanto o particular chamava-se *fiscus*, um separado do outro pelas leis antigas, o que não pode ocorrer no estado popular nem no aristocrático. Todavia, nunca faltaram bajuladores que induziram frequentemente os Príncipes a vender o domínio público para matar (como eles dizem) dois coelhos com uma cajadada só. Essa é uma opinião tirânica e perniciosa, além de apoiada num fundamento ruinoso, pois bem se sabe que o domínio só consiste, em sua maior parte, em ducados, marquesados, condados, baronias, senhorias, feudos, quinto, requinto, aquisições, recompras, cessões, vendas, apreensões, concessões, multas, advenas, confiscos e outros direitos senhoriais, que não são sujeitos aos impostos e encargos ordinários, e no mais das vezes são adquiridos justamente por aqueles que são isentos de todos os encargos. Além disso, as comissões outorgadas para alienar o domínio e fazer dinheiro rápido[50] permitem que ele seja vendido por um décimo, embora as terras feudais sejam estimadas ordinariamente com justiça e vendidas por trinta centésimos, e com dignidade por cinquenta centésimos ou mais.

O grande dano que advém da alienação do domínio

A justiça, quando o domínio é vendido, é estimada apenas a cinco soldos para cada lar, e às vezes pela metade disso. E quem pagou somente duzentas libras pela justiça recolhe soma maior em um ano. Os outros não pagaram nada e tomam a estimativa do domínio dos extratos da Câmara de Contas entregues pelos recebedores a cada dez anos, os quais com frequência não receberam nada porque o proveito da baixa e média justiça se exerce na sede principal e real. Quanto às cessões e vendas, os adquirentes tiram mais lucro do

---

50 Édito do rei Francisco I de 1544.

que atingem os juros da soma total que pagaram, além de que os recebedores do domínio tinham o costume de só prestar contas de uma pequena parte das partes casuais. Ora, quando o domínio é arrendado os arrendatários são taxáveis e não deixam de pagar os encargos segundo os bens que possuem. Há infinitos outros abusos que a República sofre por causa das alienações do domínio, mas o maior é que os dinheiros que delas provêm não são colocados em rendas constituídas, como fazem aqueles que pensam bem administrar, mas no mais das vezes são dissipados e dados àqueles que menos merecem. Depois, por falta de dinheiro para recomprar o domínio, a República cai de febre em mal violento e vende também as comunas, que são a vida dos súditos pobres, sobre as quais se baseia a talha.

Administração das terras vagas

Faz algum sentido vender as terras vagas do domínio para fazer dinheiro em caso de necessidade, se não se pode arrendá-las. De outro modo, não é lícito alugar as terras vacantes do domínio e renda perpétua e pegar o dinheiro de antemão, embora Aristóteles escreva que os antigos habitantes de Constantinopla agiram assim, louvando sem razão sua administração. Pois é certo que é uma alienação pura e que o dinheiro de antemão diminui a renda e consome a maior parte do preço, por isso ele está expressamente proibido no édito do rei Carlos IX[51]. E embora depois ele tenha feito outro édito para alugar com censo, rendas e juros de entrada moderados as terras vagas do domínio, não obstante ele foi arrancado da influência de alguns que queriam levar o dinheiro. Mas o Parlamento de Paris, ao verificar o édito, fez inserir[52] que as rendas não seriam recompráveis e que não seria concedido dinheiro de entrada. Como os deputados da venda insistiam junto ao rei para que fosse permitido conceder dinheiro de entrada, a Corte deu sua sentença[53] com as câmaras reunidas, segundo a qual os adquirentes não poderiam conceder mais de um terço de entrada, tendo em vista o valor das terras, terço do qual seria feito recibo pelos recebedores do domínio em capítulo separado, para ser empregado na recompra do domínio, sem que se pudesse instituir

---

51 De 1566, artigos XII e XVII.

52 Em 7 de maio de 1566.

53 Em 12 de julho de 1566.

nenhuma dotação sobre os juros sob pena do quádruplo, a ser cobrado tanto do recebedor quanto da parte que teria recebido a dotação. Não é necessário dizer aqui quantas perdas o rei e o povo sofreram com tais alienações das terras vagas. E se o rei Francisco II, ao conferir suas cartas-patentes[54] para revogar as alienações do domínio, queixava-se com justa causa que o domínio estava tão desmembrado e diminuído que não era suficiente para pagar os encargos que recaíam sobre ele, nosso rei tem muito mais justa causa de queixar-se agora que não possui quase nada, embora no balanço geral das finanças realizado no mês de janeiro de 1572 não haja nenhum registro do domínio.

A quanto chegam as alienações do domínio da França

Mesmo assim, ainda havia cento e dez mil libras por ano no capítulo das receitas no ano em que o rei Francisco II morreu, como se vê no estado das finanças feito em 1560, e segundo o mesmo estado as alienações do domínio, auxílios e gabelas chegavam a quatorze milhões novecentas e sessenta e uma mil e oitenta e sete libras, quinze soldos e oito, sem contar mil e duzentas libras para o quarto e o meio quarto, e quatrocentas e cinquenta mil libras para as quinze libras sobre o *muid*[55] de sal, que o país de Guyenne recomprou em 1549 e 1553. Isso mostra que o domínio do rei, que vale mais de cinquenta milhões, continua quase inteiramente alienado, salvo quinze ou dezesseis milhões no máximo, visto que os condados, baronias e outras terras feudais e direitos senhoriais só foram alienados por nove ou dez por cento, senão menos. E se o domínio fosse recomprado e arrendado, geraria quase três milhões por ano, que serviriam para manter magnificamente a casa do rei e pagar a maioria dos salários dos oficiais sem recorrer aos outros encargos ordinários e extraordinários.

O estado das finanças do reino da Inglaterra

Se se deve comparar um reino pequeno com um grande, é certo que o estado das finanças do reino da Inglaterra, inclusive o domínio e todos os encargos, só chega mais ou menos a mil e trezentas libras por ano, das quais

---

54 Em 1559.

55 [N.T.]: Antiga medida de capacidade para líquidos ou matérias secas equivalente a cerca de 268 litros.

uma boa parte pertence ao domínio e temporal da Igreja. Todavia, a rainha mantém magnificamente sua casa e o estado do seu reino, pois o domínio foi recomprado. É verdade que a paz assegurada há quinze anos ajudou muito a manter o estado da Inglaterra, e a guerra a arruinar a França, se Deus não tivesse mandado do céu nosso rei Henrique III para restabelecê-la no seu esplendor primeiro.

O domínio mal administrado no estado popular

Mas é preciso notar, para a conservação do domínio das Repúblicas, que este é ordinariamente muito mais bem administrado na monarquia do que no estado popular e na senhoria aristocrática, nos quais os magistrados e superintendentes das finanças transformam tudo o que podem do bem público em particular, e cada um se esforça para gratificar seus amigos ou comprar o favor do povo às custas do público. É o que fez César no seu primeiro consulado, quando distribuiu ao povo o território de Cápua e mandou reduzir os preços cobrados pelos fazendeiros em um terço, depois de ter sido subornado. Dez anos depois, Q. Metelo, tribuno do povo, para mendigar a graça popular publicou uma lei no intuito de suprimir os pedágios dos portos da Itália. Em caso semelhante, Péricles, para ter crédito junto ao povo de Atenas, mandou fazer distribuição de grandes somas que provinham das finanças. Isso não se faz na monarquia, pois os monarcas, que não têm outra renda segura a não ser a do domínio e não têm o direito de instituir imposto sobre os súditos a não ser com o consentimento deles ou em caso de necessidade urgente, não são tão pródigos com seu domínio. Não é necessário aqui ir mais adiante no assunto do domínio, sobre o qual existem tratados específicos, e seria impossível melhor cuidar dele do que foi feito pelo édito do rei Carlos IX, se ele fosse seguido.

Segundo meio de angariar fundos para as finanças

O segundo meio de angariar fundos para as finanças é por conquistas sobre os inimigos, para recompor as finanças esgotadas pela guerra, como deve fazer o povo guerreiro e conquistador e como faziam os antigos romanos. Afinal, embora o saque das cidades tomadas coubesse aos soldados e capitães, os tesouros eram levados à fazenda de Roma. Quanto às cidades rendidas ou tomadas por capitulação, o exército recebia apenas o soldo, e às vezes soldo duplo, para que a disciplina militar não fosse corrompida, e as finanças dos vencidos eram levadas ao tesouro de Roma, se não fosse decidido de outro modo. Todo o ouro e a prata, diz Tito Lívio[56], e todo o cobre conquistado dos samnitas foram levados ao tesouro. E ao falar dos gauleses por detrás dos montes, ele diz[57] que o capitão Fúrio levou ao Capitólio cento e setenta mil libras de ouro que tinha tomado deles e que Flamínio[58] trouxe para a fazenda os despojos da Grécia no valor de três milhões e oitocentos mil escudos coroa, além da prata e dos móveis preciosos, armas e naus de mar. Paulo Emílio trouxe três vezes mais da Macedônia[59]. César mandou pôr mais de quarenta milhões segundo a conta de Apiano. Pode-se ver a partir do livro XXIII de Tito Lívio até o XXXIV os tesouros infinitos levados à fazenda de Roma dos despojos dos povos vencidos. Embora nem tudo fosse entregue, os capitães, temendo sofrer reprimendas ou serem privados do triunfo, traziam sempre grandes somas. Até Cipião Asiático foi acusado, indiciado e condenado[60] a multas pesadas embora tivesse entregue ao tesouro da fazenda[61] mais de dois milhões em ouro, e seu irmão Cipião, o Africano, também foi incluído na acusação, embora tivesse feito entrar na fazenda mais de cinco milhões em ouro com suas conquistas, além do montante de dez milhões e quinhentos mil escudos coroa ao qual foi condenado o rei Antíoco por causa da vitória que os romanos tinham obtido sobre ele, e ambos morreram pobres. Embora o capitão Lúculo tenha sido o primeiro, como diz Plutarco[62], a enriquecer-se com os despojos dos inimigos, ele trouxe mais para o tesouro do que todos esses que mencionei, exceto César. Quis chamar a atenção sobre isso porque se empregam frequentemente as finanças para o custeio da guerra e de todas as vitórias e conquistas não sobra nem um escudo para a fazenda, e com frequência o saque é ordenado antes que as cidades sejam tomadas ou rendidas.

---

56 Liv. 9.

57 Liv. 31.

58 Liv. 34.

59 Lívio liv. 45.

60 Lívio liv. 36.

61 Lívio liv. 38 e 39.

62 No Lúculo.

A pena dos vencidos

Ora, os romanos não se contentavam com os tesouros e despojos, mas condenavam os vencidos a perder parte do seu território, que era antigamente a sétima parte[63]. Depois houve os que foram condenados a perder um quarto ou um terço das terras, como a Itália, que foi sujeitada ao rei dos hérulos Odoacro. Algum tempo depois, Rotário rei dos lombardos condenou os vencidos a pagarem-lhe todos os anos a metade da renda das terras, como os romanos tinham feito muito tempo antes com os boienses[64]. Porém, Guilherme, o Conquistador, depois de ter conquistado o reino da Inglaterra, declarou que todo o país em geral e as heranças de cada um em particular seriam posse sua, confiscados por direito de guerra, tratando os ingleses como seus arrendatários.

O grande bem que advém das colônias

Todavia, nisso os romanos sempre se mostraram corteses e muito prudentes, enviando colonos de sua cidade para habitar as terras conquistadas e distribuindo a cada um uma certa quantidade. Por esse meio eles expulsavam do seu país os pobres, os amotinados, os vagabundos, e fortificavam-se com sua gente contra os povos vencidos, os quais pouco a pouco contraíam matrimônios e amizades e obedeciam com gosto aos romanos. Por esse meio eles também cobriram a Terra com suas colônias, com a glória imortal de sua justiça, sabedoria e poder. Ao contrário, a maioria dos Príncipes vencedores colocam guarnições de soldados, que só servem para saquear e amotinar os súditos. Se esse meio tivesse sido usado após a conquista de Nápoles e de Milão, elas ainda estariam sob a obediência aos nossos reis. E não se deve duvidar que elas se revoltarão contra os espanhóis assim como o baixo país de Flandres, na primeira ocasião que se apresentar, por só ter guarnições sem colônias.

---

63 Plutarco, Rômulo.

64 Lívio liv. 26.

Ordenanças dos turcos em assunto de finanças e de guerra

Vemos ainda que o sultão Mehmet, rei dos turcos, encontrou um meio de angariar fundos para as finanças por meio das colônias de escravos cristãos que ele enviou aos países conquistados, entregando a cada um quinze arpentes e dois búfalos, e sementes para um ano. Ao final de doze anos ele tomou a metade dos frutos e o sétimo da outra metade, continuando essa renda perpétua. Antes dele, Amurath I tinha feito a ordenança dos *timariots* atribuindo-lhes certas heranças e rendas fundiárias, a uns mais e a outros menos, à condição se servir na guerra quando fossem chamados, com um certo número de cavalos. Ocorrendo a morte do *timariot*, os frutos caberiam ao Príncipe até que ele dotasse outra pessoa do *timar* em forma de benefício. Geralmente, o décimo de todas as sucessões caberia ao Príncipe, o que foi feito por direito de guerra e por Príncipes conquistadores dos países de outrem, e não por forma de imposição sobre os súditos antigos. Isso faz com que os grandes e mais preciosos dinheiros das finanças da Turquia provenham das partes casuais e com que a guerra seja realizada sem novos custos.

Ordenança do imperador Carlos V no Peru

Os reis de Castela fizeram quase a mesma coisa nas Índias Ocidentais. Em especial, o imperador Carlos V, ao conquistar o Peru, deu as terras aos capitães e soldados espanhóis somente em forma de benefício e com a condição de servir na guerra, guardando para eles os frutos como forma de regalia até que outro fosse provido deles, e tomando além disso o quinto das pedras e minérios, cuja quantidade líquida que chega às finanças da Espanha de dois em dois é de quase quatro milhões em ouro, chamados de porto de Sevilha. É essa a razão pela qual as conquistas feitas sobre os inimigos e que aumentam as finanças também descarregam e aliviam os súditos, como aconteceu em Roma depois da conquista do reino da Macedônia, quando o povo romano foi descarregado de taxas, impostos e subsídios[65].

---

65 Plutarco, Paulo Emílio.

O terceiro meio de incrementar as finanças

O terceiro meio de incrementar as finanças são os presentes dos amigos ou dos súditos, seja por legados testamentários ou por doação entre vivos, que abreviaremos porque não é coisa da qual se tenha certeza. Ademais, há poucos Príncipes que presenteiam e menos ainda que recebem sem retribuir igualmente, pois se um Príncipe presenteia o mais rico ou mais poderoso ele parece fazê-lo por temor ou por obrigação, e às vezes aquele que recebe dele considera isso como um tributo.

Magnificência dos reis da Turquia

De fato, o imperador dos turcos faz ostentar em lugar visível e coloca à vista do povo os presentes que lhe são dados pelos amigos, assim como por aqueles que são tributários dele, para fazer saber o quanto ele é temido pelos estrangeiros. Ele também reembolsa por magnificência todos os embaixadores dos outros Príncipes que esperam à sua porta, o que nenhum Príncipe nem povo já fez. Por isso ele fica só enquanto quase todos os outros Príncipes mantêm à sua porta seus embaixadores ordinários. Mas vemos que os antigos usavam os presentes e generosidades de modo diverso do que se faz atualmente, pois hoje não se presenteia com frequência, a não ser àqueles que possuem grandeza e prosperidade, enquanto os antigos presenteavam na adversidade. Quando Aníbal tinha quase aterrorizado os romanos dominando a Itália, o rei do Egito enviou a Roma o montante de quatrocentos mil escudos como presente desinteressado[66]; os romanos recusaram o presente e agradeceram ao rei.

Magnificência dos romanos

Fizeram o mesmo com Hieron rei da Sicília, que lhes deu uma coroa de ouro que pesava trezentas e vinte libras, uma vitória de ouro e cinco mil *muids* de trigo[67]; eles só aceitaram a vitória por ser um presságio favorável. Agiram da mesma forma com os ambraciotas e vários outros Príncipes e senhorias que lhes deram naquele momento grandes presentes, embora eles estivessem

---

66 Lívio liv. 36.
67 Lívio liv. 36.

em extrema necessidade. Desse modo, havia um combate de honra entre uns que davam e outros que recusavam. Mas o povo romano nunca foi igualado na adversidade, pois os outros Príncipes e povos não eram tão supersticiosos ao receber, e pediam frequentemente.

Artimanha gentil dos ródios

Assim, a senhoria dos ródios, quando seu colosso caiu e danificou alguns navios, enviou seus embaixadores aos reis e Príncipes para mendigar porque tinha poucos meios, e obteve sucesso, pois o rei Hieron enviou-lhes um presente desinteressado de 60 mil escudos e vários outros rivalizaram para imitá-lo. O rei do Egito[68] chegou a dar-lhes o montante de 1.800 mil[69] escudos coroa em ouro, e em prata muito mais, além de 20 mil *muids* de trigo e três mil *muids* para os sacrifícios, sem contar a matéria infinita e grande quantidade de arquitetos e mão de obra que ele alimentava às suas custas para construir um colégio. Dessa maneira, a senhoria de Rodes, graças a uma velha estátua quebrada e algumas naus danificadas, foi grandemente enriquecida pelas generosidades dos outros Príncipes. Lemos quase a mesma coisa do primeiro Ptolomeu para com a cidade e comunidade dos habitantes de Jerusalém[70], aos quais ele enviou o montante de duzentos e setenta e seis mil escudos coroa para resgatar cem mil escravos de sua nação, e noventa mil escudos coroa para os sacrifícios, além da mesa de ouro maciço para ser colocada no templo de Deus e os grandes presentes que ele deu aos setenta e dois intérpretes que verteram a Bíblia do hebreu para o grego.

E assim como era e sempre será de bom-tom para os pequenos Príncipes e senhorias miúdas aceitar os presentes honoráveis dos grandes Príncipes e monarcas, assim também era apropriado para o povo romano recusar tais generosidades e aceitar por doações e legados testamentários os grandes reinos e sucessões reais que lhes eram dados por aqueles que haviam reinado em segurança sob sua proteção, como recompensa honesta de sua justiça, quando morriam sem herdeiros varões procriados pelo seu corpo.

---

68 Políbio liv. 51.

69 [N.T.]: Foi mantida a locução usada por Bodin. Provavelmente o conceito de milhão não fosse muito corrente na época.

70 Josefo, Antiguidades.

Seis reinos dados aos romanos por testamento

Por esse meio Ptolomeu rei de Cirene, Átalo rei da Ásia, Eumenes rei de Pérgamo, Nicomedes rei da Bitínia, Cóctio rei dos Alpes e Polemon rei do Ponto nomearam o povo romano herdeiro dos seus bens e reinos.

Presentes gratuitos dos súditos

Quanto aos presentes dos súditos que os antigos chamavam de oblações, há poucos ou nenhum atualmente, pois os presentes gratuitos e caridosos são exigidos. Embora os reis da Espanha, Inglaterra e outros usam preces para obtê-los, há muito frequentemente mais coação nessas preces do que força nas comissões e cartas de comando. Entendo pela palavra "presente" aquilo que é oferecido com liberalidade ao Príncipe pelo seu súdito, como o ouro que era chamado *coronarium*, que os judeus davam aos imperadores para serem mantidos nos privilégios da sua religião, assim como os decuriões das cidades e comunidades do Império. Isso se tornou pouco a pouco um subsídio obrigatório, até que a obrigação foi retirada, subsistindo os presentes voluntários para gratificar os imperadores quando haviam obtido alguma vitória contra os inimigos.

Serviço da Espanha

Pode-se dizer o mesmo do imposto que é chamado na Espanha de serviço e que foi outorgado voluntariamente aos reis da Espanha para manter mais honestamente seu estado, e depois convertido quase em encargo ordinário. Vemos igualmente que os reis da Pérsia contentavam-se[71] com os dons gratuitos e presentes voluntários de diversas espécies que lhes eram dados pelos súditos.

Estado das finanças do reino da Pérsia sob o primeiro Dário

Mas Dário mudou a primeira das espécies em moedas de ouro e de prata, e os dons em tributos e encargos necessários, instituindo tesoureiros

---

71 Heródoto, Euterpe.

e recebedores em cada governo (que eram em número de 127) para fazer a discriminação das talhas e impostos, que chegavam então a quatorze mil quinhentos e sessenta talentos euboicos, que valem dez milhões cento e noventa e dois mil escudos coroa.

Costume da Etiópia

O antigo costume da Pérsia é observado ainda hoje na Etiópia, onde os governadores dos cinquenta governos levam ao grande Negus, rei da Etiópia[72], os presentes e oblações em grãos, vinho, gado, artesanato, ouro e prata, sem outra comissão nem cartas-patentes. Desse modo, devido à grandeza de sua majestade, é mais conveniente para ele ser obedecido sem mandamento do que outorgando comissões para exigir e mendigar dos súditos aquilo que eles devem trazer. Quanto às sucessões e legados testamentários feitos aos Príncipes pelos seus súditos, são agora coisa muito rara, e não obstante era antigamente um dos maiores meios com os quais os Príncipes acresciam suas finanças.

Legado de trinta milhões em ouro feito a Augusto

Lemos que o imperador Augusto, tendo dado em testamento o montante de onze milhões e duzentos mil escudos coroa para serem distribuídos ao povo romano e às legiões, inseriu uma observação segundo a qual só deixaria aos seus herdeiros três milhões setecentos e cinquenta mil escudos, embora ele mostrasse ter recebido de seus amigos, poucos anos antes de morrer, a soma de trinta e cinco milhões de escudos coroa[73]. É verdade que ele tinha costume de deixar aos filhos dos testadores os legados e sucessões que lhe eram dados, e nunca tomou nada dos testamentos daqueles que não conhecia. Foi essa a crítica que Cícero fez a Marco Antônio em pleno senado, que ele tinha se enriquecido com os testamentos daqueles que nunca conhecera. Não obstante, Cícero admite[74] ter recebido dos legados testamentários dos seus amigos somente o montante de um milhão de escudos coroa. Mas os tiranos tomavam de todos sem distinção, pois não havia meio maior de asse-

---

72 Francisco Álvares, História da Etiópia.

73 Suetônio, Augusto.

74 *Filípicas* 2.

gurar seu testamento do que fazer algum legado ao tirano. E se o testamento fosse imperfeito, o tirano tomava toda a sucessão, o que é reprovado pela lei. Foi por essa causa que cessou o costume de nomear como herdeiros os imperadores e Príncipes.

Quarto meio de incrementar as finanças

O quarto meio de manter as finanças são as pensões dos aliados, que são pagas tanto em tempo de paz como em tempo de guerra para a proteção e defesa contra os inimigos, ou então para se obter conselho, conforto e auxílio em caso de necessidade, conforme o teor dos tratados.

Diferença entre pensão e tributo

Digo que a pensão é paga pelos amigos e aliados, pois o Príncipe soberano que acordou com outro pagar-lhe alguma coisa a cada ano para ter a paz sem tratado de amizade nem de aliança é tributário, como eram Antíoco rei da Ásia, a senhoria de Cartago, os reis da Esclavônia e vários outros Príncipes e povos tributários dos romanos; os reis da Arábia, de Idomeu a Davi; e os Príncipes da Ásia tributários dos reis da Pérsia. Por essa causa os tratados de aliança entre a casa de França e os senhores das ligas dispõem que o rei dará a cada cantão a pensão ordinária de mil libras para a paz e de duas mil para a aliança, além das pensões extraordinárias e do soldo em tempo de guerra, ou então para prestar-lhe serviço em sua casa e escolta indo pelo país para mostrar que os suíços e grisões são pensionários do rei, haja vista a aliança mútua e o serviço que devem em troca da pensão. Por isso, não é tributário aquele que corrompe os capitães dos seus inimigos, como fazia Péricles com os capitães da Lacedemônia, não para comprar a paz, diz Teofrasto, mas para postergar a guerra. Porém, pode-se dizer que os senhores das ligas nunca fizeram tratado de aliança mais útil para o seu estado, seja para manter as finanças em geral e em particular, seja para aguerrir seus súditos às custas de outrem, seja para dar meio aos querelantes e vagabundos de deixar o país.

Estado das pensões dos suíços e grisões

Pelas contas do pagador das ligas, as pensões ordinárias e extraordinárias chegavam, por ano, a pelo menos cento e vinte ou cento e quarenta mil libras, e não foram inferiores a duzentas mil libras nos últimos doze ou quinze anos. Pelo estado das finanças de 1573, o item das pensões das ligas, contido no capítulo das despesas, chega a duzentos e dezoito mil e trezentas libras e doze soldos; as pensões dos alemães, a cento e trinta e duas mil libras, além do soldo em tempo de guerra e dos honorários para a guarda dos suíços.

Pensões necessárias

É verdade que é conveniente para os grandes Príncipes concederem pensões aos secretários, espiões, capitães, discursadores e servidores domésticos dos inimigos para desviar ou descobrir as empreitadas. A experiência mostrou com muita frequência que não há meio maior para manter seu estado e arruinar seus inimigos, pois a praça mais forte do mundo sempre será tomada contando que um jumento carregado de escudos possa nela penetrar, como dizia Felipe II rei da Macedônia, que labutou tanto por meio dos seus pensionários que sujeitou toda a Grécia. Os reis da Pérsia não tinham outro meio para desviar os exércitos da Ásia senão belas pensões[75], pois é muito difícil que aquele que recebe não faça algo pelo dinheiro, seja pela obrigação, seja pela vergonha e crítica que pode sofrer da parte daquele que o deu, seja pela esperança do proveito por vir, seja pelo temor de que aquele que deu divulgue sua covardia.

Obrigações dos pensionários

Afinal, os Príncipes não concedem pensões notáveis aos estrangeiros se eles não prestarem juramento contra sua pátria, como disse um Príncipe da Alemanha na Dieta de Worms reunida em 1552. De fato, houve nesse ano um Príncipe, depois falecido, que ofereceu a um embaixador em nome de seu senhor dois mil escudos de pensão para que lhe revelasse todos os segredos, práticas e negociações da sua República e impedisse com todo seu poder que

---

75 Plutarco, Lisandro e Agesilau.

se fizesse algo em prejuízo daquele que pagaria a pensão. Tais pensionários são muito temíveis no estado popular, pois este é governado por um pequeno número dos mais afluentes, que vendem o público para o seu proveito particular, coisa que não é tão fácil na monarquia fundada em um Príncipe, cujo interesse particular reside na conservação do público. Mas não há tesouro que não se esgotaria se as pensões particulares não fossem secretas, e elas não podem ser secretas se forem numerosas. Os reis da Pérsia e da Macedônia só concediam pensões a um pequeno número de discursadores e capitães da Grécia, e o rei do Egito, por sete mil escudos de pensão que concedia ao capitão Arato[76], tinha o estado dos aqueus a seus pés. Todavia, vê-se no estado das pensões das ligas que desde 1501 o rei Henrique II concedia pensões particulares na Suíça a mais de novecentas pessoas, especificadas com nome e sobrenome, que entregavam recibos, além dos outros pensionários particulares que eram pagos por róis, que chegavam cada ano a quarenta e nove mil duzentas e noventa e nove libras. Talvez tivesse sido melhor dar a metade das pensões a poucas pessoas de autoridade e secretamente, e aos maiores sem recibo.

Pensões sem recibo

Afinal, às vezes o pensionário é tal que não quer ser descoberto nem por todos os bens do mundo, como era um certo lorde inglês senhor de Hastings, ao qual o rei Luís XI dava dois mil escudos de pensão. O portador lhe pediu recibo para servir de comprovante perante o rei unicamente, como dizia; o lorde lhe disse que receberia a pensão mas que não entregaria recibo, o que o rei pedia com muita insistência para servir-se em caso de necessidade, o que era comum para burlar os inimigos e fazer com que desconfiassem uns dos outros. Além disso, há coisas não apenas secretas mas também desonestas, para as quais se paga pensão e que nunca são contabilizadas. Péricles foi elogiado por isso pois, ao prestar suas contas, colocou no capítulo das despesas um item de dez mil escudos sem recibo nem mandamento e sem dizer a causa. O povo ratificou o item sem mais indagar[77], por conhecer a prudência e lealdade do personagem no manejo da República. Por isso é certo que o pensionário secreto, ao entregar recibo, teme sempre ser descoberto, e se for revelado ele

---

76 Plutarco, Arato.

77 Plutarco, Péricles.

não ousa ou não pode fazer nada em favor daquele que concede a pensão. Acrescente-se que a inveja daqueles que não recebem pensão é a causa que os faz entrar em querelas e parcialidades, como aconteceu na Suíça diversas vezes, de modo que aqueles que tinham menos do que outros ou que não tinham nada exigiram que as pensões particulares fossem postas nas mãos dos recebedores junto com as pensões gerais, o que o rei impediu, dizendo que preferia suprimir sua liberalidade.

Quinto meio de prover às finanças: pelo comércio

O quinto meio de prover às finanças é o comércio que o Príncipe ou a senhoria exerce por meio dos seus feitores, embora haja poucos Príncipes que façam uso dele. De fato, pelas ordenanças tanto deste reino quanto da Inglaterra e da Alemanha, perde a qualidade de nobreza aquele que comercia. Pela Lei Cláudia[78] era proibido ao senador romano ter qualquer navio de mar que comportasse mais de quarenta *muids. Quaestus omnis*, diz Tito Lívio, *patribus indecorus visus est.* E depois as ordenanças dos imperadores proibiram em geral a todos os gentis-homens de comerciar, como os cânones também proíbem que os eclesiásticos façam o mesmo. Os persas, num dito de zombaria, chamavam Dário de mercador somente por ter transformado os dons gratuitos em encargos necessários. Contudo, é mais condizente para o Príncipe ser mercador do que tirano, e para o gentil-homem comerciar do que roubar.

Comércio do rei de Portugal

Bem se sabe que os reis de Portugal, tendo zarpado há cem anos em alto mar, depois de terem descoberto as riquezas e minas de ouro da Guiné em 1475 sob a chefia de João bastardo de Portugal e 12 anos depois as especiarias de Calcutá e do Oriente, e tendo continuado a rota das Índias, comerciaram tão bem que se tornaram senhores dos melhores portos da África e ocuparam sob as barbas do rei da Pérsia a ilha de Ormuz, usurparam grande parte do reino do Marrocos e da Guiné e obrigaram os reis de Cambarre, Calcutá, Málaca e Cananor a prestar-lhes fé e homenagem, tratando aliança de amizade e de comércio com o grande Cã Príncipe da Tartária. Também arrancaram aos turcos

---

78 Do ano 800 da fundação de Roma. Lívio liv. 21.

e aos sultões do Egito as maiores riquezas das Índias e encheram a Europa de tesouros do Oriente, penetrando até as Molucas, que os reis de Castela pretendem que lhes pertencem conforme a divisão e partilha feita pelo papa Alexandre VI. Não obstante, quando os mercadores genoveses e florentinos quiseram devolver-lhes trezentos e cinquenta mil ducados que João III rei de Portugal pagara ao imperador Carlos V e dar ainda cem mil ducados, o rei de Portugal recusou, tendo avaliado que a mercadoria e o lucro que tira dela são como um fundo de finanças inesgotável, sem falar no grande proveito que reverte aos seus súditos em particular. Com isso ele reduziu as finanças dos Príncipes do Oriente e até dos venezianos, que sofreram tamanho prejuízo que todas as desgraças que ocorreram no tempo em que o rei Luís XII guerreou contra eles não foram iguais às perdas que os portugueses lhes infligiram ao retirar o maior fundo de suas finanças, que provinha do comércio com o Levante. Assim, as senhorias e a nobreza da Itália não consideram desonroso o comércio por atacado, não mais do que Cícero[79], que todavia considera os mercadores varejistas pessoas sórdidas.

Comércio tirânico e sórdido do rei Alfonso

Quanto ao comércio que os Príncipes exercem sobre os súditos, não é comércio mas imposto e exação, a saber quando proíbem o comércio e colocam os grãos e vinhos dos súditos entre as mãos dos recebedores e compram-nos a preço vil para vendê-los aos estrangeiros ou aos próprios súditos pelo preço que quiserem. Foi uma das causas que tornou mais odioso Alfonso rei de Nápoles, pois entregava seus bácoros aos súditos em custódia para que os engordassem, e se morressem fazia com que pagassem. Ele comprava todo o azeite da Pouille e pagava o preço que queria, bem como o trigo verde, e o revendia ao preço mais alto que podia, proibindo a todos de vendê-lo até que tivesse vendido o seu.

O comércio mais vil e mais pernicioso

Mas de todas as transações que fazem os Príncipes, nenhuma é mais perniciosa nem mais sórdida do que a das honras, ofícios e benefícios, como eu

---

[79] De officiis liv. 3.

disse acima. Talvez houvesse desculpa quando a necessidade é tão grande que não haveria outro meio para salvar a República, como fizeram os venezianos nos sete anos em que o rei Luís XII guerreou contra eles. Constatou-se pelo extrato das contas que eles haviam gasto cinco milhões de ducados, dos quais quinhentos mil haviam sido obtidos com a venda de certos ofícios. O rei Francisco I aproveitou a mesma oportunidade em 1527 para separar as jurisdições criminais das civis, concedendo ambas e todos os ofícios em geral a quem oferecesse mais. O papa Adriano havia feito o mesmo três anos antes, não somente com os ofícios, mas também com os benefícios, como ele fez com o bispado de Cremona, que vendeu por vinte mil ducados, e além disso tinha decidido angariar duzentos mil ducados, a meio ducado por lar, do território de São Pedro, a pretexto da guerra contra os turcos. Mas como, passada a necessidade, viu-se e vê-se ainda continuar tal transação, é coisa de consequência arriscada abrir a loja.

Sexto meio de angariar fundos para as finanças

O sexto meio de angariar fundos para as finanças é sobre os mercadores que trazem ou levam mercadorias, que é um dos mais antigos e usados em todas as Repúblicas, e fundado sobre a equidade, pois é o motivo pelo qual aquele que quer ganhar sobre os súditos de outrem paga algum direito ao Príncipe ou ao público.

Refue, *alta passagem e sacada*

Daí vieram os direitos de *refue*, a alta passagem ou domínio forâneo e a sacada, que foram reduzidas neste reino a um imposto de 20 tostões por libra por édito do rei Henrique II[80], que depois foi revogado[81] para que a sacada não fosse confundida com o domínio forâneo, que o rei Carlos V reduziu de um soldo a seis tostões por libra. Desde então ele foi restabelecido em um soldo, que constitui cinco por cento, tanto quanto os antigos romanos tomavam por todo direito de imposição forânea[82]. Além disso há oito tostões

---

[80] Em 1551.

[81] Em 1556.

[82] Cícero, Praetura Siciliensis.

para as duas outras imposições, o que dá um total de oito por cento. O rei da Turquia toma dez por cento sobre todos os mercadores estrangeiros que saem de Alexandria e cinco por cento dos seus súditos. Mas neste reino fez-se exatamente o contrário com relação ao sal, para o qual o estrangeiro não paga nada além do direito do mercador e o súdito paga quarenta e cinco libras por *muid*, além do direito do mercador. Desde que os celeiros foram arrendados e os oficiais da gabela suprimidos, o *muid* de sal, que o mercador vendia por cem soldos, subiu para vinte e sete libras, e depois das guerras para oitenta libras, além do direito do rei e o frete, de modo que o total foi vendido às vezes por mais de trezentas e sessenta libras por *muid*. Assim o povo pobre é arruinado e o estrangeiro enriquecido, pois até o estrangeiro lucra ao vender na França quando pode.

Esse privilégio foi dado aos estrangeiros pelo rei Francisco I a fim de que trouxessem suas mercadorias e dinheiros para esse reino em vez de para a Espanha. Todavia, descobriu-se a olhos nus que o estrangeiro não poderia ficar sem o sal da França, pois diante da proibição feita pelo imperador Carlos V aos do país baixo de pegar o sal na França, os estados objetaram que suas salinas, que são o maná do país e sua maior mercadoria, se gastavam com o sal da Espanha e da Borgonha. Ora, é certo que não se consegue fazer sal da água do mar além do 47º grau por causa do frio, e que o sal da Espanha é um pouco corrosivo demais. Se o estrangeiro pagasse somente um quarto do que paga o súdito para o direito do rei, resultaria um lucro incrível para as finanças.

As minas da França são inesgotáveis

Vê-se com muita frequência os batelões do país baixo e da Inglaterra virem às salinas carregados de areia e de pedras, não tendo o que trocar para obter sal, vinho e trigo da França, que são três produtos abundantes neste reino e cujas fontes são inesgotáveis. Ao contrário, as minas estrangeiras esvaziam-se em poucos anos e só podem renascer depois de vários séculos. O estrangeiro vai buscá-las no centro da Terra para trazê-las a este reino e levar as coisas necessárias para a vida humana, cujo comércio o Príncipe sábio não deve permitir se seu povo não estiver abastecido e satisfeito e se as finanças não forem acrescidas, o que não se pode fazer sem elevar a imposição forânea. Quanto maior for esta última, mais lucro reverterá para as finanças, e se o estrangeiro, temendo o imposto, levar menos, o súdito terá maior quantidade, pois os maiores tesouros sempre virão onde houver mais coisas necessárias para a vida, embora não haja mina de ouro nem de prata, como há poucas ou nenhuma neste reino, o qual no entanto alimenta boa parte da Europa, como dizia o rei Agripa. E o reino do Egito, que não tem minas de ouro nem de prata, mesmo assim abastece grandemente a África e a Europa com os grãos que produz.

Imposto sobre o vinho que entra na Inglaterra e em Flandres

Se disserem que pelos tratados de comércio entre os Príncipes não se pode elevar a imposição forânea, isso poderia acontecer entre aqueles que têm tratado de comércio com essa condição, mas são poucos. Não obstante, isso nunca foi muito levado em consideração, pois até no país baixo e na Inglaterra os mercadores franceses foram obrigados em 1555 a pagar um escudo por cada tonel de vinho que chegava no porto, e o súdito oito escudos sol e oito *gros* para o imposto, sem levar em consideração os tratados de comércio. No ano seguinte a rainha da Inglaterra elevou a imposição forânea em um terço e instituiu um imposto de dois escudos sol, três *gros* e um tostão sobre cada peça de tecido. Isso tem consequência muito grande, pois foi-me assegurado por um mercador de Antuérpia que em 1565 chegaram ao país baixo, em menos de três meses, cem mil peças de tecido, contando três peças de lã e o mesmo número de frisos para cada tecido. Portanto, é conveniente elevar igualmente a imposição forânea sobre o estrangeiro para as coisas das quais ele não pode abrir mão, e por esse meio incrementar as finanças e aliviar os súditos.

Proibição de retirar do país as matérias cruas

Quanto às matérias que se traz dos países estrangeiros, é preciso abaixar o imposto e elevá-lo para as peças manufaturadas, e não permitir que elas sejam trazidas de país estrangeiro, nem tolerar que sejam levadas do país as mercadorias cruas, como o ferro, o cobre, o aço, as lãs, os fios, a seda crua e outras matérias semelhantes, a fim de que o súdito ganhe o lucro da obra e o Príncipe a imposição forânea. Isso foi proibido por édito de Felipe rei da

Espanha em 1563 para dar o troco à rainha da Inglaterra, que tinha instaurado as mesmas proibições três meses antes. O mesmo foi feito por édito do rei da França Henrique II em 1552 com relação às lãs. Mas houve um florentino que, tendo obtido passaporte por favor de um cortesão, retirou mais lãs de uma só vez que todos os mercadores haviam feito antes em um ano.

O comércio proibido para os súditos e permitido para o estrangeiro é a ruína do país

É uma incongruência notável em matéria de Estado e de finanças proibir o comércio e dar permissão a um estrangeiro para retirar mercadorias proibidas, pois o rei e a República em geral sofrem um dano irreparável e os mercadores em particular são arruinados.

Eis seis meios de angariar fundos para as finanças sem explorar os súditos, salvo se a imposição forânea for excessiva sobre as mercadorias estrangeiras e necessárias à vida humana.

O sétimo meio de angariar fundos para as finanças

O sétimo meio é sobre os súditos, ao qual nunca se deve recorrer, a não ser que todos os outros meios falhem e que seja urgente a necessidade de prover à República.

O meio mais honesto de encontrar dinheiro na necessidade pública sem impostos sobre os súditos

Nesse caso, já que a proteção e defesa dos particulares depende da conservação do público, é um bom motivo para que todos se dediquem a esta última. Então os encargos e imposições sobre os súditos são justíssimos, pois não há nada mais justo do que aquilo que é necessário, como dizia um antigo senador romano. Contudo, para que o encargo extraordinário imposto durante a guerra não seja continuado em tempo de paz, é conveniente proceder por forma de empréstimo. Acrescente-se que o dinheiro é mais facilmente encontrado quando aquele que empresta espera receber, além do dinheiro, a graça do empréstimo gratuito. É o que se fez em Roma quando Aníbal estava na Itália e as finanças quase esgotadas; o parecer do senado não foi de usar imposições novas e forçadas (coisa arriscada quando o inimigo é mais forte), mas de comum acordo todos os senadores, e os mais abastados em primeiro, levaram o ouro e a prata aos recebedores, e foram seguidos pelo povo com tamanha alegria e zelo pelo bem público que entravam em discussão sobre quem seria o primeiro a contribuir, de modo que os trocadores e recebedores não eram suficientes.

O censo existia muito antigamente

Depois da vitória sobre os cartagineses, o senado ordenou que se pagassem os empréstimos. Como não havia dinheiro suficiente no tesouro, os credores apresentaram requerimento no intuito de que se lhes concedesse parte do domínio que seria estimada pelos cônsules, com a condição de recompra perpétua e pagamento de um ás de tributo aos recebedores por cada jornal, que seria como a marca de que o fundo pertencia ao domínio da República, o que foi feito[83]. E se a República não tiver como devolver, nem em dinheiro nem em terras, e se o inimigo pressionar, não há meio mais rápido do que escolher os mais hábeis com as armas, que serão armados e pagos às custas dos outros, como faziam os antigos romanos[84]. Essa foi talvez a primeira ocasião de encargos extraordinários que depois continuaram como encargos ordinários, como lemos que o tirano Dionísio procurava às vezes pretexto para guerras ou fortificações para ter meio de instituir novos impostos que ele mantinha depois de ter tratado com o inimigo ou abandonado as fortalezas começadas.

Detestável invenção dos tiranos

Se meus desejos fossem atendidos, eu gostaria que uma invenção tão detestável tivesse sido sepultada junto com seu autor.

Três espécies de imposição sobre os súditos

Por esse meio encontrou-se três espécies de dinheiros cobrados dos súditos: uns extraordinários, outros ordinários e o terceiro tipo, que tem algo

---

83 Lívio liv. 31.
84 Lívio liv. 26.

de um e do outro, chamado de dinheiros casuais, espécie que compreende tanto os dinheiros que provêm das jurisdições, sal, moedas, pesos e medidas, quanto aqueles que são recolhidos sobre as coisas vendidas, qualquer que seja sua natureza, ou sobre os dons, legados e sucessões transmitidas, ou sobre a venda dos ofícios, ou na forma de talha, seja por causa das pessoas simplesmente, chamada de capitação, seja por causa dos bens móveis ou imóveis e dos frutos que nascem sobre a terra e dentro dela, como todos os minérios e tesouros, seja pelos portos e passagens, ou qualquer outra imposição que se possa imaginar. Pois embora ela seja suja e ordinária, os Príncipes taxadores sempre acharão que ela tem bom cheiro, como dizia Vespasiano.

Dinheiros ordinários, extraordinários, casuais

Entre tais encargos e imposições os mais antigos são reputados domínios, como a imposição forânea, os outros ordinários, como a talha. Os dinheiros, que os latinos chamavam de *temerarium tributum*, são extraordinários, como são os subsídios sobre as cidades francas e pessoas privilegiadas, dízimos, dons caridosos e gratuitos equiparados aos dízimos, que são instituídos por comissão. Propriamente falando, a talha, o talhão, os auxílios, o equivalente, a outorga, as achegas, a gabela eram verdadeiros subsídios e dinheiros extraordinários antes de Luís XI, que foi o primeiro a instituir a talha, como o presidente Le Maistre observou. Mas ele não disse que foi na forma de subsídio necessário durante a guerra e que ele nunca fez dela receita ordinária. Ao contrário, dirigindo-se a Felipe, seu primogênito e sucessor, ele disse estas palavras no seu testamento, que se encontra ainda no tesouro da França e está registrado na Câmara de Contas:

Testamento de São Luís

"SEJA DEVOTADO ao serviço de Deus; tenha o coração piedoso e caridoso para com os pobres e conforte-os com teus benefícios; preserve as boas leis do teu reino; não institua talhas nem auxílios sobre os teus súditos se a necessidade urgente e a utilidade evidente não te obrigarem a fazê-lo, e por justa causa e não voluntariamente; se agires de outro modo, não serás reputado rei, mas tirano", etc. Deixo de lado as outras cláusulas do testamento.

Dir-se-á que o rei Clotário exigiu a terça parte das rendas e receitas das igrejas, e Chilperico a oitava parte do vinho da produção de cada um, de onde talvez tenha vindo o imposto do oitavo do vinho, e que Luís, o Jovem, tomou durante quatro anos a vigésima parte da receita de seu povo a partir de 1167. Todavia, é certo que isso foi apenas um subsídio extraordinário, não mais que a *maletoste*[85] de Carlos VI, pois até foi decidido nos estados deste reino, na presença do rei Felipe de Valois, em 1338, que não seria instituído imposto algum sobre o povo sem seu consentimento. De fato, em vez dos três milhões e quatrocentos mil francos que o rei Luís XI recolheu no ano em que morreu, além do domínio, os deputados dos três estados reunidos em Tours ofereceram ao rei na forma de doação por apenas dois anos outorga semelhante à que recolhera Carlos VII, e por ter subido ao trono trezentas mil libras uma única vez, soma que seria igual para os três estados, sem ter continuação e sem que se pudesse chamar a dita outorga de talha ou imposto. Isso sempre foi assim e ainda é observado na Espanha, Inglaterra e Alemanha. Nos estados reunidos em Tours sob Carlos VII foi observado por Felipe de Commines que não havia Príncipe que tivesse poder para instituir imposto sobre os súditos nem prescrever esse direito sem o consentimento deles. Ainda se vê nas comissões outorgadas para os auxílios, talhas e outros impostos que o rei faz a antiga promessa de suprimi-los assim que a necessidade o permitir.

A origem da gabela do sal

Embora Felipe, o Comprido, tenha sido o primeiro a cobrar um dobrão por libra sobre o sal vendido, ele prometeu em seguida desonerar seus súditos. Depois disso, Felipe de Valois declarou por cartas-patentes de 1328 que não queria fazê-lo e pretendia que o direito de gabela, que era então de quatro tostões por libra, fosse incorporado ao domínio. Afinal, embora pareça que não há imposto mais fácil de suportar, por ser igual para todos os súditos e sobre uma coisa que é pública, no estado popular dos romanos e no auge das guerras o imposto do sal, que fora instituído por Cláudio e Lívio censores (que por esse motivo foram chamados de Salineiros), foi suprimido após a guerra porque era uma das coisas mais necessárias à vida humana.

---

85 [N.T.]: Grafia moderna: *maletôte* ou *maltôte*. Imposto indireto sobre mercadorias.

O vigésimo dos libertos

Não obstante, o imposto do vigésimo dos bens daqueles que eram recém-libertos permaneceu, embora tivesse sido instituído somente por um édito publicado no campo de Sútrio a pedido do cônsul Mânlio, por conselho do senado e sem conhecimento do povo, que depois proibiu que se procedesse dessa forma sob pena de morte[86]. É verdade que os cidadãos não tinham muito interesse nesse imposto.

O vigésimo dos legados feitos aos estrangeiros

E os libertos estavam muito mais dispostos a pagar o vigésimo do que os herdeiros e legatários estrangeiros pagavam o vigésimo dos legados e sucessões que lhes cabiam como coisa lucrativa e não esperada. Esse era outro imposto, criado pela Lei Júlia quando o estado popular foi mudado[87]. Porém, como os sucessores de Augusto atribuíam essa consequência a todas as rendas testamentárias, o imperador Trajano aboliu-a[88], mas não tanto a ponto de apagar sua marca. Assim, eles não recebiam a centésima parte dos impostos que desde então a necessidade de uns e a avareza de outros obtiveram. E quando Samuel disse ao povo que ele teria tiranos taxadores, ele disse: "Eles tomarão o dízimo dos frutos". É o único imposto que ele menciona. Até Cípselo, primeiro tirano de Corinto[89], só cobrava a taxa do dízimo da renda de cada um. Não havia subsídios, gabelas, *maletostes* e mil tipos de encargos semelhantes.

Instituidores de novos encargos condenados à morte

Por isso, a maioria dos instituidores e inventores de novos impostos perderam a vida, como um Partênio ou Procleres que foi lapidado pelo povo na cidade de Trèves por ter dado conselho ao rei Teodeberto que taxasse os súditos com novos subsídios. Em nossa época, George Preschon, instituidor,

---

86 No ano da fundação de Roma 396. Lívio liv. 7.

87 Díon liv. 38; Paulo, Sentenças liv. 4 tít. 6.

88 Plínio, Panegírico.

89 Aristóteles, Política.

foi cruelmente executado e Henrique rei da Suécia, de quem ele era governador, foi expulso do seu estado, e um Filisto, de Dionísio, o Jovem. Os outros perderam seu estado, e vários Príncipes perderam a vida, entre outros Aqueu, rei dos lídios, que foi enforcado pelos seus súditos com os pés para cima e a cabeça no rio por causa dos subsídios que queria exigir. E Teodorico rei da França perdeu a coroa. As histórias estão cheias de casos assim, pois não se vê mudanças, sedições e ruínas de Repúblicas mais frequentes do que por causa dos encargos e impostos excessivos. E não há meio de evitar esses inconvenientes, a não ser retirando os subsídios e encargos extraordinários quando cessar a causa pela qual foram instituídos.

Mas tampouco se deve correr de um extremo ao outro e abolir todos os impostos, auxílios e talhas, como muitos esforçaram-se por fazer, não tendo nem fundos nem domínio para sustentar o estado da República. Entre estes estava o imperador Nero, o qual, tendo devorado todo o domínio, quis suprimir todos os pedágios e tributos. Avisado disso, o senado agradeceu-lhe por seu bem-querer para com o povo, mas no entanto dissuadiu-o de fazê-lo, dizendo que seria arruinar completamente a República[90]. A bem da verdade, é retirar os fundamentos principais sobre os quais ela se apoia, como alguns quiseram fazer na época mais incômoda que já houve, visto que o domínio está inteiramente alienado, assim como a melhor parte dos auxílios e gabelas, e a maioria dos feudos em mão-morta, ou então entre as mãos daqueles que são isentos e privilegiados. Faz muito sentido exigir que os dons excessivos sejam suprimidos e as doações imensas revogadas, e que se leve em conta as finanças esgotadas. Mas querer abolir os encargos antes de ter recomprado o domínio e quitado as dívidas não é reerguer nem restabelecer, mas arruinar o estado.

A abundância de ouro e de prata fez encarecer todas as coisas dez vezes mais do que eram há cem anos

A maioria destes mesmos que pensam entender melhor de negócios engana-se com a opinião inveterada que se deve remeter os encargos e impostos ao estado que tinham no tempo de Luís XII, sem levar em conta que desde essa época o ouro e a prata vieram em tamanha abundância das terras novas, sobretudo do Peru, que todas as coisas encareceram dez vezes mais do que

---

90 Suetônio, Nero.

eram, como mostrei contra o paradoxo do senhor de Malestroit, tanto por meio dos costumes deste reino quanto pelos antigos contratos e acordos, nos quais se vê a estimativa dos frutos e vitualhas dez ou até doze vezes inferior do que é hoje, e por conseguinte as fazendas e o preço das terras doze vezes inferior do que é hoje. Isso pode ser visto facilmente nos antigos extratos da Câmara de Contas, e entre outros há um que diz "que o chanceler da França no tempo de São Luís, para si, seus cavalos e valetes a cavalo e para a aveia e todas as coisas tinha somente sete soldos parisienses", e diz enfim "que se o chanceler ia para abadias ou para outros lugares onde não gastava nada com os cavalos, isso era descontado dos seus honorários". Mostrei que Carlos V rei da França pagou somente trinta e um mil francos de ouro pelo condado de Auxerre, que o ducado de Berry foi comprado por apenas sessenta mil reais de ouro por Felipe I e que o condado de Veneza e Avignon foi penhorado por quarenta mil florins. Em suma, verifiquei que vários condados, baronias e grandes senhorias foram estimados e comprados há cem ou cento e vinte anos por vinte vezes menos do que valem hoje, devido à abundância de ouro e de prata que veio das terras novas.

Foi o que aconteceu em Roma quando Paulo Emílio trouxe o ouro e a prata do reino da Macedônia: a estimativa das terras subiu em um terço repentinamente. E na época em que César mandou trazer para Roma os tesouros e despojos do Egito, a usura diminuiu subitamente e o preço das terras subiu[91]. O mesmo aconteceu com os espanhóis depois da conquista do Peru: o tonel de vinho custava naquele país trezentos ducados, a capa espanhola de lã mil ducados, o ginete da Espanha seis mil ducados, como vemos nas histórias das Índias e, mesmo parcialmente, nas daqueles que acompanharam Francisco Pizarro para lá. A causa era a abundância de ouro e de prata que foi achada então no Peru e trazida para a Espanha, sobretudo o resgate do rei Atabalipa, que pagou o montante de dez milhões trezentos e vinte e seis mil ducados em ouro, e muito mais em prata, além do quinto do rei da Espanha. Não obstante, os recebedores do Peru continuaram devendo mil e seiscentos besantes de ouro, segundo o extrato que fez Agostinho de Zarate, mestre das contas do rei da Espanha.

Como depois o ouro e a prata foram comunicados à França devido à necessidade dos víveres e mercadorias que vão sem cessar para a Espanha, a

---

91 Suetônio, César.

estimativa de todas as coisas subiu, e por conseguinte os honorários dos oficiais, o soldo dos soldados, a pensão dos capitães, as jornadas e férias de cada um. Pelo mesmo motivo, as rendas aumentaram: aquele que só tinha cem libras de renda agora tem mil com os mesmos frutos que recolhia, pois o *muid* de trigo de renda que se obtinha por cem ou cento e vinte libras tornesas em 1522 vale quase o mesmo em aquisição pura, como observei nos registros do Châtelet em Paris. O *muid* de trigo de Paris chegou a ser recomprado em 1563 e em 1564 por mais de trezentas e vinte libras, quando houve necessidade de trigo. Quem quiser consultar as compilações dos costumes da França verá que o *muid* de trigo medido em Paris valia a preço ordinário um quarto menos do que em 1522. Por isso muito se enganaram aqueles que quiseram regular o preço das coisas segundo as antigas ordenanças.

Estado das finanças da França no tempo de Carlos VI e IX

Portanto, é preciso concluir que o estado das finanças sob Carlos VI (sem ir longe), que chegava em 1449 a quatrocentas mil libras, incluindo o domínio, não era menor, levando em consideração a estimativa das coisas, que o estado das finanças de quatorze milhões no ano em que morreu Carlos IX. As mesmas queixas que se faz hoje foram feitas pelos estados reunidos em Paris, e o resgate que Luís IX rei de França pagou ao sultão do Egito de quinhentas mil libras[92] não era menor que o do rei Francisco I de três milhões de escudos. Embora o rei João tenha sido taxado pelo mesmo resgate, ele foi julgado tão excessivo que se levou seis anos para amealhá-lo. Faremos o mesmo julgamento do apanágio de nove mil libras de renda que foi outorgado a Carlos, o Belo, e que não era menor que os apanágios de cem mil libras concedidos a Henrique de França duque de Anjou em 1564. Tampouco o casamento das filhas de Henrique II rei da França, de quatrocentos mil escudos atribuídos a cada uma, não era tão grande quanto o casamento de sessenta mil libras atribuído às filhas de França por ordenança do rei Carlos V. Podemos dizer o mesmo dos outros povos nos quais havia abundância de ouro e de prata, como antigamente no Oriente e atualmente no Ocidente.

---

92 O senhor de Joinville na Vida de Luís IX.

O estado das finanças do Egito
sob o último rei Ptolomeu

Lemos em Estrabão que Ptolomeu o Flautista, último rei do Egito, recolhia no país do Egito o montante de sete milhões e quinhentos mil escudos coroa por ano.

O estado das finanças da Turquia

O sultão Suleiman só recolhia setecentos mil ducados, segundo o extrato das finanças feito por Le Gritty veneziano em 1520, quando o estado das finanças chegava apenas a quatro milhões de ducados. Doze anos depois ele subiu para seis milhões, como diz Paul Jove. Agora o sultão tira mais de doze milhões de ducados por ano, o que significa elevar os encargos em mais de dois terços em cinquenta anos, devido à abundância de prata que foi levada do Ocidente para o Levante. No entanto, lemos em Plutarco[93] que o ditador Sula taxou os encargos da Ásia Menor, antes das conquistas de Lúculo e de Pompeu, por um montante de doze milhões de escudos coroa, o que é mais ou menos a sexta parte dos países do Turco. Porém, não quero desculpar os Príncipes taxadores, pois bem se sabe que o imperador Carlos V tirava mais finanças do ducado de Milão que o rei Francisco recolhia ao mesmo tempo neste reino, e tirava tanto do país baixo quanto o rei da Inglaterra do seu reino. Por isso não se deve tomar como exemplo aquilo que eles fazem.

Estado das finanças do duque de Florença

Alguém neste reino dizia que Cosme duque de Florença tirava seis milhões de seu estado, coisa todavia impossível, visto que, no estado de Florença, ele só tinha um milhão e duzentos mil escudos, e no estado de Siena duzentos mil no máximo. Mas o novo Príncipe, quando assumir, agirá sabiamente e suprimirá os encargos extraordinários do seu predecessor, tanto porque é sua obrigação quanto para ganhar o amor do povo, se assim lhe pedirem e antes de lhe pedirem, e não seguirá o conselho de um Roboan, que perdeu seu estado por ter feito o contrário. É verdade que, para manter um estado

---

93 No Sula.

seguro das imposições, seria preciso que elas fossem feitas em espécie, como em grãos, vinhos, óleos, e quanto às mercadorias, em dinheiro. É a forma que sempre usaram e usam ainda os reis da Polônia[94], e até o rei da Etiópia também recebe tecidos e outras mercadorias como imposto. Porém, exigir que as talhas e imposições sejam totalmente abolidas ou reguladas segundo os antigos encargos sem levar em consideração a estimativa das coisas e a mudança ocorrida não é aliviar, como eu disse, mas arruinar o estado. Ora, é coisa comum nas mudanças de tirania para estado popular suprimir todos os impostos, talhas e subsídios, em sinal de liberdade. É o que se fez em Roma a pedido do cônsul Valério depois de expulsos os reis. Contudo, eles foram obrigados a ir para a guerra às suas próprias custas, e depois a pagar os soldados e cotizar-se para prover aos negócios, instituindo novos impostos[95]. É verdade que nisso os romanos se mostravam mais justos, pois naquela época em Roma apenas os ricos, nobres e plebeus suportavam as talhas e o povo miúdo era liberado delas, enquanto nós vemos que somente os pobres pagam e os ricos são isentos. O mesmo foi feito na Suíça e em Lindau, depois que os senhores foram expulsos.

Estado das finanças de Atenas

Outros isentam as cidades capitais e os maiores senhores para sobrecarregar os fracos, como os atenienses, quando eram os mais fortes, isentaram sua cidade contra o teor da aliança feita com as outras cidades da Grécia, e em vez de sessenta talentos aumentaram tanto que, em menos de sessenta anos, fizeram com que fossem pagos mil e duzentos por ano, que somam setecentos e vinte mil escudos coroa, como diz Plutarco. Porém, quando Temístocles quis instituir à força o aumento das talhas sobre os adrianos, dizendo que ele lhes levava dois deuses poderosos, Amor e Força, eles responderam que tinham dois mais poderosos, Pobreza e Impossibilidade[96]. Geralmente as grandes cidades sobrecarregam a área rural e os agricultores mais ricos sobrecarregam os pobres, como foi feito anteriormente neste reino, onde as maiores cidades eram isentas, e como antigamente na Pérsia a cidade e o governo da Babilônia

---

94 Kromer, História da Polônia.

95 Lívio liv. 4.

96 Plutarco, Temístocles.

eram isentos[97] a fim de que os maiores não se opusessem aos impostos. Mas assim como acontece com o corpo humano que as partes mais fortes e mais nobres jogam os humores supérfluos e viciosos para as mais fracas até que o apostema fica tão inchado que a parte fraca não aguenta mais e acaba por estourar ou por infectar todos os membros, assim também aconteceu que as cidades ricas, a nobreza, o estado eclesiástico sobrecarregaram tanto o povo miúdo que ele sucumbiu sob o fardo como o asno de Esopo. E o cavalo que não quis carregar nada, ou seja, a nobreza e os eclesiásticos, ficam obrigados uns a carregar os dízimos e subsídios extraordinários, e os outros a vender seus bens para fazer a guerra às suas custas e pagar as talhas e outros impostos diretamente ou indiretamente. Pelo mesmo motivo a nobreza e o estado eclesiástico foram obrigados, no reino da Dinamarca, a talhar-se e cotizar-se desde 1563 para cobrir os custos da guerra, mas com a condição de que o rei não receberia os dinheiros.

É preciso que as talhas sejam reais para aliviar os pobres

Para remediar esse inconveniente, os antigos haviam ordenado sabiamente e bem executado a ordenança, a saber que os encargos seriam reais e não pessoais, como foi feito no país do Languedoc e há alguns anos também na Provença, por provisão segundo a disposição da lei, a fim de que o rico e o pobre, o nobre e o plebeu, o padre e o agricultor pagassem os encargos das terras talháveis. A lei não isenta nem pontífice nem nobre. Nos outros governos, se há um beneficiário, um gentil-homem, um conselheiro, um viticultor, este paga por todos e os outros são isentos, não somente para os feudos, mas também para as terras plebeias.

Portanto, se a necessidade obriga a instituir algum imposto extraordinário, é preciso que ele seja tal que cada um suporte a sua parte, como é o imposto do sal, do vinho e outras coisas semelhantes, e os fundos comuns para as subvenções que as cidades cobram. Para eliminar a oportunidade de sedições, que ocorreram com frequência por causa dos impostos das coisas vendidas a varejo, é conveniente converter o imposto em alguma soma geral, como foi feito em alguns lugares com os auxílios instituídos por Carlos V

---

97 Heródoto, Euterpe.

com o consentimento dos estados para a libertação do rei João, que eram de doze tostões por libra sobre todas as mercadorias vendidas. Tal imposto foi convertido, primeiramente no país do Languedoc no tempo do rei Luís XI, no equivalente a sessenta mil libras por ano, como também se fez em Auvergne para o sal, que o país converteu numa certa soma.

A palavra gabela vem de "gavela"

Pelo mesmo motivo, os impostos cobrados sobre cada mercadoria e as gavelas que se tirava de cada feixe foram abolidos em várias Repúblicas por causa das queixas, sedições e gritarias que fazia o povo miúdo contra os engaveladores ou cobradores de gabela (pois a palavra gabela veio de gavela), que tomam sempre mais do que lhes cabe em espécie.

Os impostos úteis, honráveis e necessários

Mas se perguntarem o meio de cobrar impostos que sejam em honra de Deus, em proveito da República, conforme o desejo das pessoas de bem e para o alívio dos pobres, é fazê-los incidir sobre as coisas que só servem para estragar e corromper os súditos, como fazem todas as guloseimas e todas as espécies de berloques, perfumes, tecidos de ouro e de prata, sedas, crepes, canutilhos, passamanes, entrelaçamentos e todas as peças de ouro, prata e esmalte, além de todo tipo de roupas supérfluas e cores de escarlate, carmesim, cochonilha e outras semelhantes. Mas não se deve proibi-las, pois o natural dos homens é tal que eles não acham nada mais suave nem mais belo do que aquilo que lhes é estritamente proibido, e quanto mais as superfluidades são proibidas mais elas são desejadas, sobretudo pelos homens tolos e mal-educados. Portanto, é preciso encarecê-las tanto por meio dos impostos que somente os ricos e apreciadores possam adquiri-las. É por isso que os povos do Setentrião taxam os vinhos com altos impostos e mesmo assim, embora sejam caros, os súditos os apreciam tanto que estouram de tanto beber. Por esse motivo Catão, o Censor, foi louvado por ter instituído um imposto muito grande sobre a venda dos escravos que passassem do preço de cinquenta escudos, porque então não se podia proibir tal mercadoria. Pelo mesmo motivo o imperador Augusto, para castigar a impudicícia detestável dos súditos e obrigá-los a contrair matrimônio, institui imposto na forma de multa sobre os legados e sucessões caducas para aqueles que não se casassem depois dos 25 anos ou que não tivessem filhos, dando belos privilégios a quem tivesse mais filhos.

Prudência do imperador Augusto

Esse foi um golpe de mestre e sábio político, pois ao fazê-lo ele castigou duramente as devassidões, adultérios e sodomias e encheu de bons cidadãos sua citandade, que estava muito esvaziada pelas guerras civis. Por esse mesmo meio ele encheu o tesouro da fazenda que estava vazio, coisa que o imperador Justiniano, que criticou essa lei, não levou em consideração, não mais que o imperador Constantino, que suprimiu a pena do celibato e daqueles que não tinham filhos. Além do mais, os imperadores Honório e Teodósio deram o privilégio dos filhos a todos os súditos, o que era restituir os vícios detestáveis que haviam sido subtraídos. Disso decorreu que os casamentos e a procriação dos filhos foram desprezados e o Império foi ocupado pelos povos do Setentrião, que tinham grandes quantidades de homens e encontraram o Império deserto. Também havia sido instituído um imposto de cem soldos sobre os processos civis para castigar os litigiosos. Muitos julgaram estranho esse imposto e enfim suprimiram-no. Porém, nunca houve imposto mais necessário neste reino, onde há mais processos que em todo o resto da Europa, processos estes que proliferaram principalmente a partir do tempo do rei Carlos VI, quando foi feito um édito por meio do qual foi cassado o antigo costume que havia neste reino de condenar às despesas aqueles que haviam perdido a causa, como observei acima, pois antes não se litigava tão facilmente quanto se tem feito desde então.

Consignação sobre os processos

É talvez por isso que nossos pais antigos, conhecendo o natural dos franceses, tinham introduzido esse costume, embora ele fosse injusto em si, para desviar os súditos de abrir processos temerariamente. Pela mesma causa os antigos romanos impunham grandes dificuldades para suportar novos impostos, mas aceitaram de muito bom grado e há muito tempo o imposto sobre os processos, que era de um décimo nas causas civis e de um quinto nas causas públicas, como alguns escreveram[98]. Outros dizem[99] que ambas as partes consignavam cada uma quinhentas asses, que equivaliam a quase cem soldos da nossa moeda, o que dava dez libras para as duas partes. Aquele que ganhava recuperava o dinheiro que havia consignado, e isso se fazia além da garantia que era chamada de *sponsio et sacramentum* e que cada uma das partes consignava se uma o pedisse ou se aquele que não queria consignar concordava com o outro. Os hebreus faziam sempre com que pagasse o dobro aquele que havia conscientemente negado a dívida, como lemos nas suas pandectas[100]. Embora as consignações que se fazia em Roma para os processos fossem diversas, o imperador Calígula[101] ainda cobrava a quadragésima parte daquilo que era pedido sem outra determinação prévia ou limitação.

Assim se pode fazer com todas as mercadorias inúteis, desonestas ou supérfluas, como se vê nas ordenanças da imposição forânea quatrocentas e cinquenta espécies de mercadorias das quais pelo menos a metade só serve para corromper a simplicidade dos súditos. A mais cara de todas, que é o âmbar cinza, é estimada a somente cento e vinte francos a libra quando deveria ser cotada a trezentos escudos. Ora, a lei não põe imposto algum sobre as mercadorias, exceto as especiarias e as mercadorias preciosas especificadas, a saber, as peles da Pártia e da Babilônia, as sedas e gazes, o fardo, os cavalos índicos, as bestas selvagens e os escravos castrados. Tais imposições sempre serão louváveis e incomparavelmente mais suportáveis que o pé redondo, o pé fendido, o *tonlieu*[102] e outras semelhantes, sobretudo a capitação, da qual todos os bons Príncipes têm horror. Pois taxar as pessoas somente pela indústria é deflagrar guerra contra os bons espíritos, a não ser que eles façam grande comércio e por esse meio tenham grandes bens móveis sobre os quais devem suportar os encargos, o que não é uma verdadeira capitação.

Eis os meios que me parecem mais convenientes para os Príncipes e os súditos para manter os estado das finanças. Houve no entanto uma outra invenção forjada na loja de um bancarroteiro, que foi mostrado aos estados em

---

98 Festo Pompeu.

99 Varrão no livro sobre a língua latina.

100 Maimônides liv. 3.

101 Suetônio, Calígula.

102 [N.T.]: Imposto pago pelos mercadores ao rei para terem o direito de expor suas mercadorias nas feiras.

Blois quando fui deputado. Ele dizia que o rei, além dos encargos ordinários, podia recolher trinta milhões sem taxar nem o pobre nem o rico. Ele supunha que a França tem duzentas léguas de Boulogne a Marselha e outras tantas do monte Saint Bernard até Saint Jean de Luz. Por esse meio ele concluiu que a França tem quarenta mil léguas quadradas. Cada légua tem cinco mil arpentes de terra, o que equivale a duzentos milhões de arpentes. Desse número ele retirou a metade, coberta por águas, caminhos e terras vagas. Da outra metade ele queria que o rei tomasse um soldo por arpente, o que dá cinco milhões. Depois ele contava seiscentas mil cidades e povoações, e nelas vinte milhões de fogos, sobre os quais ele queria que o rei tomasse cinco soldos por fogo, o que equivale a seis milhões duzentas e cinquenta mil libras. Ele contava também que havia quinze milhões de todas as espécies de mercadorias, sobre as quais ele tomava dos mercadores um soldo para cada mil libras, o que dava doze milhões junto com o que foi dito acima. Sobre as ditas seiscentas mil cidades e povoações ele cobrava de cada uma onze soldos torneses, que somam doze milhões, e seis milhões e cem libras que constituíam então quatro décimos, o que equivale a trinta milhões, sem os auxílios, talhas, gabelas, outorgas, impostos, subsídios e direitos dominiais, que chegavam então a quinze milhões.

Nisso fica evidente a impostura do que ele dava a entender. Primeiramente, ele fazia da França um quadrado quando a forma é de losango, muito menor que a do quadrado. Em segundo lugar, ele coloca o mesmo tanto de terra boa e de terra infértil, embora não haja país tão fértil onde pelo menos dois terços não sejam baldios. E ele taxava o nobre e a igreja tanto quanto os outros. Quanto às seiscentas mil cidades e povoações, é uma mentira demasiado impudente, visto que, segundo os extratos da Câmara de Contas que foram levados aos estados em Blois, foram encontradas somente vinte e sete mil e quatrocentas paróquias, tomando-se a maior cidade como uma paróquia e a menor povoação com paróquia como outra. De fato, o número de paróquias que o rei Henrique II recenseou em 1554 só chegava a vinte e quatro mil oitocentas e vinte e sete paróquias, tirando a Borgonha e o Poitou, e o imposto de trinta e uma libras para cada paróquia somava apenas oitenta e sete mil oitocentas e cinquenta e nove libras.

Opinião de Jerônimo Laski sobre o fato das finanças

Jerônimo Laski polonês, pai do palatino Laski que foi embaixador na França, encontrou outro meio além desses que mencionei para angariar fundos para as finanças, aconselhando que se instituísse três impostos sobre os súditos para financiar três montepios (ele os chamava assim). O primeiro era tomar uma única vez a metade da renda de cada súdito; o outro era a vigésima parte da renda a cada ano; o terceiro sobre as coisas vendidas por atacado e a varejo. Mas sua opinião foi rejeitada como perniciosa e impossível, pois em matéria de impostos não há nada que inflame mais as sedições do que taxar os súditos com vários ao mesmo tempo. Além disso, ele não tinha exemplo de imposições tão estanhas, sobretudo sobre um povo guerreiro e afeito à liberdade como é o povo da Polônia. Não obstante, ele daria um belíssimo nome a uma perniciosa invenção chamando de montepio o fundo de tais imposições.

Os montepios úteis, honestos e caridosos

Afinal, os montepios instituídos nas cidades da Itália são úteis, honestos e caridosos, e aliviam grandemente os pobres, enquanto os de Laski os arruínam. Há montepios em Florença, Lucca, Siena e outras cidades, nas quais aquele que tem uma filha coloca, no dia do seu nascimento, cem escudos no montepio com a condição de receber mil para casá-la quando ela tiver dezoito anos. Se ela morrer antes, os cem escudos passam para a propriedade do montepio se o pai não tiver outras filhas às quais será reservado sucessivamente o valor para o casamento. Se ele colocar no montepio duzentos escudos, a filha terá dois mil escudos, o que é mais ou menos somente cinco por cento do que paga a República se a filha morrer. O outro montepio empresta dinheiro às pessoas pobres a cinco por cento mediante garantia suficiente e até dez escudos no máximo. Se o devedor não devolver os dez escudos no tempo prefixado, a garantia é vendida a quem oferecer mais e o excedente é devolvido ao devedor. Isso se faz para evitar as maiores usuras, pelas quais as pessoas pobres são arruinadas naquele país, e para impedir o confisco e alienação dos móveis a preço vil.

Procedimento louvável de Antonino Pio
para angariar fundos para as finanças

Todavia, creio que o imperador Antonino, apelidado Pio, inventou outro montepio e depois foi seguido por Alexandre Severo. Ele consistia em emprestar a cinco por cento o dinheiro que sobrava das finanças após pagos os encargos, mediante garantia suficiente e solvável. Ao fazer isso os mercadores e as pessoas pobres ganhavam muito com o comércio e o público em geral também ganhava muito, pois se um milhão era emprestado, no final do ano se ganhava cinquenta mil escudos para o público, e os particulares podiam ganhar duas vezes isso comerciando. Mas além disso o maior bem que provinha daí é que assim o dinheiro do público ficava protegido das garras dos ladrões e ratos da corte. Esse era o único motivo, ao que parece, pelo qual o imperador Augusto, muito tempo antes, tinha costume de emprestar o dinheiro que sobrava das finanças sem juro algum, mediante caução solvável e com multa do dobro caso não se pagasse no dia prefixado[103]. Essa é uma condição reprovada pela lei por constituir fraude das usuras legítimas se a condição for imposta por um particular. Mas a multa do dobro é aceitável e praticada pelo público, haja vista que é pena do peculato e não usura do dinheiro se aquele que deve dinheiro ao público não pagar. Era a prudência da qual os Príncipes sábios faziam uso antigamente para assegurar as finanças e angariar fundos para todas as necessidades que poderiam sobrevir.

A ruína dos Príncipes e de suas finanças
é tomar emprestado a juros

Mas é exatamente o contrário que se faz hoje em dia, pois os Príncipes, em vez de emprestar a juros moderados, tomam emprestado e pagam usuras excessivas de todos os lados. E não somente os Príncipes, mas também as senhorias e Repúblicas, algumas mais e outras menos. Aqueles que são considerados os melhores administradores, como os venezianos, emprestam a cinco por cento para sempre e sem repetição do principal, ou a quatorze por cento enquanto durar a vida do credor. A casa São Jorge de Gênova toma emprestado de qualquer um a cinco por cento e empresta com o juro mais alto.

---

103 Suetônio, Augusto.

Foi a única que enriqueceu, tendo adquirido a ilha da Córsega e o domínio mais célebre da República de Gênova por meio do comércio. Os venezianos sempre perderam e perderão enquanto continuarem tomando emprestado a oito por cento ou mais. Ou então será necessário reduzir os juros, assim como aboliram pouco a pouco o monte Vecchio, corroendo tanto os credores que eles não ousam emprestar tão facilmente quanto faziam antes.

Origem do banco de Lyon

Foi também o meio trazido para a França em 1543 pelo cardeal de Tournon, quando ele tinha crédito junto ao rei Francisco I, ao qual ele fez saber, a pedido de certos italianos, que não havia outro meio de atrair para a França as finanças de todos os lados e angariar fundos no futuro para frustrar os inimigos senão estabelecer um banco em Lyon e tomar o dinheiro de cada um pagando juros de oito por cento. Contudo, na realidade o cardeal queria assegurar os cem mil escudos que ele tinha nos seus cofres e tirar deles todos os juros que pudesse. Uma vez outorgadas as cartas-patentes e feita a abertura do banco como eu disse, todos acorriam a ele, da França, da Alemanha e da Itália, de modo que o rei Francisco I, quando morreu, encontrava-se endividado com o banco de Lyon em quinhentos mil escudos, que ele tinha nos seus cofres, e quatro vezes mais, e a paz estava assegurada com todos os Príncipes da terra. Depois que o rei Henrique assumiu os negócios de dinheiro, tomou emprestado a dez, a doze, a dezesseis por cento, como fez em 1554 com os Caponis, os Albicis e com partícipes da Alemanha. A usura era paga nas quatro férias, quando os juros da usura eram convertidos em capital e acrescidos ao principal. O imperador fazia o mesmo do seu lado, embora só tomasse emprestado a dez ou doze por cento no máximo. No mesmo ano o rei da Inglaterra tomou emprestado dos mercadores alemães cem mil escudos a doze por cento. O rei Henrique pensava atrair mais dinheiro pagando mais juros que o Imperador e o rei da Inglaterra, mas em vez disso começou a perder seu crédito, pois os administradores mais prudentes julgavam que no fim ele não poderia pagar nem o principal, nem a usura, já que os juros de dezesseis por cento equivaliam pelo menos a dezoito por cento, calculando os juros que ele não podia pagar. Ao contrário, o Imperador dava mostras de querer quitar as dívidas e entregava as comunidades e corpos das cidades como caução, pagando as dívidas antigas com novos empréstimos, e todos lhe emprestavam vendo que ele pagava. Contudo, atualmente a maioria quer quitar os juros e o principal se houver quem queira dar trinta por cento mediante pagamento, o que afastou muitos Príncipes e senhorias que tinham dinheiro no banco de Lyon.

Os paxás da Turquia tinham dinheiro a juros no banco de Lyon

Afinal, não somente os senhores das ligas, os Príncipes alemães e outros tinham participação no banco de Lyon, mas também os paxás e mercadores da Turquia tinham ali, em nome dos seus feitores, mais de quinhentos mil escudos. E não houve coisa que mais impediu o socorro do Grande Senhor à última viagem dos franceses a Nápoles que a falta de pagar quatro mil escudos de juros a Rustam paxá, além dos dez mil que o embaixador La Vigne levou até ele em 1556, assim como a desconfiança de perder o principal, como eu soube por meio das cartas e memórias de La Vigne. Pois muitos não compravam as rendas a preço de dinheiro, mas queriam a usura pura e simples, com a condição de retirar o principal.

Artimanha sutil dos banqueiros

É o que fazem muitos italianos com os particulares, aos quais eles emprestam pura e simplesmente, com obrigação de corpo e bens, sem que a escritura contenha nada sobre os juros, e não obstante por convenção verbal estipulam dezesseis ou vinte por cento. Caso haja inadimplência no pagamento dos juros, eles mandam executar o obrigado pelo principal por confisco de corpo e bens. E mesmo se a usura for paga, se eles quiserem recobrar o principal eles procedem por execução sobre o devedor, pois nunca há recibo nem testemunha das usuras que eles recebem. Eis o meio pelo qual eles esgotam o dinheiro deste reino. Há outras artimanhas que não abordarei, mas essa deu ensejo a Luís IX rei da França, em 1254, e a Felipe, o Belo, em 1300, para banir todos os banqueiros e mercadores italianos, confiscando seus bens. E para cobrir as dívidas foi ordenado que os devedores estariam quites de todas as prestações atrasadas e dos juros pagando o principal aos tesoureiros.

Antigas ordenanças contra os italianos usurários

Pelo mesmo motivo, desde 1347 Felipe de Valois confiscou todos os seus bens, pois foi verificado nos processos que foram feitos que de duzentas e quarenta mil libras eles haviam tirado em poucos anos um lucro de vinte e quatro milhões e quatrocentas mil libras. Por ódio de tais usuras nossos pais sempre taxaram em dobro as cartas lombardas na chancelaria. Depois e antes que o banco de Lyon foi rompido, a maioria das cidades deste reino emprestaram ao rei sobre o domínio auxílios, gabelas e dízimos a juros moderados. E aqueles que pensavam serem mais entendidos em matéria de estado e de finanças aconselhavam isso com dois fins: um para ter dinheiro em caso de necessidade e o outro para obrigar mais as cidades e comunidades com relação ao seu Príncipe. Todavia, nunca se viu mais rebeliões contra o rei desde o estabelecimento deste reino.

Dívidas do rei Henrique II

Quanto às finanças, administrou-se tão bem que em menos de doze anos do reinado do rei Henrique II ele devia mais juros do que seus predecessores recolhiam quarenta anos antes com todos os encargos. Pois segundo o estado das finanças feito em 1560 o rei Francisco II, sucessor de Henrique, devia dois milhões trezentas e doze mil seiscentas e dez libras, dezoito soldos e seis tostões torneses de empréstimos gratuitos, sobre os quais ele não pagava juros, e quinze milhões novecentas e vinte e seis mil quinhentas e cinquenta e cinco libras, doze soldos e oito tostões, sobre os quais pagava juros, e devia ainda prestações atrasadas de setecentas e setenta e cinco mil novecentas e setenta e nove libras, quatorze soldos e quatro tostões, além da dívida de Ferrara e outras dívidas dos casamentos, que somavam oito milhões quinhentas e quatorze mil quinhentas e noventa e duas libras, oito soldos e onze tostões, e outras dívidas num montante de um milhão quinhentas e sessenta e quatro mil setecentas e oitenta e sete libras, dois soldos e seis tostões. Desse modo, de acordo com o último item o rei continuava devendo quarenta e um milhões cento e oitenta e três mil cento e setenta e cinco libras, três soldos e seis tostões, inclusive quatorze milhões novecentas e sessenta e uma mil setecentas e oitenta e sete libras, quinze soldos e oito tostões dos auxílios, domínio e gabelas empenhados junto às cidades, aos corpos e colégios e aos particulares. Entre estas últimas, a cidade de Paris recebe a cada ano três milhões cento e tantas mil libras, incluindo os dízimos, além de mais de sessenta milhões fornecidos pelo clero no tempo dos reis Francisco II e Carlos IX.

Dívidas da Espanha

É certo que o imperador Carlos V e seu sucessor correram o mesmo risco por ter tomado emprestado a juros e ficaram devendo mais de cinquenta milhões, pelos quais todo o domínio e renda de Nápoles e de Milão estão empenhados aos genoveses e outros particulares. No entanto, são perseguidos agora por terem emprestado ao rei da Espanha a trinta e quarenta por cento em situação de necessidade, e para se conseguir isso mandou-se censurar o Rei Católico por monitória do Papa se ele continuasse tais usuras sobre ele. Porém, não se deve julgar que os espanhóis se deixam tão facilmente humilhar pelos banqueiros da Itália como fazem os franceses, que toleram que eles gozem das fazendas e do mais belo domínio da França, *daces*[104], auxílios, gabelas e alfândega de Lyon, fazendas por meio das quais eles extorquem os súditos e embolsam todos os dinheiros contra as ordenanças deste reino, que proíbem que os estrangeiros encareçam o domínio. É ainda mais insuportável que eles tenham sido preferidos aos súditos naturais, que ofereciam muito mais, e que tenham obtido um desconto de 60 mil libras de uma vez. E para que não pudessem ser molestados, obtiveram a avocação de todas as suas causas ao Conselho privado. A origem de todas essas desgraças ocorreu quando o rei Francisco I começou a pegar dinheiro emprestado a juros, tendo um milhão e oitocentos mil escudos nos seus cofres e a paz no seu reino. Jamais um Príncipe bem aconselhado faria isso, pois ao fazê-lo ele arruína o fundamento de suas finanças, se quiser manter sua promessa e pagar. E se não quiser ou não puder pagar, irá à falência e perderá seu crédito, o que é a ruína do estado, pois será necessário talhar, taxar, emprestar, e enfim por calúnias e tiranias confiscar dos súditos.

---

104 [N.T.]: Impostos sobre mercadorias cobrados na Itália.

Meio de assegurar o estado dos Príncipes desesperados

Pode-se aconselhar a um Príncipe que corre o risco de perder seu estado que tome emprestado dos aliados e dos súditos para sustentar aqueles que estão abalados ou dissolver a conjuração daqueles que não foram descobertos. É o que fizeram Eumenes, que tomou emprestado uma grande soma de dinheiro daqueles que haviam conspirado sua morte, e Agripa rei da Judeia, que recuperou seu reino por intermédio de seus credores, que moveram céu e terra devido à certeza que tinham de que seriam pagos. Esse também foi o principal meio para restabelecer Eduardo IV rei da Inglaterra, que havia sido expulso do seu reino. Porém, se os credores do Príncipe tiverem a certeza de serem pagos pelos sucessores, ou se gozarem do domínio, esse meio é inútil.

Meio de empregar as finanças

Arrolei os meios que me pareceram úteis e honestos para angariar fundos para as finanças, o que constitui o primeiro ponto deste capítulo. O segundo ponto é como empregar bem as finanças da República, que abordamos em parte no capítulo sobre a recompensa e a pena. Falemos aqui do restante. Antigamente o primeiro artigo contido no capítulo das despesas das finanças era o das esmolas, o segundo o da casa do rei, o terceiro o das reparações. Mas a ordem foi totalmente mudada. Quanto às esmolas, os sábios hebreus têm uma máxima, como uma certa demonstração dos antigos profetas, que diziam que a única conservação dos bens consiste nas esmolas, que eles taxavam pela décima parte da renda de cada um e que é preciso empregar com os ministros da Igreja e os pobres. E se prestarmos mais atenção, veremos as maiores e mais ilustres famílias florescer em bens, em riquezas, em saúde e em linhagem quando os pais foram caridosos e esmoladores.

A caridade dos reis da França para com os pobres

Não havia antigamente sob o céu Príncipes mais caridosos que nossos reis da França. Desde Roberto, filho de Hugo Capeto, que foi o primeiro a dar aos seus súditos e sucessores o exemplo de ser caridoso para com os pobres, alimentando regularmente mil pobres e dando-lhes montarias para seguir sua corte, abençoá-lo e rezar por ele. De fato, nunca houve rei neste reino que tenha reinado mais longamente e com maior paz. Assim, podemos dizer com razão que não há casa sob o céu que tenha mantido no mesmo grau a grandeza de sua majestade em armas e em leis e da qual tenham saído mais Príncipes, ou que tenham reinado mais longamente, em que pesem os outros Príncipes, cristãos, turcos, tártaros, persas, hindus, etíopes. E nunca houve Príncipe mais caridoso para com os pobres do que Luís IX, que fundou e dotou vinte e oito corpos e colégios neste reino e tinha ordinariamente no seu séquito cento e vinte pobres, e na Quaresma duzentos e quarenta, alimentando-os com carnes da sua mesa[105]? Por isso ele viveu em grande honra, temido pelos inimigos, reverenciado pelos amigos, adorado pelos súditos, e depois de ter reinado quarenta e quatro anos deixou nove filhos legítimos e seu reino rico e florescente para o seu sucessor, recomendando-lhe sobretudo que fosse devoto para com Deus e caridoso para com os pobres.

Ao contrário, vemos as casas, as famílias, os reinos, os impérios cair em ruína e pobreza por ter desprezado os pobres e abandonado os súditos às roubalheiras dos soldados e furtos dos recolhedores de impostos. Quando o talhão foi imposto aos súditos em 1549, o rei prometeu não dotar nem empregar os proventos para outro uso do que para o pagamento de sua guarda, sem confundi-los com as outras receitas ordinárias. O mesmo foi dito quando se instituiu o soldo de cinquenta mil homens de infantaria no tempo do rei Francisco I, que devia ser cobrado somente das cidades fechadas e dos seus subúrbios, que não viam nada da multidão dos soldados. Todavia, depois ele foi estendido às cidades e vilas, burgos e povoações em 1555, com o que os camponeses pobres foram taxados duplamente, pois pagam e são pilhados de todos os lados. Ainda se considerariam afortunados com todos esses encargos se ficassem quites instalando etapas para os guardas, como se fez durante alguns anos. Que desfecho se pode esperar ao ver os soldados saquear, pilhar, queimar os súditos pobres com licenciosidade transbordante? A única desculpa que apresentam é que não são pagos, mas não quereriam sê-lo a fim de terem pretexto para as roubalheiras que cometem.

---

105 *História* de Joinville.

Para restabelecer a disciplina militar e impedir as roubalheiras dos soldados é preciso pagar a guarda

Portanto, não há meio de remediar tantas calamidades e restituir de alguma maneira a disciplina militar que está aniquilada senão pagando o exército. Pois, como dizia Cassiodoro, *Disciplinam servare non potest jejunus exercitus, dum quod deest semper praesumit armatus.* Mantida a casa do rei, pagos a guarda e os oficiais e dadas as justas recompensas àqueles que merecem, é com razão que os pobres se ressentem. E se houver fundos nas finanças, deve-se empregar uma parte para reparar as cidades, munir as praças fortes, construir locais fortificados nas fronteiras, aplanar as passagens, erguer pontes, fretar os navios de mar, edificar casas públicas, estabelecer colégios de honra, de virtude e de saber.

A utilidade das reparações e fortificações

Afinal, além da necessidade das reparações, grandes utilidades ainda advêm para toda a República, já que por esse meio as artes e os artesãos são sustentados, a pobreza do povo miúdo aliviada, a vontade das talhas e impostos suprimida quando o Príncipe devolve ao público em geral e aos súditos em particular o dinheiro que cobra deles. É por isso que o imperador Alexandre Severo tinha o costume de deixar vários impostos e pedágios para as cidades, para que fossem convertidos nas reparações necessárias para elas. O que eu disse é ainda mais válido na aristocracia e no estado popular do que na monarquia, já que é muito mais difícil manter os súditos em paz e união, e para que eles não sejam atraídos pelas distribuições das garantias, como se fazia antigamente nos estados populares, sobretudo no dos tarentinos[106], coisa que acarreta a perda das finanças e dos súditos. Péricles também foi criticado por ter sido o primeiro a acostumar o povo de Atenas com tais distribuições[107], o que ele fazia a fim de obter o favor popular. Porém, quando ele se tornou mestre do povo, ele empregou as garantias para tornar a cidade de Atenas não apenas forte e poderosa mas também magnífica, e os súditos bons artesãos, na época em que estavam em paz e em que havia de uma só vez no tesouro

---

106 Aristóteles, Política.

107 Plutarco, Péricles.

da fazenda cem mil talentos[108], ou seja, sessenta milhões de escudos coroa (se não houver erro no número, pois talvez fossem cem talentos, que equivalem a sessenta mil escudos). Como ele tinha alguns inimigos que o acusaram de ter abusado das finanças, ele teve a bravura de coração de dizer ao povo que, se este não estava contente com as muralhas, fortalezas e templos que ele havia erguido, ele próprio assumiria a despesa[109], com a condição que seu nome fosse gravado neles como dons que ele fazia. O povo ratificou a despesa, por bem saber que todos em geral e cada um em particular obtinha proveito e honra com ela, visto que os mercadores ganhavam ao fornecer os materiais, os carroceiros e marinheiros ao transportá-los, os artesãos e operários ao trabalhá-lo. Assim, o proveito acabava sendo distribuído entre todos os tipos de gente, e a glória das obras sublimes deu à posteridade um testemunho perpétuo da grandeza dessa República.

Contudo, o maior fruto e o que mais importa para a conservação do estado é que, por esse meio, as duas maiores pestes das Repúblicas, a saber a ociosidade e a pobreza, são banidas, coisa muito necessária nas Repúblicas populares e aristocráticas, sobretudo nos países onde os espíritos são grandes ou o terreno estéril, como era o de Atenas. Num tal país, se a ociosidade se instalar nunca haverá falta de amotinados e de ladrões. Prevendo isso, Sólon[110] havia decretado grandes penas contra os vagabundos, como também fez Amásis rei do Egito, que condenou à morte os homens ociosos se eles não tivessem do que viver, sabendo que o povo do Egito era o mais engenhoso do mundo e o mais fácil de se amotinar se não estivesse ocupado[111]. Por isso ainda se vê nesse país as pirâmides construídas há três mil anos e que parecem novas em folha. Temos também o exemplo dos mais sábios imperadores romanos, que também empregaram assim parte das finanças e deram aos súditos o exemplo a ser imitado, como Augusto, que se orgulhava com razão de ter encontrado Roma construída com telha e tê-la deixado construída com mármore. De fato, ele empregou o montante de quatro milhões e quinhentos mil escudos coroa apenas no edifício do Capitólio. Ele foi seguido por Vespasiano, que fez grandes e belas obras-primas por todo o Império, mais para manter o povo

---

108 Demóstenes, Olynthiacis.

109 Plutarco, Péricles.

110 Plutarco, Sólon.

111 Heródoto e César liv. 2.

miúdo do que para outra coisa. Quando um arquiteto engenhoso e experiente prometeu-lhe colocar no Capitólio colunas de tamanho excessivo com pouco custo e pouca mão de obra, ele o recompensou honestamente dizendo: "Deixe-me, por favor, alimentar o povo pobre"[112], embora tivesse protestado em pleno senado, ao assumir o Império, que precisava de um bilhão de escudos para quitar e restabelecer a República. E o imperador Cláudio, que gozava de uma paz assegurada, mandou fazer o canal Fucino para abastecer a cidade com boas águas, empregando todos os dias trinta mil homens durante onze anos inteiros[113].

Sem recuar às histórias antigas, bem se sabe que a senhoria de Veneza alimenta sem cessar no arsenal de três a quatro mil pessoas que ganham sua vida com o labor de suas mãos, o que é a coisa que mais contenta os súditos, vendo o dinheiro público empregado tão caridosamente. Mas tais despesas são belas e honestas para um grande Príncipe que não está endividado, quando o domínio não está empenhado, a República está em paz, a guarda está paga e as justas recompensas distribuídas a cada um.

Os tiranos constroem com o sangue dos súditos

Ao contrário, multiplicar os subsídios para fazer grandes palácios, mais suntuários que necessários, estando endividado, ou deixar em ruína as edificações dos predecessores para adquirir uma glória vã, é dar sinal de sua tirania e testemunho perpétuo à posteridade de que se construiu com o sangue dos súditos. Não obstante, os sucessores e amiúde os súditos arruínam os edifícios dos tiranos para apagar sua memória da terra, enquanto deveriam por façanhas virtuosas e caridosas gravar seu nome no céu. O palácio dourado de Nero, que abarcava grande parte de Roma, foi desprezado pelos sucessores, que não se dignaram habitá-lo por causa da crueldade e vilania daquele que o havia erguido, e logo depois foi arrasado por ter sido feito de pilhagens, exações e confiscos, que seguem de perto o Príncipe pródigo. Afinal, é inevitável que de pródigo ele se torne taxador, e de taxador, tirano.

---

112 Suetônio, Vespasiano.

113 Suetônio, Cláudio.

Estranha prodigalidade de Nero e Calígula

De fato, jamais houve dois tiranos mais cruéis nem mais pródigos que Calígula e Nero, pois vemos que este, em menos de quinze anos que reinou, distribuiu o montante de cinquenta e cinco milhões de escudos coroa, e aquele em um ano gastou sessenta e sete milhões[114], de modo que, não tendo mais com que financiar sua casa, pôs-se a ladroar em pessoa e mendigar publicamente as oferendas das janeiras. Essa desgraça de prodigalidade excessiva também ocorre com frequência com os Príncipes, por esquecimento dos benefícios e dons que concederam e por não conhecer o fundo de suas finanças. Por essa causa, foi ordenado muito sabiamente[115] neste reino que, a cada ano, os generais das finanças enviariam ao tesoureiro da fazenda dois balanços das finanças de cada generalidade, um por estimativa no primeiro dia do ano e o outro com o valor real do ano anterior. Em caso semelhante, o tesoureiro da fazenda também faria dois balanços resumidos das finanças em geral para que o rei e seu conselho pudessem conhecer num passar de olhos o fundo das finanças e, de acordo com o mesmo, regular os dons, os benefícios e as despesas. No entanto, no mais das vezes aquele que decide sobre eles não conhece nada.

Artigo das partes casuais em 1572

Darei como exemplo o balanço das finanças que foi feito por estimativa no mês de janeiro de 1572. Sem ir mais longe, vê-se que foi inscrito no capítulo das receitas um artigo das partes casuais de dois milhões. No balanço feito com o valor real no final do ano, viu-se que elas haviam subido para dois milhões e oitocentas mil libras. No entanto, foi constatado que reverteram em proveito do rei apenas quinhentas mil libras. É de se presumir que o rei teria dado melhor a ordem se tivesse visto o estado geral das finanças, que está em duas folhas de papel, e o registro dos dons. Ou, então, se os dons cobertos não são registrados, se ele tivesse um pequeno memorando daquilo que ele deu, a quem e por quê. São esses os três pontos principais nos quais

---

114 Suetônio, Nero e Calígula.
115 Em 1542 e 1554.

o Príncipe deve prestar muita atenção para que, se ele quer se liberal, pelo menos o seja com aqueles que merecem.

É conveniente que o Príncipe tenha um resumo dos negócios de estado e uma lista das pessoas de marca

Para fazê-lo, seria conveniente que o Príncipe tivesse um registro resumido dos negócios de estado e uma lista dos mais dignos personagens do seu reino. De outra forma, não há memória tão segura que não se engane com frequência e que não cometa graves incongruências em matéria de estado. O registro resumido dos negócios servirá de memória das coisas que se deve fazer e das empreitadas que se realiza, que permanecem amiúde imperfeitas e mal executadas por esquecimento. Não há melhor exemplo que o do rei Luís XI, que foi considerado um dos Príncipes mais astutos de sua época. Não obstante, apesar de todo o bom-senso que tinha ele, foi se jogar nas redes do conde de Charolois, esquecendo que havia enviado seus embaixadores ao país de Liège para deflagrar uma nova guerra contra ele. O conde, tendo sido avisado disso, manteve-o prisioneiro. Se me disserem que o registro seria demasiado longo, que o Príncipe teria muita dificuldade e que não viveria longamente, isso não faz muito sentido visto que os maiores monarcas da Terra, os que mais estudaram e praticaram os negócios de estado, atingiram, em sua maioria, a velhice extrema, como Augusto, Tibério, Vespasiano, Trajano, Adriano e os Antoninos, todos eles imperadores romanos e mestres políticos.

Diligência de Augusto

Todavia, eles mesmos faziam os registros dos negócios, seguindo o exemplo de Augusto, que viveu 74 anos e deixou três livros escritos de próprio punho[116]: o primeiro era sobre seus feitos e ações públicas, o segundo era seu testamento e o terceiro era o estado de todo o Império Romano, no qual ele incluiu em especial o estado de cada província, da guarda, das finanças, fortalezas, armas, navios e munições com a diligência digna de um grande monarca. Nem por isso ele deixou de fazer boa justiça ordinariamente, de dar audiência a todos que compareciam, de ler todos os livros políticos que podia

---

116 Suetônio, Augusto.

encontrar, como diz Suetônio, seguindo o que Demétrio, o Falério, disse a Ptolomeu Filadelfo, rei do Egito, que encontraria nos livros belos segredos que ninguém ousava lhe dizer. O império da Pérsia era ainda maior e tinha cento e vinte e sete províncias. Contudo, os reis da Pérsia tinham sempre sobre sua mesa um registro dos negócios de estado e dos dons. Como Dário Mão Longa[117] teria deixado abater-se a mão dos conjurados contra sua majestade se não fosse pelo aviso que Mardoqueu havia dado, e como algum tempo depois o rei descobriu, lendo à noite o registro, que Mardoqueu não havia recebido recompensa pelo serviço notável que havia prestado ao rei, este lhe deu grandes dons e concedeu-lhe as honras que ele merecia. Sem ir mais longe, o rei da Espanha consulta ordinariamente o registro dos negócios, que contém inclusive um resumo das cartas escritas aos governadores, capitães e embaixadores, se o assunto não for secreto. Pelo mesmo motivo, Carlos, apelidado o Sábio, rei da França, nomeou um tabelião do conselho privado, e o primeiro foi Pierre Barrier, que não era encarregado, como hoje em dia, das expedições e atos de justiça, mas fazia apenas registrar os negócios de estado. Ainda se faz no conselho do rei um registro dos dons, ofícios, benefícios e isenções, mas ele fica na maior parte do tempo a cargo de um secretário, e a centésima parte dos dons não é incluída nele.

Ora, se o Príncipe não tiver um registro dos benefícios ou se não se lembrar dos dons, no mais das vezes ele dará àqueles que nada mereceram ou que mereceram mais pena do que recompensa. Para remediar isso há duas antigas ordenanças, uma de Felipe de Valois, que mencionei acima, dispondo que os dons ficavam revogados se o donatário não indicasse os benefícios outorgados a ele e aos seus predecessores, e a outra de Carlos VIII, segundo a qual os dons acima de cem libras são declarados de efeito e valor nulo se não forem verificados na Câmara de Contas.

Louváveis ordenanças aniquiladas

A primeira ordenança foi logo sepultada por uma outra dispondo que bastava que as cartas de dom derrogassem à primeira ordenança. Quanto à ordenança de Carlos VIII, ela foi aniquilada a pretexto dos dons e pensões

---

117 Trata-se, na verdade, não do rei da Pérsia Dário I, mas de seu neto Artaxerxes I (reinante de 464 a 424 a.C.), que recebeu esse epíteto por ter a mão direita mais comprida que a esquerda.

secretas, que não devem ser conhecidas. Com isso, as antigas ordenanças[118] dispondo que os artigos contidos no capítulo das despesas não serão ratificados sem ordenança, mandamento e recibo ficam quase aniquiladas a esse respeito, pois o tesoureiro da fazenda fica desencarregado simplesmente devolvendo o recibo do rei, sem nenhuma especificação daquele para quem o dom é feito nem por quê. Havia ainda uma ordenança do rei Francisco I confirmada pelo seu sucessor dispondo que haveria quatro chaves do cofre da fazenda, das quais o rei teria uma e as outras ficariam nas mãos dos comissários instituídos por ele. A distribuição dos fundos devia ser feita por ordem do rei na presença do tesoureiro e controlador da fazenda. Mas depois[119] o rei Henrique II destituiu por édito os comissários e oficiais da fazenda para que não se pudesse exigir no futuro que eles prestassem contas. Tanto foi que uma vez um dos comissários recebeu um dom puro de cem mil escudos, se o rumor que correu por toda parte era verdadeiro, o que era muito naquela época, mas muito pouco diante das prodigalidades exercidas desde então.

É necessária a revogação dos dons excessivos

Todavia, o édito feito com fraude não deve impedir que aqueles que receberam os dinheiros da fazenda prestem contas, como foi exigido pelos estados reunidos em Orléans, e que os dons exorbitantes sejam revogados ou pelo menos suprimidos. É o que fez o imperador Galba[120], que revogou os dons feitos por Nero, deixando somente a décima parte para os donatários. Não é que se deva investigar minuciosamente todas as doações feitas pelos Príncipes, pelas razões que expus. Mas Carlos VII tinha limitado por édito expresso o montante que ele poderia tomar a cada ano para dispor segundo sua vontade. Além disso, os próprios Príncipes têm grande e notável interesse em que seus oficiais saibam no que o dinheiro é empregado, porque os Príncipes sempre manterão seu favor dando com liberalidade, e os oficiais são atingidos pelo ódio e má vontade que sentem aqueles cujos dons foram revogados ou suprimidos. Desse modo, por meio do *Recuperetur*, o dinheiro retorna às finanças. Ademais, há aqueles que nunca pediriam uma parte dele

---

[118] De Carlos VII e Francisco I.

[119] Em 1556.

[120] Suetônio, Galba.

se soubessem que os dons serão examinados na Câmara de Contas. Ora, se a magnificência é digna de um grande e rico monarca, ela não é apropriada para um Príncipe indigente, pois é preciso esfolar os súditos e roê-los até os ossos, e o fisco, como o baço, não pode inchar sem que todo o corpo seque, como dizia o imperador Adriano. O rei Francisco I, ao deixar ao seu sucessor a coroa bela e florescente em armas, em leis e em todas as artes e ciências, bem como um milhão e setecentos mil escudos no tesouro e o trimestre de março por receber, não fez nos 32 anos em que reinou nem a centésima parte dos dons que foram feitos depois de sua morte, pois ele nem bem tinha fechado os olhos que o *tilletage*, ou seja, a recompra dos ofícios, que era então um montante infinito, foi dado a uma só pessoa.

Magnificência do grande rei Francisco

Embora o rei Francisco tivesse como pensionários alemães, ingleses, italianos, suíços, albaneses, espanhóis e grisões, não obstante todas as pensões, exceto as das ligas, não passavam de cento e trinta mil libras por ano, como vi no extrato da Câmara de Contas que foi feito no ano em que ele morreu. No mesmo extrato há somente quatrocentas e vinte e sete mil seiscentas e noventa e duas libras de pensão que ele dava aos seus súditos. Príncipes do sangue, cavaleiros da ordem, capitães em número muito grande, lugares-tenentes, conselheiros de estado, magistrados, embaixadores, estudantes e vários excelentes artesãos e sábios personagens prestaram e prestarão para sempre um testemunho perpétuo de sua grandeza e magnificência, por ter sabido escolher aqueles que mereciam receber os dons e por ter sabido moderá-los.

Reserva das finanças

Discorremos sobre como se deve empregar as finanças. Falta o último ponto sobre a reserva que deve ser feita para os casos de necessidade a fim de não sermos obrigados a começar a guerra por causa de empréstimos e subsídios. Os antigos romanos tinham resolvido isso sabiamente, pois embora não tivessem ficado sem guerra até o tempo de Augusto, depois da derrota de Marco Antônio, tinham sempre o tesouro do vigésimo dos escravos libertos, no qual não se tocou, a não ser quando Aníbal os levou a um dedo da ruína.

Fazenda dos romanos

Havia então o montante de quatrocentos e cinquenta mil escudos no tesouro da fazenda, que foi um dos maiores meios para salvar o estado. Os reis turcos observam muito bem essa ordenança.

Fazenda do Grande Senhor

Pois além do tesouro das receitas ordinárias, que fica no serralho do Príncipe, há outro no castelo das sete torres em Constantinopla, onde são reservados os antigos dinheiros, nos quais não se toca se a necessidade das guerras não for muito grande. Neste reino tinha-se o costume, em caso de necessidade, de recorrer às florestas, que eram então geridas tão sabiamente que se ganhava mais com o corte extraordinário de um arpente de bosque do que se ganha hoje com cinquenta, e os cortes extraordinários são hoje tão frequentes que daqui em diante as florestas só servirão para colher gravetos. O pior é que, como os cortes são precipitados, a madeira não pode engrossar nem dar frutos, de modo que cessa a florestação e é preciso comprar toras dos estrangeiros e mandar trazer madeira da Prússia, da Suécia e da Inglaterra, não somente para construir, mas também para aquecer. Isso acarreta uma perda incrível para o reino todo.

Quanto aos recursos da fazenda, como a guarda das coisas preciosas, é difícil e é complicado para os Príncipes escapar dos importunadores, os antigos reis da Pérsia tinham o costume de reduzir grande parte das finanças em massas, e os romanos na forma de tijolos espessos. Também se diz que, no tempo de Carlos V rei da França, tinha-se mandado fazer o grande cervo do palácio, na forma do qual devia ser moldado um bloco de ouro com as finanças que haviam sido angariadas.

Fazenda dos maiores tesouros que já houve

Para assegurar-se ainda mais contra os ladrões, os antigos colocavam os tesouros da fazenda num templo, como os gregos no templo de Apolo Délfico e Delíaco, os romanos nos templos de Saturno e de Ops, os antigos gauleses nos lagos consagrados, os hebreus nos sepulcros, como lemos[121] que o grande pontífice e rei dos judeus Hircano encontrou grandes tesouros no sepulcro de Davi. Até os reis do Marrocos, tendo derretido uma grande quantidade de ouro na forma de bola atravessada por uma barra de ferro, colocaram-na no alto do grande templo do Marrocos. Mas os egípcios, temendo dar ensejo aos vizinhos e inimigos de invejar seu estado e guerrear contra eles por causa de suas finanças, como aconteceu com o rei Ezequias[122], depois de mostrar seus tesouros aos embaixadores do rei da Assíria empregaram a maioria deles nas construções. Também se pode usar o argumento tirado de um artigo da lei de Deus[123] que proíbe acumular grandes quantidades de ouro e de prata, seja para suprimir a oportunidade de cometer exações sobre o povo, seja para tirar a vontade de guerrear sem propósito só por ter os meios, seja para incitar os Príncipes às obras caridosas. Tampouco serei da opinião que se faça uma acumulação tão grande de ouro e prata como fez o papa João XXII, em cujos cofres foram encontrados vinte e três milhões em ouro, como muitos escreveram, ou como Sardanapalo, que deixou o equivalente a quarenta milhões de escudos coroa, ou como Ciro, que deixou cinquenta milhões, ou como os atenienses, que pouparam até sessenta milhões, se não houver erro no número, ou como Tibério I imperador, que acumulou 67 milhões, que seu sucessor devorou em um ano, ou como Dário Ochus, último rei da Pérsia, em cujos tesouros Alexandre, o Grande, encontrou oitenta milhões em ouro.

O maior tesouro que já houve

Ou como Davi, que deixou cento e vinte milhões, como consta da sagrada escritura[124], que é o maior tesouro que já foi acumulado.

---

121 Josefo, Antiguidades.

122 Isaías 39.

123 Deuteronômio 17.

124 Paralipômenos liv. 1.

O estado das finanças, haveres e armas dos romanos

Até mesmo os romanos, que tinham um império tão grande, não tinham poupado tanto quanto Davi, como se pode ver no extrato[125] das suas finanças e haveres sob o império de Trajano, quando ele era maior do que jamais havia sido antes. Todo o montante que estava no tesouro da fazenda guardado no Egito era somente de 74 mil talentos, que equivalem a 44 milhões e quatrocentos mil escudos coroa, a não ser que houvesse além disso outros tesouros em Roma. Mas o extrato não cita nada, embora esteja contido no balanço que eles tinham duzentos mil homens de infantaria e quarenta mil de cavalaria nas guarnições e fronteiras do Império, pagos por ordenança dos imperadores, trezentos elefantes de guerra, dois mil carros de guerra e munição para armar trezentos mil, mil e quinhentas galeras de três e de cinco remos, além de dois mil navios de mar, mais o suficiente para armar e fretar o dobro, e oitenta grandes navios magnificamente ornados. Todavia, os reis da França não infringiram a lei de Deus no que tange ao artigo que proíbe ajuntar tesouros demasiado grandes, e não devem fazê-lo, por temor que o infrinjam daqui em diante.

O estado das finanças da França sob Carlos V, VI, VII, Luís XI e Carlos VIII

Aqueles que dizem que o rei Carlos V deixou no tesouro da fazenda dezoito milhões de escudos estão muito enganados, visto que ele resgatou as dívidas dos seus predecessores, recomprou o domínio empenhado, conquistou a Guyenne dos ingleses, adquiriu o condado de Auxerre e grande parte do condado de Évreux, restabeleceu Henrique rei de Castela no seu reino, do qual havia sido expulso, manteve e socorreu os reis da Escócia contra os ingleses e reinou apenas dezessete anos. Não obstante, ele só recolhia por ano trezentas mil libras de todos os encargos, inclusive a receita do domínio, embora na sua época os auxílios e os fogais a quatro libras por fogo tenham sido instituídos sobre os súditos. Seu sucessor, quarenta anos depois, recolhia somente quatrocentas e cinquenta mil libras. Carlos VII, no ano em que morreu, recolhia de todos os encargos e do domínio apenas um milhão e

---

125 Apiano, Lbyc.

setecentas mil libras, como se pode ver na Câmara de Contas, ainda que tivesse instituído as talhas na forma de imposto ordinário, que naquela época era apenas de dezoito mil libras.

Diminuição de metade dos encargos com a assunção de Carlos VIII

Vinte anos depois do ano em que Luís XI morreu, o capítulo geral da receita era de quatro milhões e setecentas mil libras para todos os encargos, que foram reduzidos a um milhão e duzentas mil libras a pedido dos estados reunidos em Tours por ocasião da assunção de Carlos VIII, além do domínio, cuja receita estimada era de um milhão por ano. Desse modo, o estado das finanças quando Carlos VIII morreu chegava no máximo a dois milhões e quinhentas mil libras. O mesmo pedido foi feito pelos estados reunidos em Orléans quando o rei Carlos IX assumiu a coroa. Mas a necessidade se mostrou tão grande que era mais preciso aumentar que diminuir. É verdade que havia grande esperança de liberar o rei da dívida e suprimir os subsídios e encargos extraordinários se a calamidade das guerras não tivesse ocorrido, haja vista o bom regramento que se realizou no primeiro ano, quando os juros foram moderados a cinco por cento, os proventos dos oficiais para esse ano diminuídos pela metade e mesmo assim o direito de recompra dos ofícios foi concedido a todos os oficiais.

Quanto aos artigos da despesa, tudo foi tão bem regrado que, segundo o estado das finanças, havia na fazenda desse ano dois milhões trezentas e cinquenta e sete mil setecentas e setenta e sete libras. Em poucos anos tudo foi pago sem diminuir os oficiais domésticos da casa do rei, que eram seiscentos, além dos oficiais da monteiria e da falcoaria. Afinal, é possível poupar sem diminuir a majestade de um rei nem a dignidade de sua casa, nem rebaixar sua grandeza, o que faz às vezes com que os estrangeiros o desprezem e os súditos se rebelem. Foi o que ocorreu com o rei Luís XI, que, tendo expulso quase todos os gentis-homens de sua casa, se servia do seu alfaiate como arauto de armas, do seu barbeiro como embaixador e do seu médico como chanceler, como Antíoco rei da Síria fez de seu médico Apolófanes chefe de seu conselho[126]. Para zombar dos outros reis ele usava um chapéu grosseiro

---

[126] Políbio liv. 3.

e do pior tecido. Vemos também na Câmara de Contas um artigo de sua despesa contendo vinte soldos para duas mangas novas para sua velha túnica, e outro artigo de 15 tostões para uma caixa de graxa para engraxar suas botas. No entanto, ele elevou os encargos mais do que seu predecessor, para três milhões por ano, e alienou grande parte do domínio.

Quanto aos oficiais da coroa, foi sabiamente aconselhado nos estados de Orléans que fossem reduzidos ao número antigo, tal como era no tempo do rei Luís XII, por supressão, sem desembolsar nada. Mas houve administradores que depois deram a entender que a supressão traria diminuição das partes casuais, e tanto fizeram em vez de diminuir que o número foi muito aumentado. Houve até um presidente das contas que, ao fazer as observações da Câmara em Saint-Maur-des-Fossés[127], disse ao rei em alto e bom som que a supressão dos oficiais era perniciosa para o público e danosa para suas finanças, visto que, somente para três aumentos de ofícios da Câmara de Contas, haviam sido pagas mais de seiscentas mil libras. Mas ele não disse que isso era água fresca, que redobra o acesso daquele que tem febre, pois bem se sabe que o rei ou o povo paga os salários da maioria dos oficiais numa proporção de dez ou vinte por cento.

Direito dos oficiais da Câmara de Contas

Essa foi a principal causa da supressão dos oficiais alternativos contida no édito do rei Francisco II. Mas não se questionou as prerrogativas dos oficiais da Câmara de Contas, a saber, os salários ordinários que recebem, o direito de lenha, o direito de veste de Páscoa, o direito de Todos os Santos, o direito de rosa, o direito de arenques, o direito de Reis, o direito de estrebaria, o direito de vidro, o direito de sal branco, além do papel, do pergaminho, das penas, das fichas, das bolsas, da vela, da cera vermelha e até os aparadores de pena, sinete, raspadores e cordões. Não se questionou que os outros proveitos dos ofícios custavam muito mais do que os salários.

---

127 Em 10 de maio de 1566.

Instituição da Câmara de Contas

Tampouco se disse que, em vez de sete, só havia uma Câmara de Contas, e em vez de mais ou menos duzentos oficiais que estão na Câmara de Contas de Paris havia somente um tesoureiro da França presidente da Câmara e quatro mestres de contas clérigos, segundo a instituição que foi feita em Viviers em Brie em 1319. Depois foram acrescentados quatro laicos, que bastavam para todos os contadores. O reino da Navarra e todo o baixo país estavam então nas mãos dos reis da França. Contudo, em nossa época vimos que aqueles que tinham pilhado os fundos do rei e dos súditos escaparam e ficaram devendo grandes somas, além de infinitos outros que nunca foram contados. Além do mais, viu-se há não muito tempo um contador que se apropriou de uma notável soma de dinheiro com a qual ficou por obra sua, e por conluio com um senhor que tinha recebido um terço obteve-se a restituição do restante. Em sua defesa ele apresentou o certificado de dom do rei feito ao senhor, de modo que, para levar a melhor sobre os contadores, é preciso amiúde delegar comissários, dobrando os gastos. A culpa só pode ser atribuída àqueles que foram instituídos a título de oficiais para esse fim. E mesmo que todos os tesoureiros, recebedores, prepostos, controladores e outros contadores prestassem contas correta e lealmente e pagassem os restos, ainda assim há um número tão grande deles neste reino que a terça parte do dinheiro das receitas é gasta com os seus salários, despesas, férias, cavalgadas, viagens e gestão das finanças.

Ofertas dos estados do país do Languedoc ao rei Henrique II

Isso foi verificado nos estados do país do Languedoc em 1556, nos quais estive presente, e foi por esse motivo que delegaram Martin Durant como síndico do país a fim de apresentar requerimento ao rei para serem descarregados de todos os oficiais das finanças, fazendo a oferta de devolver aos cofres da fazenda o dinheiro cobrado do povo sem que isso custasse nada ao rei, nem quanto aos salários nem quanto ao porte do dinheiro. Também observaram com detalhes que a terça parte das receitas é gasta com os oficiais, e prometeram devolver ao rei o escudo inteiro, quando ele não recebe nem quarenta soldos, o que representava duzentas mil libras que ele obtinha por ano das duas generalidades do Languedoc apenas com os encargos ordinários, pois naquela época os encargos do Languedoc chegavam a seiscentas mil libras. Mas desde então os ofícios das finanças multiplicaram-se tanto que um dos presidentes da Câmara de Contas observou ao terceiro estado em Blois que o escudo voltava para o rei a meros quatorze soldos e seis tostões. É preciso dizer que o povo tinha sido muito lesado pelos furtos dos oficiais, já que fez tais ofertas. Elas não deveriam ser consideradas novidades, visto que antigamente não havia outros recebedores além dos viscondes, bailios e senescais. Esse requerimento do síndico do Languedoc agradou muito ao rei Henrique, mas foi rejeitado por causa das dificuldades frívolas que foram apontadas por aqueles que tinham interesse nisso e que não precisamos abordar aqui. Tanto fizeram que a decisão foi que os recebedores e tesoureiros eram necessários.

Portanto, já que os contadores e mestres das contas são um mal necessário, como dizia o imperador Alexandre Severo, é preciso ter o mínimo possível deles, pois quanto mais o dinheiro do rei passar pelas mãos de tantos oficiais mais ele diminuirá. Tais foram as queixas e reclamações que fizeram os estados de França ao rei Carlos VI em 1412, de que havia cinco tesoureiros e que antigamente só havia dois, e também que só havia três generais da justiça em 1372 e agora há quase trezentos neste reino, e que só havia um recebedor-geral em 1360 que residia em Paris e agora há 34. O que diriam eles atualmente ao ver uma multidão tão grande para um reino reduzido pela metade? Os romanos só tinham antigamente um único recebedor em cada província. Todos os pedágios eram arrendados e os arrendatários levavam o dinheiro ao recebedor. Por isso não havia tantas partes interpostas e indecisas como se vê hoje em dia.

Meio de tornar os recebedores leais

O primeiro ofício que davam aos gentis-homens de família que aspiravam às grandes honras era o estado de recebedor anual sem controlador, para testar sua lealdade. Se caíssem em erro eram afastados por toda a vida e declarados permanentemente inaptos para deter cargo honrável, além da infâmia e perda dos seus bens. Esse foi um meio muito sábio de garantir as finanças. Mas é coisa muito estranha neste reino que tantas pessoas entreguem dinheiro ao seu senhor para vasculhar sua bolsa.

A ordem das receitas da Turquia

O rei dos turcos faz exatamente o contrário, pois nunca vende ofício e, para um império tão grande, há muito poucos tesoureiros. Os inspetores e coletores, que são os *protogeres*, entregam o dinheiro aos *soubachis*, que são quase como os viscondes na Normandia, que tinham antigamente esse cargo. Depois os *soubachis* o entregam aos *sangiacs*, que são como os governadores dos estados, que o transmitem aos *bellerbeis*. Estes mandam levá-lo com segurança aos *defterderlers*, que são dois generais das finanças, um na Ásia e outro na Europa. Estes o entregam ao grande controlador, que os transfere ao *casmandar baschi*, grande mestre do tesouro, que tem dez prepostos subordinados a ele. Para os pagamentos extraordinários há somente um tesoureiro e para todos os oficiais das contas há somente vinte e cinco controladores, que examinam as contas. Quanto aos tesoureiros da França, é mais do que necessário que tais ofícios sejam dados aos gentis-homens de honra e de casa nobre e ilustre, como se fazia antigamente e se faz ainda na Inglaterra, pela razão que eu disse. Acrescente-se que o édito do rei Henrique II feito em setembro de 1554 dispõe que os tesoureiros-gerais precederão os mestres de hotel do rei, os conselheiros dos Parlamentos, das Contas e dos Auxílios se não estiverem em corpo, e o édito de supressão dos oficiais e Câmaras de Contas, exceto a de Paris, dispõe que os vassalos que dependem do rei sem intermediário prestarão fé e homenagem aos tesoureiros da França, o que seria irritar um número infinito de duques, condes, barões e outros grandes senhores, que não quereriam por nada no mundo ajoelhar-se diante de um pequeno mercador de ofícios ou filho de um artesão.

Eis o que se devia dizer sobre as finanças. E como elas consistem em moeda, ouro, prata, cobre e bilhão, é necessário escrever também algo sobre isso.

Capítulo III

O meio de impedir que as moedas tenham seu preço alterado ou sejam falsificadas

Parece-me que este ponto merece ser bem entendido por aquele que quer estabelecer sabiamente uma República ou corrigir os abusos dela, já que não há nada que atormenta mais o povo pobre do que falsificar as moedas ou fazer variar o seu curso, embora os ricos e pobres em particular e todos em geral sofram perda e dano incrível que não se pode constatar em detalhe de tantos inconvenientes que decorrem disso. Afinal, se a moeda, que deve regular o preço de todas as coisas, for mutável e incerta, não haverá pessoa que possa estimar com veracidade aquilo que existe: os contratos serão incertos, os encargos, taxas, salários, pensões, rendas, juros e férias incertas, as penas pecuniárias e multas limitadas pelos costumes e ordenanças também serão mutáveis e incertas. Enfim, todo o estado das finanças e de vários negócios públicos e particulares ficará em suspenso, coisa que é ainda mais de se temer se as moedas forem falsificadas pelos Príncipes, que são garantes e devedores de justiça aos seus súditos. Afinal, o Príncipe não pode alterar o padrão das moedas com prejuízo para os súditos, e menos ainda para os estrangeiros que negociam com ele e comerciam com os seus, visto que ele está sujeito ao direito das gentes, sem incorrer a infâmia de falso moedeiro. O rei Felipe, o Belo, foi chamado pelo poeta Dante de *falsificatore di moneta* por ter sido o primeiro a enfraquecer a moeda de prata neste reino pela metade da lei, o que deu ensejo a grandes distúrbios entre os seus súditos e um exemplo muito pernicioso para os Príncipes estrangeiros. Ele se arrependeu disso mais tarde, instando em seu testamento seu filho Luís Hutin para que nunca enfraquecesse as moedas. Por essa mesma causa Pedro IV rei de Aragão confiscou o estado do rei de Maiorca e de Minorca, que ele afirmava ser seu vassalo, por ter enfraquecido as moedas, embora os próprios reis de Aragão cometessem o mesmo abuso, de modo que o papa Inocêncio III proibiu-lhes, na condição de vassalos seus, de continuarem a proceder assim. Em decorrência dessa proibição, os reis de Aragão, ao aceder à coroa[128], prometiam não mudar o curso nem o padrão das moedas aprovadas. Porém, não basta prestar tais juramentos se a lei e o peso das moedas não são regulados como se deve, a fim de que nem os Príncipes nem os súditos possam falsificá-la quando quiserem, o que sempre farão quando tiverem oportunidade, ainda que se ameace assá-los e fervê-los. Ora, o fundamento de todos os falsos moedeiros, lavadores, roedores e adulteradores, bem como da escassez e do enfraquecimento das moedas provém apenas da mistura que se faz dos metais, pois não se poderia tomar um metal puro e simples por outro se a cor, o peso, o corpo, o som e a natureza de cada um difere da dos outros.

Portanto, para evitar os inconvenientes que mencionei é preciso ordenar em todas as Repúblicas que as moedas sejam feitas de metais simples, e publicar o édito de Tácito imperador de Roma[129] que contém a proibição, sob pena de confisco de corpo e de bens, de misturar o ouro com a prata, ou a prata com o cobre, ou o cobre com o estanho ou o chumbo. É verdade que se pode excetuar da ordenança a mescla do cobre com o estanho, que compõe o bronze e metal sonante, que então não estava tanto em uso como hoje, e a mescla do estanho mole com o cobre para a fundição das artilharias. Pois não é necessário misturar a vigésima parte de chumbo com o estanho fino

---

128 Em 1245 e 1336. Pedro Belluga, Speculum principum.

129 Vopisco, Tácito.

para torná-lo mais maleável, já que ele pode ser lançado e trabalhado sem tal mistura, que estraga a qualidade do estanho, que não se pode nunca mais separar do chumbo. Ademais, que a proibição se estenda tanto às moedas quanto às obras dos ourives e tiradores de ouro, nas quais as falsificações são ainda mais comuns do que nas moedas, já que a prova não é tão fácil e muitas vezes o artifício é quase tão caro quanto a matéria.

Nisso Arquimedes enganou-se ao querer descobrir quanto o ourives havia subtraído da grande coroa de ouro do rei Hieron, que não queria perder a face (não se conhecia então o uso da pedra de toque). Ele pegou duas massas, uma de ouro e outra de prata, para saber o quanto de água cada uma jogava para fora de uma bacia, e se era mais ou menos do que a coroa. E pela proporção da água ele deduziu o volume dos dois metais, e que o ourives tinha subtraído a quinta parte. Mas sua conclusão era incerta, pois ele supôs que a liga era somente de prata, enquanto os ourives, para dar à obra de ouro mais beleza e firmeza por um custo menor, fazem liga com cobre puro quando podem, que é muito mais leve do que a prata, que torna o ouro avermelhado e de cor pálida, ao passo que o cobre mantém a cor mais amarela e mais viva. Por conseguinte, o cobre tem mais corpo e volume que a prata para um peso igual, em proporção de treze para onze. E se a liga fosse de cobre e de prata, teria sido impossível tirar uma verdadeira conclusão caso não se soubesse quanto havia de um e da outra. E ainda que se soubesse, o erro insensível que se comete ao medir as gotas-d'água é grande para a diferença do volume dos metais, e não há no mundo acrisolador nem ourives tão sutil que possa deduzir com a pedra de toque quanto exatamente de prata e de cobre há no ouro, se a liga for feita com ambos.

Por isso os ourives e joalheiros sempre se queixaram que não podiam trabalhar sem perda o ouro de vinte e dois quilates sem remédio, ou o ouro fino a um quarto de remédio, segundo a ordenança do rei Francisco I publicada em 1540. Apesar de todas as ordenanças, eles fazem obras de vinte e frequentemente de dezenove quilates, de modo que em vinte e quatro marcos há cinco marcos de cobre ou de prata, os quais são forjados ao longo do tempo em moeda fraca pelos falsários que querem tirar proveito. Por isso é mais do que necessário proibir que seja feita qualquer obra de ouro que não siga a ordenança, sob a mesma pena de confisco de corpo e de bens, para que também por esse meio o uso do ouro em móveis e douraduras seja puro. Pois é impossível, como dizem os acrisoladores, afinar o ouro de vinte e quatro quilates, pois sempre há um pouco de outro metal, nem a prata de doze dinheiros, pois sempre resta alguma liga, e mesmo o afinamento preciso, segundo a ordenança, a vinte e três quartos de quilate com um oitavo de remédio, e da prata de onze dinheiros, dois grãos e três quartos, como consta dos reais da Espanha, ou onze dinheiros e dezoito grãos, como consta da casa da moeda de Paris, sem que haja resíduos, e custa muito (além da dificuldade e demora do trabalho).

Pode-se fazer com que o ouro em obra e em moeda seja de vinte e três quilates e a prata de onze dinheiros e doze grãos de finura, ambos sem remédio. Fazendo-se assim a proporção será igual entre o ouro e a prata, pois em ambos a desvalorização é igual, ou seja, em vinte e quatro libras de prata de onze dinheiros e doze grãos e em vinte e quatro libras de ouro de vinte e três quilates há uma libra de outro metal que não é ouro e uma libra de metal que não é prata, seja cobre ou outro metal. Tal prata se chama neste reino prata do rei, da qual a vigésima quarta parte é de cobre. Pelo mesmo meio a moeda de ouro e de prata será mais forte e mais durável. Fazendo assim ganha-se também muito com a obra, o fogo e o cimento, e evita-se o resíduo, o desgaste e a fragilidade. E para que a justa proporção entre o ouro e a prata, que em toda a Europa e nas regiões vizinhas é mais ou menos de doze para um, seja também mantida para o peso das moedas, é preciso forjar as moedas de ouro e de prata com o mesmo peso, de dezesseis, de trinta e duas e de sessenta e quatro peças por marco, sem que se possa forjar moeda com peso mais forte nem mais fraco. Isso evita, por um lado, a dificuldade da forja e a fragilidade da moeda fina de ouro e de prata, se fosse forjada moeda de peso mais leve que um dinheiro. Ao contrário, se se fizer moeda mais pesada que meia onça isso evita a facilidade de falsificar ambas moedas devido à sua espessura, como são feitos os portugueses de ouro e os táleres de prata, que pesam mais de uma onça. Assim também era a moeda de ouro que pesava três marcos e meio que o imperador Heliogábalo mandou forjar, e aquela que foi forjada na cunha de Constantinopla com peso de um marco de ouro (cinquenta delas foram presenteadas pelo imperador Tibério ao nosso rei Childerico).

Fazendo-se assim, nem os trocadores, nem os mercadores, nem os ourives poderão enganar o povo miúdo ou aqueles que desconhecem a lei e o peso, pois sempre haverá a obrigação de entregar doze moedas de prata para uma de ouro, e cada uma das moedas de prata pesará tanto quanto a moeda de ouro da mesma marca. É o que se vê nos simples reais da Espanha, que pesam tanto quanto os escudos sol, que têm o peso conforme à ordenança de 1540, a saber dois dinheiros e dezesseis grãos, e doze reais simples valem justamente um escudo. Para que não se possa abusar na troca das referidas moedas, tanto de ouro como de prata, nem tomar os simples por dobrões, como se faz amiúde com os reais da Espanha e as novas moedas do rei Henrique III, é preciso que as marcas sejam bem diferentes, e não como as da Espanha que são semelhantes. Todavia, quanto à prata, para que se conserve os títulos certos de soldos, pequenos tostões e libras, como consta do édito do rei Henrique II feito em 1551, e por causa do pagamento dos cêntimos, multas e direitos senhoriais contidos nos costumes e ordenanças, o soldo terá o peso de três tostões de prata do rei, como está dito, e de 64 por marco, e os quatro valerão a libra que correu anteriormente, o que é o preço mais justo que se pode dar. Cada moeda poderá ser dividida em três, de modo que cada uma pesará um dinheiro, terá curso de quatro pequenos tostões e se chamará tostão comum, para que o soldo valha sempre doze tostões.

E para que cessem as queixas que fazem os senhores acerca do pagamento dos seus direitos senhoriais, que eram pagos antigamente em moeda branca forte, que seja reinstituída a forja dos soldos tal como era no tempo de São Luís, ou seja, de 64 por marco de prata do rei. Quanto às outras rendas fundiárias e hipotecárias constituídas em prata, que sejam pagas levando em conta o valor que tinha o soldo na época em que foram constituídas, valor que há cem anos tem sido de no máximo quatro tostões de lei, que é somente a terça parte do soldo antigo, tal como se deve colocar novamente em circulação. Essa era a dracma de prata usada em toda a Grécia, a saber a oitava parte da onça, que nós chamamos de *gros* e tem o mesmo peso que os soldos que São Luís mandou forjar, que se chamavam *gros* torneses e soldos torneses. Com base nesses soldos torneses são regulados todos os antigos contratos e acordos, bem como vários tratados, não apenas neste reino mas também no estrangeiro. É o caso do tratado feito entre os bernenses e os três pequenos cantões, no qual está dito que o salário dos soldados será de um soldo tornês, que era igual neste reino e se chama soldo por essa causa. Era o mesmo soldo dos romanos, como diz Tácito, e dos gregos, como lemos em Pollux, pois a dracma tem o mesmo peso que o soldo tornês. Os venezianos seguiram os antigos e fazem a onça de oito *gros* ou dracmas, a dracma de vinte e quatro dinheiros, e o tostão de dois óbolos ou vinte e quatro grãos, como fazemos na França. Dessa regra não se deve desviar porque é muito antiga em toda a Grécia e nas regiões orientais. É verdade que os antigos romanos tinham a onça igual à dos gregos, a saber de quinhentos e setenta e sete grãos, e dividiam-na em sete dinheiros da sua moeda. Seu tostão valia uma dracma ática mais três sétimos. Nisso Budé se enganou ao dizer que havia oito dinheiros na onça e que o tostão romano era igual à dracma ática, e a libra romana igual à mina ática. No entanto, é certo que a libra romana só tinha doze onças e a mina grega dezesseis onças, como a libra dos mercadores neste reino, o que Jorge Agrícola mostrou muito bem por meio dos cálculos de Plínio, Apiano, Suetônio e Celso.

Portanto, se se quiser forjar as moedas de ouro e de prata com o mesmo peso, o mesmo nome e a mesma lei, ou seja, que não haja liga nem no ouro nem na prata, seu preço nunca poderá aumentar ou diminuir, como se faz com frequência maior do que a cada mês, segundo o humor do povo ou daqueles que têm poder junto aos Príncipes, que acumulam e emprestam as moedas fortes e depois fazem-nas subir. Desse modo, viu-se um deles que, tendo emprestado até cem mil escudos, fez subir de repente o preço em cinco soldos por escudo e ganhou vinte e cinco mil francos. Um outro fez cair o curso das moedas no mês de março e subir no mês de abril, depois de ter recebido o quartel. Também se cortará todas as falsificações de moedas, e os mais grosseiros e ignorantes conhecerão a qualidade de cada moeda pela aparência, pelo som e pelo peso, sem buril nem toque. Afinal, já que todos os povos, há mais de dois mil anos, quase sempre conservaram e conservam ainda a razão igual entre o ouro e a prata, será impossível para o povo e para o Príncipe elevar, baixar ou alterar o preço das moedas de ouro e de prata, se o bilhão estiver banido da República e o ouro for de vinte e três quilates. No entanto, para aliviar o povo miúdo também é preciso forjar a terceira espécie de moeda de cobre puro, sem calamina nem outra mistura de metal (como se começou a fazer e se faz na Espanha e na Itália), ou então dividir o marco de prata em mil quinhentas e trinta e seis peças, cada uma de nove grãos. Pois tendo a rainha da Inglaterra condenado totalmente o bilhão e reduzido todas as moedas a somente duas espécies, a menor moeda de prata, que é o *pené*, vale cerca de oito dinheiros, o que faz com que não se possa comprar por preço inferior as mercadorias miúdas. Pior ainda, não se pode fazer caridade a um pobre de menos que um *pené*, o que impede muitos de dar algo. É o que observei no

Paradoxo contra Malestroit, que o chanceler da Inglaterra mandou traduzir em inglês em 1569, esperando remediar isso.

Porém, seria muito mais conveniente não ter outra moeda que não fosse de ouro ou de prata, se fosse possível forjar moeda menor que o *pené* e caso se quisesse dividir o marco de prata em partes tão miúdas quanto na Lorena, onde fazem dele oito mil peças, chamadas de angevinas porque René duque de Anjou e da Lorena mandou forjá-las. Duzentas delas valem somente um real, e quarenta valem um soldo do nosso bilhão, e elas são de prata bastante fina. Fazendo-se a metade a menos elas serão mais sólidas e da lei que eu disse, e poderão ser talhadas e marcadas com sinete cortante no mesmo instante. Pois o preço do cobre, variável em todo país e a toda época, não é muito apropriado para se fazer moeda, cujo preço se deve manter tanto quanto possível invariável e imutável. Acrescente-se que não há metal mais sujeito à ferrugem que corrói a marca e a matéria, ao contrário do ouro e da prata, que nunca enferrujam. Quanto ao preço, lemos que, na época da Guerra Púnica, a libra de prata valia oitocentas e quarenta libras de cobre puro a doze onças a libra. Nessa época, o tostão de prata pura, que era a sétima parte da onça, foi valorizado das dez libras de cobre que valia para dezesseis libras, como diz Plínio[130], ou seja, à razão de oitocentas e noventa e seis libras de cobre para uma libra de prata, a libra valendo doze onças. Depois a moeda menor, que era uma libra de cobre, foi reduzida de metade pela Lei Papíria[131], permanecendo com o mesmo valor, e quando a prata afluiu com maior abundância ela foi reduzida ao quarto, permanecendo com o mesmo valor, ou seja, à razão de duzentas e vinte quatro libras de cobre por libra de prata. Isso é mais ou menos a estimativa do cobre neste reino, onde cem libras a dezesseis onças por libra valem somente dezoito francos. Na Alemanha ele tem preço ainda melhor, embora os móveis e até as igrejas sejam recobertos dele em vários lugares. Mas ele é mais caro na Itália, e ainda mais na Espanha e na África, onde é muito mais escasso.

Dir-me-ão que a abundância de prata também pode acarretar a diminuição do seu preço, como de fato lemos em Tito Lívio que, no tratado feito entre os etólios e os romanos, foi dito que os etólios pagariam por dez libras de prata uma libra de ouro. Não obstante, segundo a ordenança de Constantino, a

---

130 Liv. 33 cap. 3.

131 Festo liv. 17, no verbete "Sestércio".

libra de ouro é estimada em quatorze libras de prata mais dois quintos, pois ele quer que se pague cinco soldos de ouro por uma libra de prata e conta setenta e dois soldos de ouro por libra, de modo que cinco soldos é justamente a décima quarta parte da libra mais dois quintos. Atualmente o preço é um pouco menos de doze por um. É verdade que então o marco de ouro fino era estimado em cento e oitenta e cinco libras e o marco de prata em quinze libras e quinze soldos torneses, de modo que era preciso, para um marco de ouro fino não trabalhado, onze marcos, cinco onças, vinte e três dinheiros e cinco grãos de prata do rei não trabalhada. No país do Setentrião, onde há várias minas de prata e muito pouco ouro, o ouro é um pouco mais caro. Segundo a estimativa feita na câmara do Papa, o marco de ouro é cotado a doze marcos de prata e quatro quintos, o que é hoje e era mais ou menos o preço do ouro e da prata há dois mil e quinhentos anos, pois lemos em Heródoto que a libra de ouro valia treze libras de prata. Os hebreus nas suas pandectas[132] cotavam o tostão de ouro a vinte e cinco de prata, sendo as moedas de ouro o dobro das de prata, o que daria doze e meio para um. Também lemos que, no tempo dos persas e quando as Repúblicas da Grécia floresciam, a onça de ouro valia uma libra de prata, pois o *stater* dárico com peso de uma onça valia uma libra de prata, como diz Júlio Pollux. Com base nisso pode-se deduzir que o preço desses dois metais em toda a Europa está mais ou menos no seu antigo padrão.

Contudo, a estimativa do ouro foi aumentada sob os últimos imperadores devido ao uso que se fez do ouro para dourar todas as coisas, como Nero fez seu grande palácio todo dourado[133], que tinha galerias de mil passos, e depois dele Vespasiano, que empregou para dourar o Capitólio o valor de sete milhões e duzentos mil escudos coroa. O próprio Agripa dourou toda a cobertura do templo Panteão para impedir que o cobre enferrujasse, como também se faz com o ferro, que é dourado para preservá-lo da ferrugem. Até a prata é dourada com frequência, embora nunca enferruje. E se os Príncipes não proibirem as douraduras, o preço do ouro vai necessariamente aumentar, visto que a prata, não tendo resistência, é pouco ou nada empregada para pratear. Acrescente-se que as minas do Setentrião produzem muita prata e nenhum ouro, e as das terras novas produzem muito mais prata do que ouro.

---

132 Misnahoth, Tractatus de angulo cap. 8.
133 Suetônio, Vespasiano.

Não obstante, a mudança do preço que ocorre por longo decurso de tempo é insensível e não pode impedir que a lei das moedas forjadas com esses dois metais seja igual em todas as Repúblicas, expulsando totalmente o bilhão. Acrescente-se também que o comércio estendido mais do que nunca a toda a Terra não pode tolerar uma variação notável do preço do ouro e da prata, a não ser de comum acordo entre todos os povos, pois mesmo na época de Augusto a proporção entre o ouro e a prata era igual nas Índias Orientais e semelhante à do Ocidente. Ao saber disso, um rei das Índias louvou a justiça dos romanos, como diz Plínio.

Porém, é impossível fixar o preço das coisas retendo o bilhão, que é diferente e desigual por toda parte, pois assim como o preço de todas as coisas diminui, reduzindo o valor das moedas, como diz a lei, assim também ele sobe, aumentando o preço das moedas. E é preciso que ele suba e diminua pois não há Príncipe que tenha lei de bilhão igual às outras Repúblicas, nem na sua própria, já que a lei do soldo é diferente da dos *testons* e pequenos tostões, dobrões, *liards*, moedas de seis e de três brancos, que nunca permanecem no mesmo estado. A primeira abertura que se deu neste reino para enfraquecer a prata amoedada e mesclar a ela a vigésima quarta parte de cobre foi para dar oportunidade aos mercadores de trazer prata para este reino, que não a tem. Isso era dar a vigésima quarta parte da prata ao estrangeiro, pois onze dinheiros e meio de prata valiam na França o mesmo que doze dinheiros em país alheio. Mas não havia necessidade disso, haja vista as riquezas da França, que sempre se virá buscar trazendo ouro e prata de todos os lados. Esse mal começou a crescer no tempo de Felipe, o Belo, que enfraqueceu a moeda branca pela metade em 1300, misturando a mesma quantidade de cobre e de prata. Algum tempo depois ela foi reduzida a um terço, de modo que os novos soldos valiam apenas um terço dos antigos. Em 1422 a lei dos soldos estava tão fraca que o marco de prata valia oitenta libras tornesas e havia mil e seiscentas peças num marco trabalhado. É verdade que, no mesmo ano, Carlos VII, ao retomar a coroa que lhe havia sido subtraída, para manter seu crédito mandou forjar no mês de novembro uma nova moeda forte e boa, tanto que o marco de prata foi cotado a oito libras. Enfim, ele mandou forjar os soldos a cinco dinheiros de lei em 1453 e desde então eles sempre diminuíram pouco a pouco, tanto que o rei Francisco I mandou forjá-los em 1540 a três dinheiros e dezesseis grãos de lei, o rei Henrique a três dinheiros e doze grãos, de modo que o antigo soldo de prata do rei valia quase quatro, e o rei Carlos IX a três dinheiros, mantendo sempre a mesma estimativa. Isso ocorreu porque o preço do escudo subia, e em 1577, sob o rei Henrique III, o peso e a lei diminuíram de quase metade para o peso e um quarto para a lei com relação aos de Francisco I.

Os outros Príncipes não fizeram melhor, pois o *kreutzer* da Alemanha, que era antigamente de prata de onze dinheiros e quatro grãos, é hoje de quatro dinheiros e dezesseis grãos, e os soldos de Wurzburg e o *groschen* imperial de seis dinheiros, ou seja, metade prata metade cobre. O *scheslind*, a *rape*, os tostões de Estrasburgo são de quatro dinheiros e doze grãos, o *rapephening* de quatro dinheiros e três grãos, e os florins de prata de onze dinheiros e quatro grãos, como também são as moedas de cinco e de dez *kreutzers*. Os soldos de Flandres ou *patars*, vinte dos quais valem vinte e quatro dos nossos, são de somente três dinheiros e dezoito grãos de lei, e mais de dois terços é de cobre. A moeda de quatro *patars* é de sete dinheiros e dez grãos de lei. Os *brelingues* de Gueldres são de oito dinheiros de lei e um terço é de cobre. No passado os soldos ou *gros* da Inglaterra eram de dez dinheiros e vinte e dois grãos, e nunca todo esse bilhão permaneceu por mais de vinte ou trinta anos com a mesma lei ou o mesmo peso. Daí veio a diferença entre a libra de *gros* tournois, pequenos e médios, a libra da Normandia, a libra da Bretanha, a libra de Paris, que são todas diferentes, como se pode ver ainda nas taxas da câmara do Papa. Na Espanha a libra de Barcelona, de Toledo, de Maiorca e na Inglaterra a libra esterlina valem oito das nossas. Na Escócia há duas libras muito diferentes, uma esterlina e a outra comum. E não há Príncipe na Itália que não tenha sua libra de moeda diferente das outras. Em caso semelhante, o marco tem em toda parte oito onças, mas a onça do país baixo é mais fraca em seis grãos que a nossa, a de Colônia em nove grãos e a de Nuremberg em seis grãos. Ao contrário, a de Paris é mais forte em uma onça. O marco de Nápoles tem nove *gros* e o de Salerno dez, e quase não há cidade na Itália que não tenha seu marco diferente dos outros.

Isso torna ainda mais difícil o padrão do bilhão, sendo o peso e a lei tão diferentes, o que faz com que o povo pobre seja muito explorado e perca muito nas trocas, assim como geralmente todos aqueles que não entendem o par, como dizem os banqueiros, ou seja, o valor da moeda de troca de um lugar para outro. É por isso que ainda se diz de um homem experiente nos negócios que ele entende o par, por ser coisa muito difícil. Pois obscureceu-se tanto o fato das moedas por meio da adulteração que a maioria do povo não entende nada. E assim como os artesãos, mercadores e cada um na sua arte disfarça com frequência sua obra – como muitos médicos que falam latim diante das mulheres e usam caracteres gregos, palavras árabes e notas latinas abreviadas, e às vezes embaralham sua escrita tão bem que ela não pode ser lida, por temer que, se suas receitas fossem descobertas, não se teria por eles tão grande estima como se tem – assim também os moedeiros, em vez de falar claramente e dizer que a massa de ouro tem, de doze partes, duas de cobre ou de outro metal, dizem que é ouro de vinte quilates. E para dizer que a moeda de três brancos é metade de cobre, dizem que é prata com seis dinheiros de finura, dois dinheiros de peso e quinze dinheiros de curso, dando aos dinheiros e aos quilates essência, qualidade e quantidade contra a natureza. E em vez de dizerem que o marco tem sessenta peças, dizem que tem cinco soldos de tamanho. Depois eles tornam uma moeda estável, outra instável e uma terceira imaginária, embora nenhuma delas seja estável e a mudança e a imaginação tenham enfraquecido o peso e adulterado a pureza do ouro e da prata.

Afinal, o ducado corrente de Veneza, Roma, Nápoles, Palermo e Messina, que é uma moeda imaginária, era antigamente a verdadeira moeda de ouro que pesava um *angelot*, ou então um *medin* da Berbéria, que é a imperial em Flandres, quase com o mesmo peso e lei que o antigo ducado, que valia dez *carlins* de prata. O *carlin* valia dez soldos do país a quarenta e seis peças por marco de ouro e seis por onça, que eles dividem em trinta *tary*, e o *tary* em vinte grãos, que é um *gros* a mais por onça do que a onça comum, que tem apenas oito *gros*. A lei chama essa moeda de ouro de *solidus*, como o *angelot* de quarenta e oito peças por marco e setenta e duas por libra romana de doze onças. Ele teve durante muito tempo seu curso sustentado pelas leis dos gregos, alemães, ingleses, franceses e borguinhões, e não é outra coisa senão o escudo sólido da França, ou seja, *solidus*, que os moedeiros, por não entender bem a palavra *solidus*, representam há cinquenta anos por um sol. Todavia, o povo, mestre das palavras, guardando a antiguidade ainda o chama de escudo soldo. Ele pesava antigamente quatro dinheiros, como o *angelot*. Desde então os Príncipes reduziram-no pouco a pouco, grão por grão, a três dinheiros, que é o escudo velho. No tempo do rei João, como o escudo velho foi reduzido pouco a pouco, como o antigo escudo soldo de três grãos, forjou-se os escudos com peso de dois dinheiros e vinte grãos com a mesma lei que os antigos. Eles foram chamados francos a pé e a cavalo (pois então os franceses eram chamados de francos, como ainda em todo o Oriente, onde todos os povos do Ocidente são chamados de francos). Naquele tempo, o escudo da Borgonha, que é chamado de ride, também foi forjado com o mesmo peso e lei. Eles duraram até a época de Carlos VIII, quando o escudo da França foi reduzido em seis grãos de peso e três quartos de quilate de finura, pois os antigos eram de 23 quilates e três quartos, e os escudos coroa de 23 quilates.

Depois disso, o rei Francisco I corrigiu um pouco o escudo coroa mandando forjar os escudos soldos a dois dinheiros e dezesseis grãos, de mesma lei que o escudo coroa, fora um oitavo de remédio que permaneceu até o rei Henrique, que mandou fortalecê-lo em quatro grãos de peso. Carlos IX, por sua vez, reduziu-o em cinco grãos em 1561. Porém, os escudos velhos ou ducados de Veneza, Gênova, Florença, Siena, Castela, Portugal e Hungria mantiveram a lei de 23 quilates e três quartos, dois dinheiros e dezoito grãos de peso até 1540, quando o imperador Carlos V enfraqueceu a lei dos escudos da Espanha em um quilate e três quartos e três grãos de peso, mandando forjar a vinte e dois quilates, dois dinheiros e quinze grãos de peso os escudos de Castela, Valença e Aragão, chamados de pistolas. Ele deu um exemplo muito ruim aos outros Príncipes para que fizessem o mesmo, como fizeram os Príncipes da Itália, que mandaram forjar a vinte e dois quilates e abaixo da finura, com peso de dois dinheiros e dezesseis grãos, como são os escudos de Roma, Lucca, Bolonha, Saluces, Gênova, Siena, Sicília, Milão, Ancona, Mântua, Ferrara e Florença, e os novos escudos de Veneza. É verdade que o papa Paulo III começou por mandar forjar escudos em seu nome de 21 quilates e meio, e dois dinheiros e 14 grãos de peso. Os de Avignon forjados na mesma época em nome do legado Alexandre Farnese, neto do Papa, são ainda mais fracos de lei e reduzidos em cinco dinheiros de peso. Isso traz perda incrível para os súditos e proveito para os falsos moedeiros, adulteradores e mercadores, que tiram a moeda forte do país para forjar outra mais fraca com cunha alheia.

Isso é ainda mais comum com a moeda branca de alta lei e acima de onze dinheiros de finura, como os reais de Castela, que têm todos onze dinheiros e três grãos de finura, sobre os quais os outros Príncipes ganharam muito até agora, pois mesmos convertidos em *testons* da França, de cem mil libras se tirava um lucro de seis mil e quinhentas libras sem enfraquecer a lei do *teston* da França, que tem dez dinheiros e dezessete grãos de finura. Pelo mesmo meio, os suíços, que convertiam os *testons* da França em *testons* de Soleure, Lucerna e Unterwalden, ganhavam sobre cada marco quarenta e um soldos, onze tostões torneses e nove vinte e seis avos de tostão, pois os de Lucerna, Soleure e Unterwalden eram de apenas nove dinheiros e dezoito grãos, que equivalem a vinte e três grãos de finura, menos por marco que os da França, que valiam vinte e cinco soldos torneses. Quanto ao peso, os da França têm pelo menos vinte e cinco *testons* e cinco oitavos por marco, o que equivale a três oitavos de *teston* por marco, enquanto os *testons* de Soleure são mais fracos em peso, pois valem quatro soldos e três tostões torneses. Os ditos *testons* de Soleure e Lucerna só podem ser avaliados como prata de baixa lei, chamada de bilhão, por estarem abaixo de dez dinheiros de finura, estimados em quatorze libras, dezessete soldos e quatro tostões torneses por marco de finura. Os *testons* da França, por estarem acima de dez dinheiros de finura, são avaliados como prata de alta lei, que vale na mesma proporção quinze libras e treze soldos por marco de finura. Devido à diferença entre a prata de alta lei e a de baixa lei, os ditos *testons* valiam doze soldos e oito tostões torneses por marco a menos que os da França. Por conseguinte, os *testons* de Soleure valiam quarenta e um soldos e onze tostões torneses por marco a menos que os da França. Cada moeda dos ditos *testons* valia um soldo, onze tostões torneses e nove vinte e seis avos de tostão. Os de Berna, por terem nove dinheiros e vinte grãos de finura por marco, valiam um tostão tornês a mais por moeda que os de Soleure. Ora, ganhar somente dez soldos por marco já é um lucro muito grande. Os flamengos fazem o mesmo, convertendo os *testons* da França em reais de Flandres.

As ordenanças de todos os Príncipes dispuseram que o ouro e a prata não fossem transportados para o estrangeiro sob grandes penas, mas é impossível executá-las e muito é levado por mar e por terra. Ainda que fossem tão bem seguidas que absolutamente nada saísse, os súditos sempre teriam algum meio de adulterar, deformar, alterar e fundir as moedas brancas e vermelhas, se houver diversidade de lei, seja em virtude das permissões dadas a alguns ourives, seja contra as proibições. Pois eles embolsam a falta de lei que se encontra nas suas obras, tanto para os remédios que lhes são permitidos quanto para o esmalte e a solda que usam, empregando na obra as boas espécies, e zombam das leis e ordenanças feitas sobre o preço do marco de ouro e de prata, fazendo constar da feitura das obras o preço que bem quiserem. Desse modo, ele sempre é vendido mais caro para os ourives do que consta das ordenanças, a prata por quarenta ou cinquenta soldos, o ouro por doze ou treze libras por marco. Isso faz com que o ouro e a prata sejam comprados mais caro dos ourives e mercadores do que dos moedeiros, que não podem ultrapassar a ordenança do rei para a compra das matérias nem para a forja. E assim que a matéria é forjada em moeda com peso ou lei mais forte que o dos Príncipes vizinhos, ela é fundida e recolhida pelos acrisoladores e ourives para ser convertida em obra, ou pelos estrangeiros para forjarem moeda segundo o seu padrão. Nisso os trocadores servem de ministros, e a pretexto de fornecer moedas ao povo comerciam com os ourives e mercadores estrangeiros, pois é certo e foi constatado que, nos vinte e cinco anos desde que os pequenos soldos foram descartados, foram forjados neste reino mais de 25 milhões de libras, além das moedas de três e de seis brancos que não se encontram mais, porque os acrisoladores e ourives viram proveito nisso. Isso faz com que aqueles que têm muitos talheres de ouro e de prata não possam tirar partido deles, pois compraram-nos muito caro dos ourives e não querem vendê-los com perda tão grande. O próprio rei Carlos IX perdeu muito ao transformar os talheres em moeda. Em contrapartida, anteriormente, a lei das moedas de prata era sempre igual à lei dos ourives, de forma que não se podia perder nada com os talheres, a não ser o feitio, o que ainda nos restou no provérbio corrente "De talheres de prata, só se perde o feitio".

Portanto, para suprimir todos esses inconvenientes é preciso que a lei das moedas e das obras de ouro e de prata seja igual, a saber, de vinte e três quilates de ouro sem remédio e onze dinheiros e onze grãos de prata. Havia-se encontrado um meio de evitar os abusos arrendando a receita das moedas e dos confiscos e multas que proviriam das infrações. O arrendamento foi concedido em 1564 pela soma de cinquenta mil libras por ano. Todavia, isso foi abolido em Moulins em 1566 e as moedas arrendadas àqueles que ofereceriam forjar a maior quantidade de marcos de ouro e de prata, o que é cortar alguns galhos e ramos, mas a raiz dos abusos permanece, de modo que nunca se cessará de fraudar. A raiz dos abusos é a confusão dos três metais, ouro, prata e cobre. Se ela cessar, nem o súdito nem o estrangeiro poderão cometer fraude alguma que não seja imediatamente descoberta. Pois assim como a moeda de cobre ou de roseta pura não tinha circulação neste reino porque não era forjada aqui, se o bilhão for descartado com proibição de ser forjado o bilhão do estrangeiro também será totalmente banido. Não se deve esperar que os estrangeiros e súditos cessem de adulterar em privado e de receber todas as moedas estrangeiras enquanto o Príncipe e a República mandarem forjar bilhão. No entanto, há ainda outro proveito, tanto público quanto privado, que advém da proibição que mencionei de misturar os metais: é evitar no futuro a perda da prata, que não é contada no ouro de quatorze quilates ou mais e se perde devido ao afinamento que se faz por via de cimento real ou por água de partida, pois são necessários pelo menos sessenta soldos ou até quatro francos para formar um marco, e não obstante a perda é muito grande numa quantidade notável. Ocorre o mesmo com todos os florins da Alemanha, que são de apenas dezesseis quilates ou no máximo dezesseis e meio e para os quais há pelo menos trinta e três mil marcos de perda em cem mil marcos. Para quatorze quilates a perda é de mais de quarenta mil marcos.

Além do que eu disse, os abusos dos oficiais das moedas cessarão no que tange à escassez e desvalorização, por meio das quais eram custeados os salários dos oficiais. Para fazê-las cessar, Henrique II rei da França havia ordenado que eles seriam pagos pelos recebedores dos locais. Embora tal ordenança fosse santa, ela foi cassada por Carlos IX seguindo a observação da Câmara de Contas de Paris, que fez saber que o rei perdia todos os anos mais de dez mil libras em vez de tirar proveito de suas moedas, pois os oficiais eram pagos e não faziam quase nada. Mas o verdadeiro meio para remediar isso é suprimir todos os oficiais das moedas, exceto aqueles que estarão na cidade para forjar todas as moedas e fazê-las pagar pelo recebedor do local, mantendo-se o direito de senhoria, que os antigos não conheciam, e não se deduzindo nada da moeda, nem mesmo o direito de mistura, como seria muito necessário. Ou então impõe-se uma talha sobre os súditos para a forja das moedas, no intuito de abolir o direito de senhoria e de mistura, como se fazia antigamente na Normandia e se faz ainda na Polônia, para evitar o dano e perda incrível que sofrem os súditos. Por esse meio a variedade do preço do marco, que causa um milhão de abusos, também cessará. E as espécies estrangeiras serão aceitas somente para serem fundidas, sem contar nada para a senhoria nem para a mistura, apesar das cartas obtidas pelos Príncipes vizinhos para expor em detrimento de outrem suas moedas ao mesmo preço que no seu território.

E para eliminar toda oportunidade de falsificar, alterar ou mudar a lei corrente das moedas de ouro e de prata, será necessário forjar todas as moedas numa mesma cidade onde residirão os juízes das moedas, e suprimir as outras (se a monarquia ou República não tiver tamanha extensão que seja necessário estabelecer outras). Nesse lugar todos os acrisoladores trabalharão com proibição, sob pena de morte, de afinar em outro lugar, pois daí provêm os maiores abusos. Também se dará conhecimento aos juízes ordinários por prevenção para punir todos os abusos que serão cometidos ali, pois bem se sabe como houve abusos na forja das moedas neste reino e nas caixas devido ao pequeno número de juízes aos quais é atribuído privativamente o conhecimento com exclusão de todos os demais, sobretudo depois da supressão dos generais subsidiários. Portanto, é muito necessário seguir o exemplo dos antigos romanos, que tinham para todos os súditos da Itália somente o templo de Juno, onde se forjavam três tipos de moedas puras e simples, a saber, de ouro, de prata e de cobre, e havia três mestres de moedas, que mandavam forjar e afinar em público e às vistas de qualquer um. E para que ninguém fosse enganado quanto ao preço das moedas, estabeleceu-se também, a pedido de Mário Gratidiano, um lugar para fazer o teste das moedas. Lemos também que, neste reino, por ordenança de Carlos Magno, foi proibido forjar outra moeda que não fosse no seu palácio, embora seu império se estendesse por todo o Império da Alemanha, pela Itália e pela maior parte das Espanhas. Porém, depois que os reis Felipe, o Belo, Carlos seu filho e João estabeleceram várias moedas neste reino e diversos mestres, guardas, prebostes e outros oficiais para cada moeda, os abusos também se multiplicaram.

Aqui talvez me dirão que os persas, gregos e romanos forjavam moedas puras de ouro, de prata e de cobre com a lei mais alta que se podia fazer, e mesmo assim não se deixava de falsificá-las, como lemos em Demóstenes no discurso contra Timócrates. Respondo que é muito difícil purificar completamente disso a República. Mas para mil que existem, não se encontrarão dez, dada a dificuldade que haverá se a lei do ouro e da prata for conhecida de todos pelo meio que indiquei. E se houver Príncipe tão mal aconselhado a ponto de alterar a bondade das moedas para lucrar com isso, como Marco Antônio, que mandou forjar moeda branca de baixa lei, logo depois ela será rejeitada, sem falar na crítica que ele sofrerá de todos e no perigo de rebelião dos súditos, que foi grande na época em que Felipe, o Belo, enfraqueceu a lei das moedas. Seja como for, é muito certo que nunca houve menos falsos moedeiros do que havia no tempo dos romanos, que não tinham moeda de ouro e de prata que não fosse de alta lei. Pois até o tribuno Lívio Druso foi criticado por ter apresentado requerimento no sentido de que na moeda de prata fosse misturada uma oitava parte de cobre, ou, como dizemos, que se forjasse a dez dinheiros e doze grãos de finura. Isso mostra bem que, naquela época, não se queria tolerar a corrupção do ouro e da prata, e que a prata era da mais alta lei, como era também o ouro, como se pode ver nas medalhas de ouro que são de vinte e três quilates e três quartos. Encontra-se até medalhas com a marca do imperador Vespasiano nas quais falta apenas um trinta e dois avos de quilate para que o ouro seja de vinte e quatro quilates, que é o ouro mais fino que se pode encontrar.

No entanto, pelas causas que enumerei, basta que o ouro seja de vinte e três quilates e a prata de onze dinheiros e doze grãos de finura, e que não haja oportunidade para alegar que não se é mestre do fogo e pedir um quarto, ou pelo menos um oitavo de remédio, que é a causa de muitos abusos, deixando todavia dois *ferlins* de remédio sobre o marco de moeda forjada com a cunha. Ainda se pode dizer que seria mais conveniente forjar pelo menos dobrões e tostões de baixa lei para evitar o peso excessivo da moeda de cobre. Digo que, se permitirmos forjar bilhão, por menor que seja, disso se acabará por tirar liards e soldos, e terá que se começar tudo de novo. Ainda que só se forjasse dobrões e tostões, mesmo assim seria dar abertura para que os falsos moedeiros enganassem o povo miúdo, para o qual essa moeda é forjada e da qual ele nada conhece, e que se preocupa menos ainda em aceitá-la, por menor que seja seu preço, sem indagar a respeito da qualidade ou seu valor. Tenho uma carta de Jacques Pinatel para o rei Henrique II da qual constam estas palavras: "Senhor, quero adverti-lo que há seis meses forjaram dúzias de uma das suas moedas com redução de vinte soldos para cada marco de peso e de quatro soldos sobre a lei. Quando apetecer a vossa majestade, farei-lhe ver as peças e demonstrar-lhe-ei o grande dano que o senhor e seu povo sofrem, e sofrerão mais ainda se vossa majestade não tomar providências com todo rigor". Foi então que ele forjou, por ordem do rei, as moedas de seis brancos de quatro dinheiros de lei, dois grãos de remédio e quatro dinheiros e quatorze grãos de peso, que era o melhor bilhão que havia então na França. Por isso ele foi logo fundido, de modo que quase já não se vê mais. Ora, todos sabem que o dano que sofriam o rei e o povo de vinte e quatro soldos por marco equivalia a mais de 24 por cento. Não obstante, o mesmo Pinatel, tendo arrancado secretamente uma comissão da câmara dos generais das moedas em 1552, mandou forjar na cidade nova de Avignon e na cidade franca de Rouergue dobrões e tostões que foram estimados somente a doze soldos por marco. Verificou-se que ele havia, por esse meio, roubado o valor líquido de pouco menos de quatrocentas mil libras, e comprado sua graça por cinquenta mil libras, que ele deu a uma dama que fez postergar o suplício em vez de conceder a graça.

Digo, portanto, que aquele que quer livrar sua República das moedas falsas não deve tolerar de modo algum o bilhão, de qualquer tipo que seja. Por esse meio também cessará o dano que sofre o povo pobre com a depreciação das moedas ou diminuição do preço delas depois de terem sido enfraquecidas, e não terão mais acesso aos Príncipes aqueles que lhes fazem vislumbrar o proveito que podem tirar de suas moedas. Foi o que fez um certo oficial das moedas, que deu a entender ao conselho das finanças e escreveu ao rei Carlos IX que ele podia tirar grande proveito de suas moedas com alívio para o seu povo. De fato, segundo seu cálculo constatava-se que cada marco de ouro fino trabalhado rendia ao rei oito libras tornesas, enquanto ele recebia somente 25 soldos, quatro tostões e dezesseis vinte e três avos de tostão, e cada marco de prata do rei trabalhado rendia quarenta soldos torneses, enquanto o rei recebia somente dezesseis tostões trabalhados em *testons*. Ele aconselhava forjar moeda de prata do rei com curso de doze soldos torneses e 30 peças por marco, com peso de seis dinheiros e nove grãos sonantes, com meios e quartos equipolentes, e moeda de ouro de 24 quilates, um quilate de remédio e 30 peças por marco, com o mesmo peso que a prata de seis libras tornesas. No entanto, ele queria também que se forjasse bilhão miúdo de três dinheiros de lei e trezentas e vinte peças por marco, com três dinheiros de curso, e qualquer outra espécie de bilhão abaixo de dez dinheiros de finura, retendo o marco em quatorze libras tornesas. Eis sua opinião, que foi rejeitada como merecia, pois é coisa muito ridícula pensar que o rei possa tirar um proveito tão grande de suas moedas com alívio para o povo, se é verdade o que diz Platão, que não há pessoa que ganhe sem que outra perca, e a perda, por necessidade inevitável, recaía sobre o súdito, já que o estrangeiro não sentia nada.

É verdade que seria necessário que algum grande Príncipe negociasse isso por intermédio de seus embaixadores junto aos outros Príncipes para que todos de comum acordo também proibissem que se continuasse a forjar bilhão, colocando a lei das moedas de ouro e de prata como foi dito acima e usando o marco a oito *gros* ou dracmas, com quinhentos e setenta grãos por onça, que é o mais comum. Isso não seria difícil, visto que o Rei Católico e a rainha da Inglaterra já baniram integralmente o bilhão, ainda que todas as moedas de ouro da Espanha, exceto as pistolas e a moeda de Portugal, sejam de lei mais alta do que eu disse, e toda moeda de prata de onze dinheiros e três grãos, que é a mais forte que existe. Seria bom fazer a moeda em forma de medalhas moldadas, como faziam os antigos gregos, latinos, hebreus, persas e egípcios, pois os custos seriam muito menores, a facilidade maior e a rotundidade perfeita, para impedir os roedores. Ela não estaria sujeita a ser dobrada nem rompida, além de que a marca permaneceria para sempre. Não se teria dor de cabeça de tanto martelar e não haveria necessidade de talhador. Não haveria nenhum resíduo de cisalhamento nem remédio sobre o peso, como se perde necessariamente dois *ferlins* pelo menos por marco forjado com cunha. Ademais, far-se-ia mais em um dia do que se faz em um ano. Também se suprimiria a oportunidade para os falsos moedeiros de misturar os metais tão facilmente como eles fazem com as prensas e a cunha, nas quais a moeda se estende em largura que cobre a espessura. E o molde tornaria todas as medalhas de um mesmo metal iguais em espessura, peso, largura e forma.

Se o falso moedeiro quiser misturar cobre com ouro acima da lei de 23 quilates, o volume do cobre, que a peso igual é duas vezes e um oitavo maior que o volume do ouro, ou duas vezes e um oitavo mais leve que o ouro a massas iguais, tornaria a medalha muito mais grossa e revelaria a falsificação. Pois é certo que, se a massa de ouro igual à massa de cobre pesar mil quinhentos e cinquenta *ferlins*, a massa de cobre pesará apenas setecentos e vinte e nove *ferlins*, o que equivale a dezessete para oito em peso grande, como aprendi com Francisco de Foix, o grande Arquimedes de nossa época e o primeiro a descobrir a verdadeira proporção dos metais em peso e em volume. Faremos o mesmo julgamento da prata, que tem volume maior que o ouro a peso igual, ou que o ouro é uma vez e quatro quintos mais pesado que a prata a massas iguais, o que equivale a 1551 para 998, ou nove para cinco. Do cobre para a prata a proporção é de 11 para 13, ou precisamente de 729 para 998, pois se aproximam mais em peso e em volume que os outros, exceto o chumbo, que é mais pesado que a prata com uma diferença de 15 para 14, ou mais precisamente de 998 para 929. Porém, não podem usar o chumbo para falsificar pois ele se desprende de todos os metais, salvo o estanho. E podem usar menos ainda o estanho, que é o veneno de todos os metais e não pode ser colocado no lugar da prata, visto que é mais leve na proporção de nove para treze, ou precisamente de 600 para 998. E ele pode muito menos ser colocado no lugar do ouro, que é mais pesado que o estanho a massas iguais ou de volume menor a peso igual, na proporção de dezoito para sete, ou justamente de 1.551 para 600, o que é duas vezes e quatro sétimos mais pesado. Quanto ao ferro, os falsários não podem abusar dele por fusão pois ele não aceita mistura nem com o ouro nem com a prata, e a contiguidade das lâminas sobre o ferro não é difícil de reconhecer. Plínio chama-a de ferruminação, que era usada pelos falsos moedeiros de sua época. De fato, o senhor de Villemor, comissário das guerras, mostrou-me uma antiga medalha de ferro coberta de prata dessa maneira. Todavia, o peso e o volume revelam a falsificação olhando-se de perto, pois a prata é mais pesada que o ferro a massas iguais, ou menor em volume a peso igual, na proporção de quatro para três, ou precisamente de 998 para 634. Quanto ao ouro, é impossível que a ferruminação possa servir de algo para os falsos moedeiros, visto que o ouro tem volume menor que o ferro a peso igual e é mais pesado a massas iguais, na proporção de seis para nove, ou de 1.556 para 634. Por isso tampouco se deve temer que a prata viva sirva para falsificar esses dois metais, embora aproxime-se do peso do ouro na proporção de três para quatro ou de 1.158 para 1.551, porque ainda não conseguiram fixá-la sem que se dissipe em fumaça.

Eis quanto à forma das moedas e ao proveito que decorreria de serem moldadas, como eram antigamente até que houve tão pouco ouro e prata, depois que as minas foram esgotadas e esses dois metais usados, perdidos, escondidos ou dissipados, que se foi obrigado a fazer a moeda tão delgada que era preciso somente um martelo para marcá-la. Mais tarde isso foi causa de muitos abusos, mas assim como os primeiros homens, que tinham pouco ouro e prata, marcavam-nos com martelo, e em seguida quando tiveram maior quantidade deles começaram a moldá-los, assim também é preciso agora retornar aos moldes. Havia-se começado a forjar com moinho, mas percebeu-se que a marca não podia ser impressa muito bem e que sempre havia trinta marcos de cisalha para cem marcos de matéria, enquanto há somente um ou dois com a cunha. Além disso, o som das moedas da cunha era diferente e achava-se que as moedas não tinham todas o mesmo peso, porque as lâminas se tornavam mais delgadas num lugar do que no outro. Quanto ao que eu disse, que o marco de ouro e de prata deve ser dividido em moedas de peso igual, sem frações de moedas por marco, nem de dinheiros por moeda, nem de grãos por dinheiro, a utilidade é muito evidente, tanto para as trocas dos marcos e das moedas quanto para a estimativa, peso e curso indubitáveis. Assim faziam os antigos, pois a moeda de ouro e de prata com peso de quatro *gros* ou dracmas, que é a metade de uma onça, será igual ao siclo dos hebreus, e a moeda de dois *gros* ou de 32 por marco será igual ao *stater* ático, ao felipe antigo, aos nobres com rosas e às medalhas de ouro dos antigos romanos, que a lei chama de *aureus*. A moeda de um *gros*, ou soldo tornês, ou dracma de 64 por marco será igual à dracma ática e à *zuza* dos hebreus, que era na Grécia e em todo o Oriente a jornada dos operários.

É verdade que o tostão de prata dos romanos, que era também a jornada do soldado romano no tempo de Augusto, tinha peso três sétimos maior, o que é um pouco mais que o real simples da Espanha. E se as mutações e mudanças que ocorrem de repente são prejudiciais e perniciosas, poder-se-á proceder pouco a pouco, fazendo forjar as moedas como eu disse, para que todos tenham oportunidade de desfazer-se do bilhão com menos perda. Quando eu estava nos estados de Blois como deputado da província do Vermandois, fui chamado a debater essas dificuldades junto com o primeiro presidente, três generais das moedas e Marcel, superintendente das finanças, no intuito de remediar os abusos das moedas. Enfim, foi decidido que tudo o que eu disse acima, e que apresentei sumariamente, era muito necessário, mas que a dificuldade e as doenças da República, que eram incuráveis, não suportariam tais medidas, o que significava que era preferível deixar o doente morrer a longo prazo do que o fazer beber um remédio nefasto para curá-lo. Admito que o dinheiro em bilhão só renderá a metade ao ser purificado a onze dinheiros e doze grãos, mas será de uma vez por todas se se mantiver a lei estabelecida, como foi dito. Se isso não for feito, será impossível evitar a ruína da República.

Capítulo IV

Da comparação entre as três Repúblicas legítimas, a saber, o estado popular, aristocrático e real, e porque o poder real é o melhor

Até aqui discorremos bastante amplamente, a meu ver, sobre todas as partes da República. Resta agora, para a conclusão, conhecer as comodidades e incomodidades de cada República e depois escolher a melhor. Era necessário reservar isso para o fim depois de ter discorrido sobre todos os pontos da República em geral e em particular. Como há somente três espécies de República, como mostramos, a saber, quando todo o povo ou a maior parte comanda com poder soberano, ou então a menor parte, ou um só, e como cada uma das três pode ser louvável ou viciosa, não se deve somente fugir da mais viciosa, mas também escolher, se possível, a melhor. A tirania de um Príncipe é perniciosa, a de vários pior ainda. Mas não há tirania mais perigosa que a de todo um povo, como a denomina Cícero[134]. Mesmo assim, ela ainda não é tão ruim quanto a anarquia, na qual não há nem forma de República nem alguém que comanda ou que obedece. Fujamos, portanto, desse vícios e escolhamos a melhor das três formas legítimas, a saber, entre o estado legítimo popular, aristocrático ou real. Para que tudo seja bem esclarecido, colocarei as comodidades e incomodidades de um lado e do outro.

Primeiramente, pode-se dizer que o estado popular é o mais louvável por ser aquele que busca uma igualdade e retidão em todas as leis, sem favor nem acepção de ninguém, e reduz as constituições civis às leis da natureza. Afinal, assim como a natureza não distribuiu as riquezas, os estados e as honras mais para uns do que para outros, assim também o estado popular tende para essa meta de igualar todos os homens, o que não pode ser feito senão igualando os bens, as honras e a justiça para todos, sem privilégio nem prerrogativa alguma. Assim fez Licurgo depois de ter transformado o estado real em popular, queimado todas as obrigações, banido o ouro e a prata e distribuído as terras por sorteio igual. Então ele sentiu grande prazer ao ver pelos campos as montes de espigas todos iguais, e por esse meio a avareza de uns suprimida e a arrogância dos outros rebaixada, que são duas pestes das mais perniciosas que existem para as Repúblicas. Por esse meio ele bania ainda as rapinas, furtos, concussões, calúnias, parcialidades e facções, que não podem ocorrer quando todos são iguais e não pode ter vantagem nenhuma sobre o outro. E se é verdade que a sociedade humana só pode se manter por amizade, que a fomentadora da amizade é a igualdade e que não há igualdade fora do estado popular, daí se segue que este é a mais bela forma de República que se pode escolher. Nele a liberdade se torna natural, a justiça igual é sempre prestada para todos sem temor de tirania, de crueldade e de exação, e a doçura da vida social para todos parece levar os homens à felicidade que a natureza nos mostra.

Mas ainda há um ponto que parece muito considerável para mostrar que o estado popular é o mais belo, o mais digno e o mais perfeito: é que geralmente sempre houve nas democracias personagens maiores em armas e em leis, e maiores oradores, jurisconsultos e artesãos do que nas outras Repúblicas, nas quais a facção de poucos senhores entre si e a inveja da honra de um monarca impede os súditos de empreender qualquer coisa grandiosa. Além

---

134 Na República. Cf. Aristóteles, Política, liv. 5 cap. 20.

disso, parece que a verdadeira marca de República existe apenas no estado popular, pois todo o povo goza do bem público, compartilhando com todos os bens comuns, os despojos, as recompensas, as conquistas, ao passo que poucos senhores na aristocracia e um só na monarquia parecem transformar todo o bem público em particular. Enfim, se não há mais nada a desejar, a não ser que os magistrados sejam obedientes às leis e os súditos aos magistrados, parece também que isso é mais bem observado no estado popular, no qual somente a lei é dama e senhora de todos. Eis os principais pontos que se pode afirmar para sustentar o estado popular. Eles têm aparência reluzente, mas na realidade essas razões assemelham-se às teias de aranha, que são muito sutis e delgadas mas não têm muita força.

Razões contrárias ao estado popular

Em primeiro lugar, nunca houve República na qual essa igualdade de bens e de honras tenha sido observada, como mostramos acima quanto aos bens. Quanto às honras, também seria contra a lei da natureza, que fez uns mais prudentes e engenhosos do que outros e também ordenou que uns governassem e outros obedecessem. Uns são sábios e discretos, outros tolos e insensatos, uns têm força de espírito para guiar e comandar, outros somente a força do corpo para executar os mandamentos. Quanto à liberdade natural que tanto se prega no estado popular, se ela ocorresse não haveria nem magistrados, nem leis, nem forma de Estado alguma, de outra forma a igualdade não existiria. No entanto, não há uma forma de República que tenha tantas leis, tantos magistrados, tantos controladores como o estado popular. Quanto ao bem público, é totalmente certo que não há República na qual ele seja mais mal governado do que pelo povo, como mostramos em seu lugar. E pode-se querer melhor julgamento ou testemunho mais digno que o de Xenofonte[135]? "Não posso", diz ele, "aprovar o estado dos atenienses porque eles seguiram a forma de República na qual os piores têm sempre o melhor e os homens de honra e de virtude são espezinhados." Se Xenofonte, que foi um dos maiores capitães de sua época e que ganhou então o prêmio de honra de ter reunido com sucesso o manejo dos negócios com as armas e a filosofia, fez tal julgamento da sua República, que era a mais popular e entre

---

135 Na República dos atenienses.

as populares a mais estimada e a mais estabelecida – ou melhor dizendo a menos viciosa, como diz Plutarco –, que julgamento teria ele feito das outras democracias e oclocracias?

Maquiavel[136] enganou-se muito ao dizer que o estado popular é o melhor. Todavia, tendo esquecido sua primeira opinião, ele sustentou em outro lugar[137] que, para restituir à Itália a sua liberdade, era preciso que houvesse apenas um Príncipe. De fato, ele se esforçou para formar o estado mais tirânico do mundo. Em outro lugar[138] ele reconhece que o estado de Veneza é o mais belo de todos, o qual é a mais pura aristocracia que já houve, de modo que ele não sabe a que se agarrar. Se tomarmos a opinião de Platão, veremos que ele criticou o estado popular, chamando-o de feira onde tudo se vende. Temos o mesmo julgamento em Aristóteles[139], que diz que nem o estado popular nem o aristocrático são bons, usando a autoridade de Homero: οὐκ ἀγαθὸν πολυκοιρανίη.

O estado popular criticado por todos os grandes personagens

O orador Máximo Tírio sustenta que a democracia é perniciosa, criticando por esse motivo o estado dos atenienses, siracusanos, cartagineses e efésios. Pois é impossível, diz Sêneca, que agrade ao povo aquele a quem a virtude agrada. Também Fócion, um dos mais sábios e virtuosos homens que já houve, sempre foi contrário ao povo, e o povo a ele. Como um dia o povo de Atenas julgou bom seu conselho, ele se virou para seus companheiros e disse: "Terá me escapado alguma má opinião?". Como poderia um povo, ou seja, uma besta de várias cabeças, sem juízo e sem razão, aconselhar algo bom? Pedir conselho ao povo, como se fazia antigamente nas Repúblicas populares, não é outra coisa que pedir sabedoria aos furiosos. Tendo visto isso, e que os magistrados e anciãos diziam sua opinião em plena assembleia e depois o povo dava a resolução, Anacársis disse que em Atenas os sábios propõem e os tolos dispõem. Ainda que se pudesse tirar alguma boa reso-

---

136 *Discorsi.*
137 *O Príncipe*, liv. 1 cap. 9.
138 Sobre Tito Lívio.
139 *Metafísica* liv. 12 cap. 12.

lução do povo, quem seria o homem tão desprovido de senso que acharia bom divulgar em público o conselho de um estado? Não seria macular as coisas sagradas? As coisas sagradas que foram profanadas ainda podem ser purificadas, mas de um conselho de negócios atinentes ao estado que foi divulgado nada se deve esperar que não reverta em dano e desonra para a República. Por essa causa principal, o estado de Atenas, o de Siracusa e o de Florença caíram em ruína.

Deixo de lado as dificuldades que existem em reunir um povo num local, a desordem que é uma multidão, a variedade e inconstância das pessoas amontoadas vindas de todas as partes. Contudo, se não aprouver ao magistrado, nem o senado nem o povo serão reunidos. Foi o que aconteceu sob o consulado de César, o qual, para realizar suas empreitadas, tendo espantado Bíbulo seu colega e desembainhado a espada contra ele, não quis que o senado se reunisse enquanto durou seu ofício. E se a maioria dos tribunos tratavam com o cônsul, nem o senado nem o povo não podiam reunir-se, de modo que a autoridade do senado e a majestade soberana ficavam assim sujeitas a seis ou sete cabeças.

No entanto, conhece-se o perigo que existe em não resolver rapidamente os negócios urgentes. Pelas leis de Sólon[140] e pelas Doze Tábuas, era preciso reunir o povo três vezes antes que a ordenança publicada fosse aceita. Ora, acontecia com frequência que o voo rasante de um pássaro, ou o grito de um rato, ou o mal caduco, talvez de um bêbado, interrompiam a assembleia, e diante da mais ínfima denúncia de um sacerdote augural ou oposição de um magistrado tudo era cassado. Cícero[141] e o próprio Catão queixaram-se muito disso, pois o poder e o favor dos concorrentes, que eram sempre em grande número e inimigos mútuos, para obter os ofícios impedia a assembleia do povo ou o perturbava quando ele estava reunido. Os magistrados que ocupavam os cargos agarravam-se a eles para dar continuidade ao seu poder, de modo que se passava às vezes um ano inteiro sem que se nomeasse algum magistrado, como ocorreu quando Pompeu, o Grande, foi eleito cônsul sozinho.

---

140 Demóstenes, contra Leptino.

141 *Ad Atticum.*

Assembleia dos Grisões de dois em dois anos

É por isso que os Grisões, que adotam o estado popular, só se reúnem de dois em dois anos em Coira para nomear seus oficiais ou publicar novas ordenanças. Ora, não há nada mais perigoso nem mais contrário ao estado popular que tolerar que os magistrados continuem longamente nos seus cargos, como mostramos acima. Mas o perigo é bem maior quando se trata de tomar conselho e resolução para a República que está em risco extremo, pois os magistrados não podem fazer nada sem o parecer do povo e não é possível reuni-lo assim que é necessário. Além disso, os mais sábios não ousam dizer nada na assembleia por temer a fúria do povo, que sempre descarrega seus erros sobre os governantes. Foi assim que, tendo Felipe I rei da Macedônia corrido e saqueado até a região da Ática, não houve um magistrado que ousasse reunir os estados.

Populacho espantado com o perigo

Porém, o rebotalho do povo acorreu todo apavorado à praça e não houve ninguém, diz Demóstenes, que ousasse tomar a palavra. O mesmo caso aconteceu em Florença quando o exército do Imperador aproximou-se para sitiá-la a pedido do papa Clemente VII. Todo o povo estava tão espantado que não sabia o que decidir. Como as ordenanças de Florença dispunham que todos os cidadãos se reunissem diante da prefeitura para deliberar em voz alta sobre os artigos propostos pelo grande magistrado, o povo estava perdido. E assim como o caráter de um povo, diz Tito Lívio, é insolente e desbragado com toda licenciosidade quando os negócios vão bem, assim também ele é subitamente rebaixado e abatido por uma perda, como mostramos anteriormente. Como seria possível que a majestade soberana de um estado fosse conservada numa multidão guiada por um magistrado e que é preciso conter amiúde com golpes de bastão? *Et in qua regenda plus pœna, quam obsequium valet?*, disse Tito Lívio. Por isso Fócion, ao ver que o povo de Atenas não queria lhe dar ouvidos, exclamou: "Ó flagelo de Corfu, quanto talentos vales!" Isso mostra bem que a majestade perece no povo, que no entanto é o único ponto e pivô sobre o qual a República se sustenta. Mas avancemos. Todos aqueles que discorreram sobre os estados estão de acordo que o objetivo principal e o fim de todas as Repúblicas é florescer com honra e virtude. No entanto, o estado popular é contrário às pessoas de bem.

O fim dos estados populares é banir a virtude

Afinal, a conservação de uma República popular, se seguirmos a opinião de Xenofonte, está em promover aos ofícios e benefícios os mais viciosos e os mais indignos. E se o povo fosse tão imprudente a ponto de entregar às pessoas virtuosas os cargos honráveis e as dignidades, ele perderia seu poder, pois as pessoas de bem só dariam preferência aos seus semelhantes, que são sempre em número muito pequeno. Os maus e viciosos, que são a maioria do povo, seriam alijados das honras, condenados e expulsos pouco a pouco pelos juízes íntegros e incorruptíveis, e ao proceder assim os homens sábios se apoderariam do estado e o subtrairiam ao povo. É por isso que o povo ateniense, diz Xenofonte, dava ouvidos aos piores, por saber que diriam coisas agradáveis e úteis para os homens viciosos, que são a maioria do povo.

Reto julgamento de Xenofonte sobre o estado popular

Eis porque, diz Xenofonte, eu critico os atenienses por ter escolhido a forma de República mais viciosa de todas. Porém, tendo-a escolhido, eu os estimo muito por governarem-se do modo como fazem, ou seja, alijando, expulsando e banindo os homens nobres, sábios e virtuosos, e promovendo os impudentes, viciosos e maus. "Pois o vício que criticas tanto", diz ele, "é a conservação do estado popular." Quanto à justiça, o povo, diz ele, não se preocupa nem um pouco com ela, contanto que tire proveito dos julgamentos que vende a quem oferece mais e que tenha meios para arruinar os ricos, os nobres, as pessoas de bem, que ele assedia sem causa, por causa do ódio capital que tem contra essas pessoas, totalmente contrárias ao seu humor natural. É por isso que a República popular é o recurso e refúgio de todos os homens turbulentos, amotinados, sediciosos e banidos, que dão conselho, conforto e auxílio ao povo miúdo para arruinar os grandes. Quanto às leis, não são levadas em consideração, visto que em Atenas a vontade do povo é lei. Eis o julgamento que faz Xenofonte da República de Atenas, que ele diz ter sido a mais bem ordenada de todas as Repúblicas populares que havia naquela época, e da qual ele não queria que se mudasse nada, para manter o povo no poder. O jurisconsulto faz julgamento semelhante da devassa, dizendo que ela não fez bem em abandonar sua honra, mas que, tendo perdido sua vergonha, ela não faz mal em tirar todo o proveito que puder do seu ofício. Xenofonte também conclui que o estado popular não vale nada, mas que, sendo assim, ele deve, para sua conservação, banir das citandades populares toda honra e virtude. Ou seja, a mais forte tirania não é tão perigosa quanto o estado popular governado desse modo.

Impunidade dos vícios no estado popular

Mas ainda há uma peste mais capital nas Repúblicas populares: a impunidade dada aos maus à condição que sejam cidadãos, ou seja, pequenos reis. Até no estado popular dos romanos era proibido a todos os magistrados, sob pena de morte[142], condenar à morte natural ou civil o cidadão, ou privá-lo de sua liberdade ou direito de burguesia, ou até fustigá-lo com varas[143]. Assim viu-se um Verres, que foi acusado, indiciado e convicto por ter ladroado, roubado e cometido cem mil concussões e falsos julgamentos, sair quites ao deixar Roma e abandonar parte dos seus furtos.

Os mais virtuosos são banidos, os piores escapam no estado popular

No entanto, foram banidos Rutílio, Metelo, Coriolano, os dois irmãos Cipião e Cícero, como em Éfeso foi banido o virtuoso Hermodoro, em Atenas foi expulso Aristides, o Justo, Temístocles morreu exilado, Miltíades na prisão e Sócrates também foi executado. Embora Fócion, o homem mais íntegro e virtuoso de sua época, tenha sido eleito capitão em chefe quarenta e cinco vezes sem receber nenhuma crítica, mesmo assim um discursador ergueu-se diante do povo e, sem instruir seu processo nem o dos seus companheiros, perguntou se lhes aprazia mandar matar Fócion e seus companheiros. Todos se levantaram sem que um só permanecesse sentado e, levantando as mãos, condenaram-nos, e vários usaram chapéus de flores para condená-los, sem que

---

142 Três leis Valéria; Lei Semprônia; Cícero, Pro Rabirio perduellio; Lívio liv. 7 e 10.

143 Lei Pórcia; Cícero, Pro Rabirio perduellio.

houvesse escravo, nem mulher, nem estrangeiro afastado do julgamento."Quanto a mim", disse Fócion[144], "que seja. Mas estes aqui, por que morrem eles?" O povo alucinado respondeu: "Porque são teus amigos", e foram todos executados. Todavia, os piores costumavam escapar das mãos do povo. Demóstenes, ao ver que o povo tinha absolvido Antífon, mesmo assim perseguiu-o e fez com que fosse condenado e depois executado por sentença dos areopagitas, não se importando com o povo, e nunca foi criticado[145]. Isso mostra bem que não havia nem justiça nem majestade alguma nos estados do povo. Assim como na República popular governada dessa forma todos os estados são vendidos a quem oferece mais, assim também os magistrados revendem no varejo aquilo que compraram no atacado. Até mesmo em Roma Mário ousou mandar trazer arcas cheias de prata para comprar os votos do povo[146], e Pompeu fez o mesmo. Por isso é coisa inacreditável as concussões que se faziam em pleno julgamento e à vista de todos[147], a tal ponto que Estrátocles e Demóclides, atenienses, quando tomaram posse em seus ofícios, disseram:"Vamos à colheita do ouro". E se os estados e a justiça eram vendidos tão indignamente nessas duas grandes Repúblicas, enriquecidas com os despojos dos outros povos, o que se dirá dos estados populares onde o povo é indigente?

Estado popular transbordante de licenciosidade

Temos o exemplo dos megarenses, que, após ter expulsado seu Príncipe Teágenes, estabeleceram um estado popular tão transbordante que era lícito aos pobres irem viver na casa dos ricos, como diz Platão. Mas aqueles que tanto estimam o estado popular dos romanos deveriam ter em mente as sedições e guerras civis que sempre agitaram esse povo, e imaginar ora o povo de um lado sobre uma montanha e a nobreza do outro lado dividida três vezes, ora o tribuno Saturnino com seu bando de pessoas amontoadas, escravos e artesãos, armados com bastões e pedras, entrar em plena assembleia do povo, expulsar a parte mais sã e matar aquele que havia obtido o consulado pela voz do povo. Isso não faziam somente os tribunos irados contra os cônsules, mas também os

---

144 Plutarco, Fócion.

145 Plutarco, Demóstenes.

146 Plutarco, Mário.

147 Cícero, Pro Cluentio, In Verrem e Ad Atticum, liv. 4, última carta.

cônsules entre si. Assim, uma vez o cônsul Cássio mandou proclamar ao som da trombeta que todos os latinos e hérnicos que não tinham casa em Roma deviam partir. Seu companheiro Virgínio mandou proclamar exatamente o contrário a fim de impor ao povo a lei que queria e incitar no meio da cidade os habitantes de Roma contra os estrangeiros. Isso não era novidade, pois os rivais andavam ordinariamente armados sob a toga e bem acompanhados. "Vimos com frequência", dizia Cícero, "em plena assembleia dos estados, os golpes de pedra dados de todos os lados e as espadas puxadas, não com a mesma frequência, mas com frequência demasiada." Enfim, que se examine todas as Repúblicas populares que já existiram e se verá que elas quase sempre estiveram em guerra, ou contra o inimigo ou contra o seu estado, ou então que foram governadas em aparência pelo povo e de fato por alguns dos cidadãos, ou pelo mais sábio dentre eles, que fazia as vezes de Príncipe e de monarca.

Péricles e Lourenço de Médici, monarcas de Atenas e de Florença

Enquanto a República de Atenas foi bela e florescente ela foi governada pelo senado dos areopagitas, e quando seu poder foi retirado Péricles, diz Tucídides, foi o seu verdadeiro monarca, ainda que em aparência ela fosse popular. E Piero Soderini, no discurso que fez ao povo de Florença para mudar o estado, disse que na época de Lourenço de Médici a República era popular em aparência e de fato uma pura tirania, porque Lourenço governava só. Mas ele não disse que ela nunca foi mais florescente e que antes eles jamais haviam tido dez anos de trégua das sedições e facções mais sangrentas que já existiram em qualquer República do mundo[148]. Também podemos dizer que o estado popular dos romanos foi mantido pelo senado e a autoridade deste último sustentada por Menênio Agripa, Camilo, Papírio Cursor, Fábio Máximo, Cipião, Catão, Escauro, Pompeu, que preservaram o esplendor do senado e serviram de freio ao povo para contê-lo entre as barreiras da honra[149]. Assim, lemos que Pelópidas e Epaminondas eram como senhores do estado popular dos tebanos[150] e depois de sua morte o povo sentiu de

---

[148] Maquiavel, História de Florença.

[149] Lívio liv. 30.

[150] Plutarco, Pelópidas.

repente que tinha perdido seus comandantes. O mesmo aconteceu com os atenienses após a morte de Péricles[151]: então o povo vagava como navio sem leme, diz Plutarco, e como todos quisessem governar, uns zarpar e outros aportar, sobreveio a tormenta, diz Políbio, que fez naufragar o navio. Embora os atenienses, depois de terem perdido a soberania da Grécia, tenham governado sua cidade e território popularmente, Demóstenes dizia em alto e bom som diante do povo que o estado de Atenas estava sob o poder dos oradores e discursadores, dos quais dependiam os capitães, que tinham no máximo trezentos homens a postos para fazer passar tudo o que quisessem a preço de dinheiro, doença comum, diz Plutarco, a todas as Repúblicas populares. De Tarento dizia um embaixador: *In potestate juniorum plebem, in manu plebis rem Tarentinam esse.*

O estado popular conservado por um pequeno número de sábios

No momento do declínio do estado popular em Roma, Crasso, Pompeu e César, que eram chamados de "a tripla cabeça", governavam e mantinham todo o senado e o povo sob seu poder. Porém, tendo sido mortos os dois primeiros, o terceiro tornou-se senhor absoluto. Assim, vemos que o estado popular não pode subsistir se não tiver sábios pilotos. Não obstante, mesmo deixando o leme aos mais hábeis, eles sempre se tornam mestres dele e o povo serve somente de máscara. Mas alguém dirá: não se vê que os senhores das ligas tinham estabelecido um belo estado popular e continuado o seu governo por mais de trezentos e cinquenta anos? E que por esse meio não apenas se resguardaram contra a tirania, mas também expulsaram os tiranos dos seus vizinhos? A resposta é dupla. Primeiramente, o país e o caráter do povo são apropriados para o estado popular, como eu disse acima. Em segundo lugar, os mais irascíveis e amotinados partem para servir os Príncipes estrangeiros, e o restante do povo miúdo, dócil e fácil de manipular, não se preocupa muito com o estado. Além disso, todos os senhores das ligas e Repúblicas populares, unidos em aliança ofensiva e defensiva, aproximam-se estreitamente, como aqueles que caminham à noite ou andam por lugares escorregadios e precipícios perigosos seguram-se pela mão. Desse modo, eles se protegem contra o poder

---

151 Plutarco, Péricles liv. 6.

dos monarcas, como faziam antigamente os atenienses e os tebanos. Ademais, o fundamento do seu estado popular foi construído e cimentado com o sangue da nobreza e dos mais ricos, principalmente na jornada de Sempach, e depois na jornada da Basileia, na qual o rei Luís XI, ainda delfim, obteve a vitória. Então todos os nobres do país que o haviam seguido foram banidos. O restante baniu-se voluntariamente depois do tratado dos dez cantões feito em 1510 e da mudança de religião em 1529, tanto que restam muito poucos em Berna e em Zurique, onde o estado é aristocrático. Não somente os senhores das ligas, mas também os de Estrasburgo, Siena, Lindau, Gênova e Florença, para estabelecer uma liberdade popular mataram ou expulsaram a nobreza, como ainda se fez em várias cidades da Alemanha.

Os de Florença, depois de terem se livrado dos gentis-homens, dividiram-se em três facções, dos grandes, dos médios e do populacho. E como os grandes entraram em facção e se entremataram, os médios quiseram se aproveitar, e obstinaram-se tanto uns contra os outros que a cidade toda era só sangue e fogo, e não cessaram de matar e queimar[152] até que a ralé e o rebotalho do povo tomaram o poder. Estes tinham tanto ressentimento contra os grandes que tolhiam os gentis-homens quando estes arrastavam uma espada ou acediam a um grau de honra em qualquer República que fosse, ou quando adquiriam patrimônio a mais que os outros.

Costume de Estrasburgo

Foi por essa causa que os de Estrasburgo, após terem matado toda a nobreza para estabelecer um estado popular, ordenaram que aquele que quisesse ser grande burgomestre deveria provar que seu avô era lavrador, artesão, açougueiro ou de condição semelhante.

O estado popular tende à comunidade de todas as coisas

Os antigos, para assegurar os estados populares, esforçavam-se em igualar todos os cidadãos em bens, honras, poder e recompensas. Se havia alguém mais virtuoso, mais justo, mais sábio que os outros, ele era banido, como

---

152 Antonino, História de Florença.

mostramos anteriormente. Quiseram assim tornar tudo comum, na medida do possível. Até Platão foi da opinião que as mulheres e crianças também fossem comuns a todos, para que ninguém pudesse dizer "Isto é meu, isso é teu", pois essas duas palavras, diz ele, são causa de distúrbio e derrocada de todas as Repúblicas. Disso resultam grandes absurdos, porque ao proceder assim a cidade se arruína e se torna casa, como dizia Aristóteles. No entanto, a casa ou família, que é a verdadeira imagem da República, tem um só chefe. Por esse motivo, um antigo legislador, importunado por alguém para que instaurasse o estado popular no seu país, disse "Faça-o na tua casa".

A família é a imagem da República

E se disserem que é coisa bela unir tão intimamente os cidadãos e a cidade a ponto de transformá-la numa casa, e a República numa família, é preciso então suprimir a pluralidade de chefes que existe no estado popular para estabelecer um monarca, como verdadeiro pai de família, e cortar essa igualdade de bens, poder, honra e comando que se quer criar no estado popular, visto que tudo isso é incompatível com a família.

Ao suprimir a propriedade dos bens arruínam-se as Repúblicas

Mas o maior inconveniente é que, ao suprimir estas duas palavras TEU e MEU, arruínam-se os fundamentos de todas as Repúblicas, que são estabelecidas principalmente para dar a cada um o que lhe pertence e proibir o furto, como disposto pela lei de Deus, que quis explicitamente que a propriedade dos bens fosse garantida a cada um. Não se deve dizer que a natureza fez todas as coisas comuns, pois a lei da mãe não é contrária ao comando do pai, como diz Salomão, indicando por alegoria os comandos de Deus e a lei da natureza. A verdadeira liberdade popular não reside em outra coisa senão em gozar dos seus bens em segurança e em não temer que se atente contra a honra nem a vida, seja sua, de sua mulher ou de sua família, o que até os ladrões se esforçam em preservar.

A sabedoria não é igual para todos para que se distribua a todos os estados e ofícios

Quanto ao poder de comandar, que os homens populares querem igualar, faz menos sentido ainda que os bens, pois a sabedoria e a prudência não são dadas igualmente a todos, e no estado popular é preciso necessariamente escolher os magistrados mais talentosos para comandar e distribuir a justiça. Além do mais, onde não há forma alguma de soberania nem de República o povo é obrigado a nomear um magistrado ou capitão para comandar e fazer justiça, como na África no país de Guzula, onde não há nem rei nem forma alguma de República e o povo elege nos dias de feira um capitão para fazer justiça e assegurar o curso do comércio. Nas fronteiras do reino de Fez os habitantes da montanha de Magnan, que tampouco têm forma de República, detêm os passantes à força para receber deles a justiça.

Regra dos estados populares

A máxima dos estados populares para preencher um cargo que se apresenta é fazer sorteio quando as pessoas são iguais e escolher o mais talentoso se um sobrepuja os outros. E quem é aquele que não sabe à primeira vista que entre os homens há alguns que têm menos juízo que as bestas brutas? E outros nos quais as marcas da luz divina são tão claras que eles mais parecem anjos do que homens? Não obstante, aqueles que buscam a igualdade querem que se entregue a autoridade soberana sobre a vida, a honra e os bens aos furiosos, aos ignorantes, aos insensatos, tanto quanto aos homens sábios e entendidos, pois os votos em qualquer assembleia são contados sem ponderá-los, e o número dos tolos, maus e ignorantes é sempre mil vezes maior que o das pessoas de bem, se é verdade o que diz Salomão, que só há um bom entre mil. A isso se refere a sentença de um poeta: *Vir bonus et sapiens qualem vix repperit unum Millibus e cunctis olim consultus Apollo.* Portanto, há uma razão natural que nos mostra que a igualdade que eles buscam arruína os fundamentos da amizade, visto que nunca há querelas e inimizades maiores do que entre aqueles que são iguais, seja para dominar um ao outro, seja porque um pode dispensar o outro. Parece que Deus distribuiu seus bens e suas graças aos países e povos em tal medida que não há ninguém que não tenha algo alheio, de modo que, pelos benefícios e prazeres mútuos, cada povo em particular e todos em geral sejam obrigados a tratar alianças e amizades entre si. É o que se vê no corpo humano, que é a imagem da República bem ordenada, no qual não há membro que não preste socorro aos outros e não o receba deles, e aquele que parece ser o mais ocioso digere o alimento para todos os outros, como disse aquele sábio senador romano ao povo miúdo, que havia se afastado da nobreza e queria igualar-se a ela em poder e autoridade.

A igualdade e a amizade são incompatíveis

Quis usar esse exemplo e apontar claramente os inconvenientes que decorrem do estado popular para trazer à razão aqueles que se esforçam em subtrair os súditos à obediência ao seu Príncipe natural mediante uma falsa esperança de liberdade que lhes é dada, estabelecendo as Repúblicas em forma popular. Na realidade, isso não é outra coisa senão a mais perniciosa tirania que se pode imaginar se ela não for governada por pessoas sábias e virtuosas que manejam o leme, como aqueles que mencionei. Eis porque, entre os senhores das ligas, aqueles que são mais bem administrados – embora tenham adotado a forma de República popular – governam-se aristocraticamente, com dois ou três conselhos, para que o povo só interfira o mínimo possível nos negócios de estado, e só se reúnem por bairros, paróquias ou *schaffes*, como faziam antigamente os habitantes da República popular da Mantineia por temerem os tumultos e rebeliões que ocorrem geralmente quando estão reunidos.

Porém, como não está ao alcance dos bons cidadãos e políticos sábios transformar o estado popular em monarquia, o principal fundamento do estado popular consiste em observar estritamente os éditos e ordenanças, tanto mais porque o estado popular é estabelecido contra o curso e a ordem da natureza, que confere o comando aos mais sábios, coisa incompatível com o povo. Se o povo que não recebe comando em nome coletivo não tiver boas leis e ordenanças diante dos olhos como tochas para guiá-lo, o estado será logo derrubado. É por isso que os senhores das ligas observam estritamente os éditos e ordenanças, senão seu estado não teria durado tanto tempo. Assim como os homens fracos e franzinos adoecem com frequência se negligenciam sua dieta e o regulamento ordenado pelo médico, assim acontece com o estado popular se ele deixa de observar as leis e ordenanças.

Razões a favor do estado aristocrático

Eis algumas razões para contentar aqueles que não se conformam que os maiores personagens que já houve tenham reprovado o estado popular. Vejamos se a aristocracia é melhor que os outros, como muitos pensam. Pois se assim é que em todas as coisas a moderação é louvável, e que se deve fugir dos extremos viciosos, segue-se que se deve rejeitar esses dois extremos viciosos e adotar o meio-termo que é a aristocracia, na qual um certo número dos mais eminentes entre um e todos detém a senhoria soberana. Se houver, por exemplo, dez mil cidadãos, que se escolha cem, que será justamente o número proporcional entre um e dez mil, e que se faça aumentar ou diminuir o número segundo a quantidade de súditos. Fazendo assim manter-se-á o meio-termo louvável e desejado entre a monarquia e a democracia. Há outro argumento não menos eficaz para mostrar que o estado aristocrático é o melhor de todos: é que o poder de comandar com soberania deve ser conferido por razão natural aos mais dignos. Ora, a dignidade só pode existir na virtude, na nobreza, nos bens ou nos três juntos. Portanto, se queremos escolher um dos três ou reunir os três juntos, o estado será sempre aristocrático, pois os nobres, os ricos, os sábios, os homens valentes sempre compõem a menor parte dos cidadãos em qualquer lugar que seja. Logo, por razão natural, é preciso que a senhoria seja aristocrática quando alguns dos cidadãos ou a menor parte deles detém o estado, ou propriamente quando somente as melhores pessoas são aceitas.

O governo de uma República deve ser entregue àqueles que têm mais interesse na sua conservação

Ainda se pode dizer que a soberania deve ser conferida apenas aos mais ricos, por serem aqueles que têm mais interesse na conservação de toda República. É certo que os mais ricos têm mais interesse nisso, além do que eles carregam um fardo maior que os pobres, que, por não terem nada a perder, deixam a senhoria quando necessário. Esse foi o único motivo pelo qual Q. Flamínio[153] confiou a senhoria aos mais ricos nas cidades da Tessália, por serem aqueles, diz ele, que tinham mais interesse na conservação do

---

153 Lívio liv. 34.

estado. Ademais, parece que a necessidade nos leva ao estado aristocrático, pois embora no estado popular o povo, e na monarquia o monarca, aparentem deter a soberania, na realidade eles são obrigados a deixar o governo ao senado ou conselho privado, que delibera e no mais das vezes acaba por resolver os grandes negócios. Desse modo, o governo é sempre aristocrático. E se o monarca ou o povo são tão mal aconselhados a ponto de se governarem de outra forma que não seja por intermédio de um sábio conselho, nada se deve esperar além da ruína inevitável do estado. Deixo de lado as outras razões menos necessárias, que cada um pode deduzir, para concluir que a aristocracia é a República mais louvável.

No entanto, digo que todas as razões juntas não são suficientes, pois a moderação louvável que se procura não é real para que se divida as coisas pela metade, e mesmo nas virtudes ela reside somente na razão, como todos os filósofos estão de acordo. Ora, o meio-termo que se procura entre um e todos é real e nunca será semelhante, visto que há cidades que não têm nem mil cidadãos e outras que têm mais de trezentos mil, de modo que o estado aristocrático será sempre mutável e variável devido ao número incerto de cidadãos. Acontecerá que uma grande senhoria aristocrática terá mais senhores que o número de cidadãos do estado popular de uma pequena cidade. Se houver quatrocentos mil cidadãos, para manter a proporção razoável será preciso que haja quatro mil senhores. Por conseguinte, os inconvenientes que mencionamos no estado popular também existirão necessariamente no estado aristocrático devido à quantidade de senhores, pois quanto mais governadores houver, mais haverá facções e as deliberações serão mais difíceis de tomar e divulgadas mais cedo.

As aristocracias que têm menos senhores são as mais duráveis

É por isso que as senhorias aristocráticas que tiveram menos senhores foram muito mais duráveis e seguras, como os lacedemônios com trinta senhores e os farsálios com uma vintena mantiveram sua senhoria por muito tempo, e os outros não conseguiram que ela durasse muito. Portanto, não é o número médio entre um e todos que torna a moderação louvável, haja vista também que há tantas espécies de Repúblicas viciosas quanto louváveis.

Quanto ao outro ponto, que se deve conferir a soberania aos mais dignos, ele é muito verdadeiro, mas é um argumento feito mais para a monarquia do que para a aristocracia, pois entre os mais nobres, mais sábios, mais ricos ou mais valentes sempre há algum que supera os outros. A ele a soberania seria devida, pelo mesmo argumento, pois é impossível que sejam iguais em tudo e por tudo.

O senado só dá opinião

Quanto ao senado, mostramos que ele não tem nenhum poder de comandar em qualquer estado que seja, de outra forma ele perderia o nome e a marca de senado, que só é estabelecido para dar opiniões àqueles que detêm a soberania, aos quais pertence a resolução e decisão do conselho.

Argumento capcioso de Platão

Todavia, Platão tinha ainda outro argumento a favor do estado aristocrático, dizendo que era difícil encontrar um homem tão sábio e tão virtuoso quanto necessário para governar um estado, logo a monarquia não era segura. Mas pode-se usar argumento semelhante contra ele, pois se é difícil encontrar um Príncipe tão sábio como ele deseja, como se poderia encontrar um grande número deles, necessário numa senhoria?

O estado com poucos senhores é um estado com poucos tiranos

De fato, o gonfaloneiro Piero Soderini, ao falar ao povo de Florença contra o estado aristocrático, usou o mesmo argumento empregado por Mecenas diante de Augusto contra Marco Agripa, dizendo que o estado com poucos senhores é um estado com poucos tiranos, e que era melhor em todo caso ter somente um tirano. Afinal, se se quer dizer que entre vários haverá talvez um certo número de pessoas de bem, seria melhor escolher o estado popular, já que num número maior se encontrará mais virtuosos do que num número menor. Mas ambos são inúteis, pois em todas as senhorias aristocráticas e populares, como em todos os corpos e colégios, a parte maior sempre prevalece sobre a mais sã e melhor, e quanto mais homens há, menos efeito têm a virtude, a sabedoria e a prudência, assim como um pouco de sal num lago perde sua força. Desse modo, as pessoas de bem serão sempre vencidas em número por aqueles que são os mais viciosos e ambiciosos, e para cada tirano haverá cem que impedirão as resoluções da parte menor e mais sã.

Em todos os corpos, estados e colégios a maioria prevalece

É o que sempre se viu tanto nas dietas dos dez círculos da Alemanha quanto nas dietas imperiais, nas quais os Príncipes espirituais do Império, por serem em maior número, sempre estorvaram os Príncipes temporais, de modo que o imperador Carlos V obteve[154] por intermédio deles que o Império se declarasse inimigo da casa de França, o que não se havia visto há muitos séculos, para que os Príncipes temporais não tivessem nenhuma esperança de socorro da França em caso de necessidade, na qual incorreram logo depois.

Os Príncipes espirituais do Império são em maior número

Para resumir, sempre se viu que quanto mais cabeças há numa senhoria, mais disputas e menos resoluções. É por isso que a senhoria de Veneza, para evitar os inconvenientes que citei, deixa que todos os negócios de Estado sejam manejados por uma dúzia de pessoas, e no mais das vezes por sete, principalmente para manter os negócios secretos, no que reside a salvação e conservação do estado. Todavia, postulemos o caso em que o conselho privado na aristocracia seja tão secreto que nada seja divulgado: seria coisa muito difícil para poucos senhores manter seu estado contra todo um povo que não tem participação alguma nos estados honráveis, visto inclusive que os senhores desprezam ordinariamente o populacho e que os pobres sempre têm ódio capital dos grandes.

---

154 Em 1543.

O motivo que mais arruína as aristocracias

Tanto que, por causa da menor sedição dos senhores entre eles, que é inevitável se eles forem pessoas de fato e aguerridas, o mais deplorável e ambicioso passa para o lado do povo e arruína a aristocracia. Esse é o motivo que mais derrubou senhorias, como mostrei anteriormente: Gênova, Siena, Florença, Colônia, Zurique, Estrasburgo, Lindau e entre as dos antigos foceenses, sâmios, trezênios, anfipolitas, corcireus, cnídios, mitileneus e ostienses, nas quais o populacho expulsou, baniu, matou e pilhou os senhores.

Temor e desconfiança perpétua dos senhores no estado aristocrático

Por mais precauções que tomem, eles vivem sempre com desconfiança, e às vezes com tamanho temor que não ousam reunir-se senão em fortalezas, como na cidade de Benizenere, situada no reino de Telesin na Berbéria, os senhores permanecem todos na fortaleza, temendo que o povo avance sobre eles ou que um dos senhores mate seus companheiros. Do mesmo modo, os habitantes de Mileto, depois de ter expulso os dois tiranos, atracaram-se cruelmente, os grandes contra o povo miúdo, e por fim os ricos, tendo vencido os pobres, estabeleceram uma senhoria aristocrática. Porém, viviam com tal temor e desconfiança que embarcavam nos navios para reunir o conselho, temendo, diz Plutarco, serem surpreendidos e mortos pelo povo. Foi o que aconteceu com os senhores dos sâmios, que foram todos massacrados pelo povo enquanto estavam reunidos em conselho. Por causa desse temor os senhores não ousam aguerrir nem armar o povo, e não podem ir para a guerra sem correr o risco de perder o estado se perderem uma batalha. Tampouco podem recorrer a estrangeiros por medo de serem derrotados por eles. A esses perigos o estado popular não está sujeito, já que todos participam do estado. Portanto, a senhoria aristocrática corre perigo não só dos inimigos estrangeiros, mas também do povo que é preciso contentar ou reter pela força. Contentá-lo sem conceder-lhe participação nos estado é bem difícil, e é impossível admiti-lo nos cargos honráveis sem transformar o estado aristocrático em popular. Retê-lo pela força não é coisa segura, ainda que se pudesse fazer, pois é ostentar abertamente temor e desconfiança daqueles que se quer conquistar com benefícios e amizade. De outro modo, a mais ínfima guerra dos estrangeiros contra a senhoria ou dos senhores entre si fará com que o povo pegue em armas para livrar-se do jugo. Eis porque os venezianos, para manter seu estado aristocrático, concedem ao povo participação em alguns ofícios modestos, travam aliança com ele, tomam emprestado dele para obrigá-lo a manter o estado e desarmam-no completamente. E para torná-lo mais dócil e obediente, conferem-lhe plena liberdade de todas as espécies de prazeres, e dão às vezes direito de burguesia aos citadinos mais ricos.

Os meios que conservaram o estado de Veneza

Se entrarem em guerra contra o estrangeiro, eles se conciliam logo a qualquer preço, e sobretudo esforçam-se em extinguir repentinamente as parcialidades e ódios entre seus gentis-homens, o que faz com que os ricos, embriagados de prazeres, e os pobres, que têm meios de comerciar e exercer todas as artes mecânicas com a comodidade da localização marítima e fortaleza natural, não têm muito motivo e menos ainda poder para se rebelar. Eis os principais meios que mantiveram seu estado, depois de Deus, e não a natureza de aristocracia, como muitos pensam. Embora a natureza da localização de Veneza, o humor do povo, a prudência dos senhores e as leis sejam próprias do estado aristocrático, não faz mais de quatrocentos anos que eles instituíram essa forma de República. Mesmo assim, não puderam evitar várias guerras civis e as sedições boconienses, falerienses, tepolianas, bajamontanas, e as facções cruéis dos Justinianos, dos Scevolas, Selianos, Bassianos, o assassinato de dezoito duques e de grande número de senadores, como se pode ver nas suas histórias. Nisso se enganou Paul Jove, que sustenta que o estado dos venezianos durou oitocentos anos, e mais ainda Paulo Manuzio e Du Moulin, que dizem mil e duzentos anos. Pois verificou-se nos registros antigos da sua senhoria[155] que antes de Sebastiano Ziani, duque de Veneza em 1175, era uma verdadeira monarquia. No entanto, nunca houve aristocracia da qual tivéssemos conhecimento que tenha durado tanto. A maioria logo se transformou em tirania cruel ou democracia sanguinária, como mostramos no lugar apropriado. Para compreender isso num relance, citarei mais um exemplo, o do estado de Gênova, no qual, após celebrada a paz com os venezianos por intermédio da

---

155 Donato Gianotti, A República de Veneza.

proteção da França, logo depois os Adornes e Fregoses dividiram a senhoria, que então era aristocrática, em duas facções. Seguiram-se vários assassinatos dos seus líderes, de modo que o povo miúdo pegou em armas, liberou-se do jugo e retirou a senhoria aos gentis-homens.

O estado de Gênova e sua mudança

Com o passar do tempo, foi feita uma ordenança[156] segundo a qual ninguém poderia ser duque de Gênova se não fosse plebeu. Depois foi publicada uma outra ordenança que proibia que os gentis-homens tivessem mais que um terço dos outros ofícios. E logo depois, por alguma sedição, o povo expulsou totalmente a nobreza e elegeu oito tribunos. Depois de ter se desligado da proteção da França, elegeu como duque um tintureiro, que o rei Luís XII mandou enforcar quando retomou a cidade. Porém, depois que André Dória se revoltou e que podia dispor da República como quisesse, ele escolheu todos aqueles que tinham seis casas na cidade e alguns outros de nome e de marca, que não eram tão ricos, e distribuiu todos eles em 28 linhagens, chamadas de *alberghi*, dando-lhes qualidade de nobreza e o governo da senhoria. Ele afastou deste último o resto do povo, salvo dez plebeus nobres que eram nomeados a cada ano e aceitos entre os senhores. Todavia, isso não foi bem executado, de modo que, dos oitenta mil cidadãos que devia haver, havia somente mil e duzentos mais ou menos que tinham participação no estado. Desse número foi ordenado que, a cada ano, se faria um grande conselho de quatrocentos, que elegeriam o duque e os oito governadores, que são chamados de senhoria, para manejar todos os negócios de Estado durante os dois anos em que estivessem no cargo. Ou, então, se o assunto fosse de grande importância, seria reunido o senado de cem gentis-homens. Quanto ao duque, ele só podia ser eleito entre as famílias mais nobres e tinha uma guarda de quinhentos lansquenetes, além do general do exército e dos quarenta centenários. Deixo de lado os outros oficiais, como os procuradores da senhoria, o podestade, a Rota, os sete juízes extraordinários, os cinco síndicos, os censores e os oficiais da casa de São Jorge.

Dessa forma, o estado senhorial durou 44 anos sob a proteção da casa de Áustria, a partir do ano de 1528. Em 1549, João Flisco, eleito duque

---

156 Em 1506.

de Gênova depois de Benedito Gentil, quis perpetuar seu poder, e para consegui-lo esforçou-se para colocar novamente a senhoria de Gênova sob a coroa da França. Tendo já derrotado o exército de André Dória e matado seu sobrinho, ele caiu ao mar ao querer saltar de uma galera para outra, o que acabou por interromper seus planos. Depois disso a senhoria retomou a forma estabelecida por André Dória e continuou até o ano de 1574[157], quando ela foi dividida em duas facções, uma dos antigos e outra dos novos gentis-homens, que ainda estão em guerra civil. Os antigos, tendo sido expulsos pelos novos, apoderaram-se dos locais e fortalezas fora da cidade e correm o risco de arruinar tudo, ou pelo menos recair no estado popular, como fizeram em 1506. A sedição estourou por causa da condição de nobreza, pois depois que André Dória estabeleceu a senhoria, como eu disse, e fechou a entrada do ducado de Gênova aos plebeus, os nobres das antigas casas (que eram somente quatro, a saber, os Dórias, os Spinolas, os Grimaldi e os Fieschi) mandaram lavrar suas genealogias e registrá-las nos atos públicos, distinguindo-se por esse meio dos plebeus recém-enobrecidos. Estes, vendo-se em maior número e mais fortes, expulsaram os antigos, e se não entrarem em acordo o povo expulsará todos eles.

Mostrei acima que o grande conselho ou senado deve ser perpétuo na aristocracia, para que haja algum ponto firme e estável, sobre o qual a mudança anual de todos os oficiais possa repousar. Quanto ao duque, é difícil que ele usurpe a soberania com uma guarda de quinhentos homens, visto que ele fica dois anos no cargo. Acrescente-se também as facções que se formam para atingir esse grau de honra. Portanto, vê-se com evidência que o principal fundamento da aristocracia está na amizade mútua entre os senhores, pois se eles estão de acordo manter-se-ão e governarão muito melhor que o povo, mas se houver facção entre eles não há estado mais difícil de conservar, pelas razões que eu disse. O mesmo ocorre se os senhores forem aguerridos, pois as pessoas de guerra não têm maior desgosto senão pela paz. Não devemos nos espantar se a aristocracia dos venezianos, ragusanos e luquenses durou alguns séculos, visto que eles não se aplicam de modo algum às armas e não têm nada em mais alta conta que o comércio e o lucro.

---

157 [N.T.]: De acordo com tais datas, a duração da senhoria foi de 46 anos, e não 44 como disse Bodin algumas linhas acima.

Para ser breve, não há forma de aristocracia mais bela nem mais segura que aquela que escolhe os senhores pela reputação e pela virtude, ou pelo menos os que não são infames, quando isso se faz substituindo aquele que morreu por outro, colocado no seu lugar por eleição, como se faz em Genebra: se um dos conselheiros do conselho privado de 25 morre, o mais antigo dos 60 toma o seu lugar na maioria das vezes, embora isso seja feito por eleição; o mais antigo do grande conselho dos 200 acede ao conselho dos 60 e os duzentos elegem um dos mais honestos burgueses ou cidadão sem infâmia. Fazendo-se assim, o estado permanece com poucos senhores, e não obstante todos têm a esperança de aceder a ele, não por dinheiro nem por ambição, mas por honra e virtude. É a verdadeira aristocracia no sentido próprio do termo, e a que é menos sujeita aos perigos e rebelião dos senhores e dos súditos, pois essa senhoria observará muito bem as leis e distribuirá retamente a justiça. A condição é que eles se contentem com o seu estado e não tenham ambição de conquistar o estado de outrem, como fizeram os lacedemônios, pois é quase impossível que uma senhoria com poucos senhores possa adquirir ou manter um grande império, como pode fazer um monarca. Por isso não se deve temer tanto a ruína ou mudança de uma pequena senhoria como de uma grande e poderosa monarquia, que acarreta a ruína das mais ilustres famílias, e frequentemente dos aliados e Repúblicas vizinhas que estão sob proteção, assim como um edifício muito elevado obscurece a vista dos outros e, ao cair, arruína com seu peso aqueles que estão dentro e em torno dele, com um ruído terrível para quem ouve.

As incomodidades da monarquia

Eis as comodidades do estado popular e do aristocrático, e as incomodidades também. Resta agora falar da monarquia, que todos os maiores personagens preferiram às outras Repúblicas. Vemos, no entanto, que ela está sujeita a vários perigos, ainda que a troca do monarca seja de mal para bem ou de bem para melhor, mesmo que não houvesse outra coisa além da troca daquele que detém a soberania[158], que é de se temer em todas as Repúblicas, como mostramos acima. Pois ordinariamente se vê na troca dos Príncipes novos planos, novas leis, novos oficiais, novos amigos, novos inimigos, novos

---

158 Platão, Leis liv. 7

hábitos, nova maneira de vida, já que todos os Príncipes comprazem-se geralmente em mudar e agitar quase todas as coisas para fazer com que se fale deles. Isso traz amiúde grandes incomodidades, não somente para os súditos em particular, mas também para o corpo todo da República. Mesmo se isso não acontecesse e que o Príncipe fosse o mais sábio que se pudesse desejar, as alianças e tratados feitos com o predecessor chegam ao fim com ele, o que faz com que, findas as alianças, os Príncipes pegam em armas e o mais forte ataca o mais fraco ou lhe dá lei, o que não pode ocorrer nos estados populares e aristocráticos quando fazem aliança perpétua, visto que o povo não pode morrer. Isso faz com que os outros Príncipes e particulares prefiram sempre contratar com uma senhoria do que com um Príncipe, devido à segurança dos tratados e obrigações, que não forçam os sucessores dos Príncipes se aqueles não forem herdeiros destes, como muitos sustentam e praticam de fato.

O outro inconveniente da monarquia é o perigo de cair em guerra civil por causa da divisão daqueles que aspiram à coroa, sobretudo se houver direito de eleição, o que muitas vezes acarreta a ruína do estado. Mesmo no direito sucessório o risco não é pequeno se houver vários no mesmo grau, que às vezes se entrematam ou então dividem os súditos. Temos exemplos demasiados diante dos nossos olhos. Com frequência o sucessor legítimo é afastado por aquele que não é. Ainda que não haja discussão a respeito da sucessão, se o monarca for criança haverá divisão do governo entre a mãe e os Príncipes, ou entre os próprios Príncipes. Assim, Deus, para se vingar dos povos, ameaça dar-lhes como Príncipes crianças e mulheres[159].

Os tutores dos monarcas frequentemente se tornam senhores

Além disso, se a criança tiver um tutor, por ordenança do predecessor ou pelo costume, há o perigo de que este se torne senhor, como fez Trífon, que matou seu pupilo rei da Síria para tornar-se rei. Isso é ainda mais de se temer se o tutor desposar a mãe do pupilo, como fez Ludovico Sforza, que por esse meio mandou matar o jovem Príncipe e tornou-se duque de Milão. Embora, para evitar esse perigo, se entregue o governo ao mais próximo e a criação do filho à mãe, já se viu mães assassinas que venderam não somente

---

159 Isaías cap. 5.

o estado, mas também a vida dos seus filhos, como fez a mãe de Carilau rei da Lacedemônia[160]. Às vezes o tutor continua o governo e não deixa nada ao rei além do título, como fizeram o duque de Northumberland com o rei da Inglaterra Eduardo V e Apeles com o jovem Felipe rei da Macedônia[161]. Nesses casos, o rei não pode gozar do seu estado sem matar o seu tutor. Se o Príncipe assumir a coroa quando jovem e fora de tutela, o perigo não é menor, pois nesse momento em que ele deveria ter uma dúzia de sábios mestres para submeter à razão os seus apetites, que nessa época são mais violentos do que nunca, ele está completamente emancipado, o que faz ordinariamente com que a corte dos jovens Príncipes seja transbordante de loucuras, mascaradas e lubricidade, e o resto do povo segue o humor do Príncipe. Assim, para cada vício multiplicam-se dez, como dissemos anteriormente. Se o Príncipe for belicoso, porá em risco seus súditos, seu estado e sua pessoa para provar seu valor. E ainda que ele assuma o estado maduro e sábio, o que é mais raro e constitui o maior dom de Deus que um povo pode desejar, mesmo assim a infelicidade da soberania é que, no mais das vezes, os sábios se tornam tolos, os valentes se tornam covardes, os bons se tornam maus. Seria tempo perdido recitar os exemplos, que são demasiado frequentes. Em suma, se o Príncipe for sutil e maldoso, estabelecerá uma tirania; se for cruel, fará da República um açougue; ou então um bordel, se for devasso; ou ambas as coisas juntas. Se for avaro, arrancará o pelo e a pele dos súditos; se for pródigo, sugará o sangue e o tutano para satisfazer a uma dúzia de sanguessugas que haverá em torno da sua pessoa. E fará pior ainda se for tolo e ignorante, como dissemos no lugar apropriado. A tirania é ainda mais temível porque o tirano não tem nem mestre nem companheiro que possa opor-se a ele.

Eis os perigos da monarquia, que são grandes. Mas há muito mais perigo no estado aristocrático, e mais ainda no estado popular.

Comparação dos perigos

Pois os perigos que apresentamos cessam em sua maioria quando a monarquia é transmitida por direito sucessório, como diremos adiante. Mas as sedições, parcialidades e guerras civis são corriqueiras, quase contínuas e às

---

160 Plutarco, Licurgo.

161 Políbio liv. 5.

vezes até maiores por causa da disputa dos ofícios na República senhorial e na popular do que por causa do estado na monarquia, que não conhece sedição por causa dos ofícios nem do estado, senão após a morte do Príncipe, e com pouca frequência.

Comodidades da monarquia

Mas o principal ponto da República, que é o direito de soberania, não pode existir nem subsistir, propriamente falando, a não ser na monarquia, pois ninguém pode ser soberano numa República senão um só. Se forem dois, ou três, ou vários, nenhum deles é soberano, já que nenhum deles pode dar lei ao seu companheiro ou recebê-la dele. Ainda que se imagine que um corpo de vários senhores ou um povo detenha a soberania, ela não tem sujeito verdadeiro nem apoio se não houver um chefe com poder soberano para unir uns aos outros, o que não pode fazer um simples magistrado sem poder soberano. Se acontecer que os senhores ou as linhagens do povo estejam divididas, como ocorre com frequência, é preciso recorrer às vias de fato e à força, e pegar em armas uns contra os outros. Ainda que a maioria seja de uma opinião, pode acontecer num povo que a minoria tenha várias legiões e nomeie um chefe, opondo-se assim ao maior número e obtendo a vitória. Por isso, vê-se que as dificuldades que existem e sempre existiram nas Repúblicas populares e senhoriais quando uns e outros têm partidos contrários e devido à diversidade de magistrados: uns pedem a paz, os outros a guerra, uns querem esta lei, os outros aquela, uns querem este chefe, os outros aquele, uns querem tratar aliança com o rei da França, os outros com o rei da Espanha. São corrompidos ou atraídos para um lado e para o outro, e entram em guerra aberta, como se viu em nossa época nas Repúblicas dos Grisões. Além do mais, acontece às vezes, devido ao costume do país, que a lei, o Príncipe ou o magistrado não sejam aceitos se todos aqueles que votam não derem seu consentimento, como na Polônia, onde é preciso que a minoria mude de opinião e adira à força maior, ou inversamente. Por esse motivo, eles comparecem armados à praça para eleger o rei e forçar a minoria a consentir, o que não pode ocorrer ali onde há somente um chefe soberano, do qual depende a resolução de todas as coisas.

Nos estados populares e aristocráticos a parte mais sã é vencida pela maior, e na monarquia é o contrário

Além disso, no estado popular e no senhorial a maioria sempre prevalece, pois em toda parte os sábios e virtuosos estão em menor número, de modo que, no mais das vezes, a parte melhor e mais sã é obrigada a ceder à maioria devido ao apetite de um tribuno impudente ou de um discursador descarado. Porém, o monarca soberano pode unir-se à parte melhor e mais sã, e escolher os homens sábios e versados nos negócios de estado, ao passo que a necessidade no estado popular e no aristocrático obriga a aceitar no conselho e nos estados os sábios e os tolos juntos. Por isso, é impossível para o povo e os senhores comandar com poder soberano ou fazer qualquer ato que só possa ser feito por uma pessoa, como conduzir um exército e outras coisas semelhantes. Ao contrário, é preciso instituir para esse fim magistrados ou comissários, que não têm nem o poder soberano, nem a autoridade nem a majestade de um monarca. Por mais poder que tenham em virtude dos seus estados, os estados populares e aristocráticos, vendo-se em guerra arriscada contra os inimigos[162] ou contra si mesmos[163], ou com dificuldades para processar algum cidadão poderoso[164], ou dar cabo da peste[165], ou nomear os magistrados[166], ou alguma outra coisa de importância, nomeavam um ditador como monarca soberano, sabendo que a monarquia era a âncora sagrada à qual se devia necessariamente recorrer. *Trepidi patres*, diz Tito Lívio[167], *ad summum auxilium decurrunt, Dictatorem dici placet.* E quando Aníbal pressionava os romanos: *Ad dictatorem dicendum remedium jamdiu desideratum, civitas confugit*[168]. A razão era que eles consideravam o ditador como algum deus e seus mandamentos como oráculos: *Dictatoris edictum pro numine semper observatum*[169]. Até os inimigos que sitiavam a cidade de Roma abandonaram o cerco assim que souberam

---

162 Lívio liv. 3.

163 Lívio liv. 2.

164 Lívio liv. 7.

165 Lívio liv. 7.

166 Lívio liv. 4.

167 Lívio liv. 6.

168 Lívio liv. 22.

169 Lívio liv. 6.

que havia sido nomeado um ditador: *Tantus erat Dictatoris terror apud hostes, ut eo creato statim a moenibus discesserint*[170]. Pois com muita frequência os próprios cônsules e seus mandamentos eram espezinhados, e aqueles que haviam ofendido buscavam refúgio junto aos seus companheiros, ou seja, junto ao povo, a quem era levada a apelação. Ao ver isso o cônsul Ápio disse: *Minas esse Consulum non imperium, ubi ad eos qui una peccaverunt provocare liceat: agendum, Dictatorem, a quo provocatio non est, creemus*[171].

A impunidade dos vícios e o desprezo que tem o povo pelos magistrados no estado popular bastam para mostrar que é necessário para a conservação da sociedade humana ter monarcas, visto inclusive que os romanos, que por causa do erro de um Príncipe tinham horror de todos os reis, nomeavam um ditador para servir de chefe em todos os grandes assuntos. Os lacedemônios, em caso de necessidade extrema, também nomeavam um magistrado com poder semelhante ao do ditador[172], que eles chamavam de harmosto, e os tessálios tinham aquele que chamavam de arconte. Em caso semelhante os mitileneus instituíam seu grande esimneta, ao qual se pode comparar o grande provedor dos venezianos. Assim se vê à primeira vista que o poder soberano unido num único chefe é muito mais ilustre e tem maior efeito, e que o mesmo poder repartido em dois, três ou vários senhores, ou todo um povo, aniquila-se e perde sua força, assim como um feixe desatado e dividido em várias partes. É por isso que Tácito dizia que, para fazer grandes e belas façanhas, é preciso que o poder de comandar seja de um só personagem. A isso se refere o que disse Tito Lívio, que os três tribunos com poder consular mostraram bem que a força do comando atribuída a vários é inútil, principalmente para os feitos de guerra. Isso também foi mostrado por Aníbal, que enfrentou um exército de sessenta mil homens comandado por dois cônsules, Paulo Emílio e Terêncio Varrão; por Amorat contra os Príncipes cristãos na jornada de Nicópolis; e pelo imperador Carlos V contra os dois chefes dos protestantes. Não devemos nos espantar se o duque de Urbino, com muito poucas pessoas reunidas de improviso, enfrentou e resistiu firmemente a um exército poderoso conduzido por três capitães em chefe que não tinham hierarquia nenhuma entre si, a saber Renzo, Vitelli e Lourenço de Médici.

---

170 Lívio liv. 6.

171 Lívio liv. 2.

172 Dionísio de Halicarnasso liv. 6.

Opinião antiga dos povos da África

O historiador Leão d'África escreve que os povos da África têm por máxima indubitável que o Príncipe, ainda que seja fraco, sempre desafiará o exército mais poderoso se este tiver dois chefes. De fato, enquanto o rei da Lacedemônia Cleômenes deteve só o poder soberano ele obteve grandes e belas vitórias e nunca foi vencido. Mas depois de ter chamado de volta o rei que havia sido banido para lhe comunicar seu poder, logo depois foi derrotado e arruinado. Por essa causa Aristides o Justo, ao ser eleito capitão com Miltíades para comandarem o exército cada um num dia[173] (como também faziam os cônsules romanos), entregou todo seu poder ao seu companheiro, que obteve a vitória sobre os persas. Há mil exemplos semelhantes que nos mostram com evidência a necessidade não apenas de ter um único chefe na guerra, onde o perigo é maior, mas também de obedecer a um único Príncipe soberano na República, pois assim como o exército que tem vários generais é mal conduzido e no mais das vezes derrotado, assim também a República que tem vários senhores, por causa da divisão, ou da diversidade de opiniões, ou da diminuição do poder conferido a muitas pessoas, ou da dificuldade de entrar em acordo e decidir, ou porque os súditos não sabem a quem obedecer, ou porque são divulgadas as coisas que devem ser secretas, ou por causa de tudo isso junto.

Por conseguinte, quando escrevi anteriormente que é preciso, no estado bem ordenado, que o poder soberano seja de um só, sem que os estados tenham participação nem poder para lhe dar lei (senão nesse caso seria um estado popular e não uma monarquia), e que todos os sábios políticos, filósofos, teólogos e historiadores louvaram tanto a monarquia acima das outras Repúblicas, não é pelo prazer do Príncipe que se sustenta essa opinião, mas pela segurança e vida feliz dos súditos. Ao contrário, quando se limita o poder do monarca para sujeitá-lo aos estados do povo ou do senado, a soberania não tem fundamento seguro, mas forma-se uma confusão popular ou anarquia miserável, peste dos estados e Repúblicas. É preciso sopesar isso com cuidado e não se deter nos belos discursos daqueles que fazem crer aos súditos que é necessário sujeitar os monarcas ao povo e fazer com que os súditos deem a lei ao seu Príncipe, visto que isso é a ruína não somente das monarquias

---

173 Plutarco, Aristides.

mas também dos súditos. É mais estranho ainda que muitos pensem que o Príncipe está sujeito às suas leis, ou seja, sujeito à sua vontade, da qual dependem as leis civis que ele faz, coisa totalmente impossível por natureza. Sob esse pretexto e opinião mal digerida eles fazem uma mistura e confusão das leis civis com as leis da natureza, e de ambas com as leis de Deus. Assim, quando o Príncipe proíbe que se mate, roube ou devasse, eles pensam que é a lei do Príncipe. Porém, como esclareci bastante este ponto anteriormente, não entrarei em detalhes. Basta no momento ter apontado que a monarquia pura e absoluta é a República mais segura e sem comparação a melhor de todas.

Nisso muitos se enganam ao pensar que a senhoria aristocrática é melhor porque vários senhores têm mais juízo, sabedoria e conselho que um só. Afinal, há grande diferença entre conselho e comando. O conselho de vários cérebros bons pode ser melhor do que de um, como se diz que vários veem melhor do que um só. Mas para resolver, concluir e comandar um fará sempre melhor do que vários, e aquele que tiver digerido de maneira madura as opiniões de cada um tomará a resolução sem debate, o que muitos não fazem facilmente. Acrescente-se que a ambição é tão natural entre os senhores iguais em poder que sempre há um que preferiria ver perecer a República a reconhecer outro mais sábio do que si. Os outros percebem isso, mas a vergonha os impede de mudar de opinião por temerem perder um ponto sequer de sua reputação, de modo que é necessário que haja um Príncipe soberano que tenha poder para resolver e decidir as opiniões do conselho. Afinal, é impossível que a República, que tem um só corpo, tenha várias cabeças, como disse o imperador Tibério ao senado. De outro modo não seria um corpo, mas um monstro hediondo com várias cabeças. Porém, diz-se que os novos Príncipes buscam as novidades. Isso pode ser dito de alguns, que, para dar prova do seu poder, fazem leis com razão e sem razão. Todavia, isso é incomparavelmente mais frequente nos estados populares e aristocráticos, pois os novos magistrados, renovados com tanta frequência e que tolhem os reis nessas Repúblicas, ficariam muito decepcionados se o seu ano houvesse passado sem que tivessem feito falar deles, para o bem ou para o mal. De fato, vê-se mais leis publicadas em Roma e em Atenas do que se fez no mundo todo, pois acontecia sempre que uns desfaziam por inveja o que outros tinham feito, e todos o faziam, como foi dito, para serem falados e roubar a honra dos seus companheiros em detrimento da República.

Para evitar esses inconvenientes e ambições insaciáveis, é preciso impedir, nos estados populares e aristocráticos, que o édito ou ordenança leve o nome do magistrado, como se fazia em Roma e em Atenas, o que era causa de tantas leis. Dizer que os tratados e alianças morrem com o Príncipe não é sempre o que acontece, pois pode ocorrer que as alianças contenham cláusula expressa de duração durante a vida dos Príncipes e alguns anos após sua morte. É o que sempre se fez nos tratados entre a casa de França e os senhores das ligas, que sempre valeram durante a vida dos reis e cinco anos depois. Além disso, mostramos acima que é conveniente que as alianças não sejam perpétuas, e por esse motivo as senhorias e Repúblicas limitam amiúde os tratados a um certo tempo. Quanto às obrigações e tratados de paz, é costume, para assegurá-los, fazer com que passem pelos estados ou sejam publicados pelas Cortes soberanas, e frequentemente fazer com que obriguem em particular os maiores senhores, embora haja muito mais segurança em matéria de obrigações e de promessas quando são feitas por um Príncipe e não por um povo.

As leis da honra são mais recomendadas para um monarca do que para um povo

Isso porque as leis da honra são muito mais recomendadas para um Príncipe soberano do que para uma multidão de artesãos ou mercadores, que são reis em nome coletivo e nada em particular. Quanto aos distúrbios decorrentes do governo de um jovem rei, ocorrem talvez uma vez a cada cem anos, mas para eleger um gonfaloneiro de Gênova por apenas dois anos a República toda entra em combustão. Pôr na balança as crueldades e roubalheiras de um tirano como contrapeso dos bons Príncipes não faz sentido. Pois bem se sabe que uma aristocracia pacata e conduzida tão sabiamente quanto possível vale mais que uma cruel tirania, mas aqui se trata de saber se é melhor ter um rei justo e íntegro do que vários bons senhores, se a tirania de cinquenta tiranos não é mais perigosa que a de um tirano só e se não há muito mais perigo nos estados populares e aristocráticos do que na monarquia. Indo mais além, é certo que a monarquia tirânica às vezes é mais desejável que a democracia ou a aristocracia, por melhores que elas sejam, pois se vários mestres pilotos, por mais sábios que sejam, impedem-se mutuamente porque todos querem segurar o leme ao mesmo tempo, assim farão vários senhores que querem todos governar ao mesmo tempo uma República, ainda que sejam sábios e virtuosos.

A monarquia é natural

Embora não seja preciso insistir muito para mostrar que a monarquia é a mais segura, visto que a família, que é a verdadeira imagem da República, só pode ter um chefe, como mostramos, e que todas as leis da natureza nos levam à monarquia, vemos ainda que este pequeno mundo tem um só corpo e para todos os membros um só chefe, do qual depende a vontade, o movimento e o sentimento; que este grande mundo tem um só Deus soberano; que, erguendo os olhos para o céu, enxergamos um único sol; e que até os animais sociáveis não toleram vários reis ou vários senhores, por melhores que sejam. É o exemplo que usou Suleiman rei dos turcos[174], avô do atual, ao ouvir as altas aclamações e gritos de alegria que proferiu todo o exército ao sultão Mustafá, seu filho, que retornava da Pérsia. Isso fê-lo morrer de inveja, e ele mandou estrangular seu filho na sua antecâmara, e logo depois jogá-lo morto diante de todo exército, e mandou proclamar que só havia um Deus no céu e um sultão na terra. Dois dias depois ele mandou matar o sultão Gobé, por ter pranteado seu irmão, e o sultão Mehmet III, por ter fugido de medo, e permaneceu sozinho para evitar os inconvenientes de vários senhores.

Exemplo das maiores monarquias do mundo

Vemos que todos os povos da Terra, já há muito tempo e quando eram guiados por uma luz natural, não tiveram outra forma de República além da monarquia, a saber os assírios, medos, persas, egípcios, hindus, partos, macedônios, celtas, gauleses, citas, árabes, turcos, moscovitas, tártaros, poloneses, dinamarqueses, espanhóis, ingleses, africanos, perusinos. Entre eles nunca se ouviu falar em aristocracia, e menos ainda em estado popular. Do mesmo modo, todos os antigos povos da Grécia e da Itália, antes de serem depravados e corrompidos pela ambição, só tiveram reis e monarcas, a saber os atenienses, lacedemônios, coríntios, aqueus, siciônios, candiotas, sicilianos, etíopes, latinos e etruscos, que floresceram em armas e em leis por

---

174 Em 1552.

quatrocentos, quinhentos, seiscentos, setecentos anos, alguns por oitocentos ou novecentos anos e outros por mil e duzentos ou mil e trezentos anos. Contudo, há quem se espante que o estado popular dos romanos, as senhorias da Lacedemônia e de Veneza tenham durado quatrocentos anos mais ou menos. E com razão se espantam ao ver duas ou três repúblicas, entre cem outras, durarem alguns séculos, visto que tinham sido estabelecidas contra o curso e a ordem da natureza. Mas ver várias monarquias grandes e poderosas durarem mil ou mil e duzentos anos no mesmo estado não espanta, visto que isso se faz segundo as retas leis da natureza.

Embora os romanos tivessem horror dos reis, muitos desejavam sê-lo em particular. De fato, antes que Augusto nascesse, soube-se pelos oráculos[175] que a natureza logo geraria um grande monarca dos romanos. Por esse motivo, o senado ordenou que todos os meninos que nascessem naquele ano seriam mortos. Mas em particular cada qual impediu que o decreto fosse levado ao templo de Saturno, porque, diz a história, cada qual esperava que seu filho fosse monarca. Também os Príncipes da Pérsia, reunidos para deliberar qual forma de República era a melhor, decidiram que era a monarquia. A mesma questão foi posta em deliberação por Augusto entre seus amigos, porque ele só queria viver em paz e deixar o estado. No entanto, foi decidido que a monarquia era incomparavelmente a mais segura, e o efeito trouxe a prova, pois antes os romanos não haviam podido viver dez anos sem guerra civil ou alguma sedição, e Augusto os manteve quase cinquenta anos em boa paz, que continuou por muito tempo depois de sua morte.

Ora, a experiência é senhora de todas as coisas e é como a pedra de toque que resolve todas as disputas que podem ocorrer. Assim, os capadócios, tendo perdido seu rei, foram convidados pelos romanos a adotar o estado popular, mas recusaram e pediram um rei. Os romanos deram-lhes poder para escolher um e eles elegeram Ariobarzanes, o que fizeram por ver as calamidades das Repúblicas populares. Enfim, se procurarmos a autoridade, veremos que os maiores personagens que já existiram sustentaram que a monarquia é a melhor, a saber Homero, Heródoto, Platão[176], Aristóteles[177], Xenofonte[178], Plutarco,

---

175 Suetônio, Augusto.

176 No Político.

177 No último livro da Metafísica.

178 Na Ciropédia.

Fílon[179], Apolônio, São Jerônimo, Cipriano, Máximo Tírio e vários outros[180]. Até na lei de Deus[181] está dito que, quando o povo nomear um rei, como os outros povos, ele não tomará um estrangeiro, o que mostra não somente que Deus aprova a monarquia, ensinando ao rei como se deve governar, mas também que os outros povos daquela época só tinham monarcas, como diz Samuel[182]. Por isso ele nomeou Moisés rei do seu povo, pois ele é chamado assim na lei de Deus[183]. E embora Deus tenha governado seu povo por algum tempo sem rei, enviando-lhe sempre por favor especial alguns capitães, que a Escritura denomina os messias e favores[184], como príncipes dos juízes para libertá-los da sujeição aos seus vizinhos, nunca houve forma de aristocracia nem de estado popular. Ao contrário, eles ficaram por muito tempo sem nenhum Príncipe ou magistrado[185] e foram guiados somente pela graça de Deus, que por esse motivo eles chamam de seu rei.

Monarquia aprovada pela lei de Deus

Desde o seu retorno da Babilônia eles sempre foram sujeitos aos reis da Pérsia, do Egito ou da Síria, até que os asmonianos descendentes de Aarão (que haviam se rebelado contra Antíoco, o Nobre, rei da Síria) se tornaram pontífices e reis soberanos, depois sujeitados pelos romanos. Quanto ao senado, que era composto por 71 pessoas, sendo o rei a 72ª, a maioria da linhagem de Davi, eles quase não cuidavam de outra coisa senão julgar as causas de grande importância, como as do grande pontífice ou de uma linhagem, ou os crimes de lesa-majestade e dos falsos profetas. Por essa causa chamavam-se apenas juízes. O intérprete caldeu[186] diz que eles também tinham poder para fazer ordenanças, mesmo sob os reis, mas isso não implica nenhum poder soberano. É verdade que o rabino Maimônides, que os chama de doutores

---

179 No De creatione regis.

180 Bártolo, Tractatus de regimine civitatis nu. 10.

181 Deuteronômio 17.

182 Samuel 1 cap. 12.

183 Deuteronômio 33.

184 Jeremias e Samuel 1 cap. 12.

185 Juízes cap. 19 e último.

186 *Ad Hieremiam* e *In Pandectis Hebraeorum libro Sanedrim* cap. 2 e 3.

ou informadores, diz que eles também tinham poder para instituir 23 juízes criminais, chamados juízes das almas, e sete juízes para as causas civis, chamados juízes dos bens, em cada cidade, além de dez juízes para a polícia, entre os quais havia um sacerdote, ou, como diz Josefo, dois levitas assessores para cada magistrado e três outros árbitros, dos quais as partes escolhiam um cada uma e os dois eleitos nomeavam o terceiro. Quis detalhar isso para refutar a opinião daqueles que quiseram sustentar, com Josefo, o historiador[187], que os hebreus adotaram a forma aristocrática, tomando os 71 por senhores soberanos. Herodes, o Velho, filho do capitão Antípater, mandou matá-los todos porque eles o haviam condenado à morte e teriam mandado matá-lo se não fosse pelo favor de Hircano rei e pontífice, que lhe concedeu indulto ou seja o que for que sustou o decreto do senado[188]; mesmo assim, depois ele matou seu salvador. Isso mostra que o senado não tinha poder soberano e que não se tratava de uma senhoria aristocrática.

Parece-me que essas razões, entre muitas outras que não é preciso citar em detalhe, são suficientes para mostrar que, entre as três espécies de República legítima, a reta monarquia é a mais excelente, e entre as desregradas a democracia é a mais viciosa. A monarquia legítima, como um corpo forte e poderoso, pode facilmente se manter, mas o estado popular e a aristocracia, por serem fracos, débeis e sujeitos a muitas doenças, devem ser governados por dieta e regime. Como não está sempre ao alcance dos homens sábios e entendidos nas coisas da República escolher a melhor ou afastar a pior, é preciso nesse caso obedecer à tempestade, baixar as velas e jogar fora as coisas, ainda que sejam preciosas, para salvar o navio e chegar ao porto, e pouco a pouco conquistar os maiores para transformar o estado de mal para bem, ou de bem para melhor. Mas se não se tem muita certeza de conseguir, não se deve fazer a tentativa, como fez Díon, que arruinou a tirania de Siracusa para transformá-la subitamente numa aristocracia seguindo o conselho de Platão. Não conseguindo fazê-lo, ele foi morto e o estado se transformou num populacho turbulento, incomparavelmente mais miserável do que sob a tirania. O mesmo fizeram os pitagóricos, que se esforçaram de repente para transformar os estados populares da Itália em puras aristocracias, sem ter a força em mãos, e foram todos mortos ou banidos. Isso é tanto mais

---

187 *Antiguidades dos judeus liv. 6 cap. 6.*

188 Josefo, Antiguidades dos judeus liv. 14 cap. 5 e 16.

difícil quando o estado popular ou a tirania de um ou de vários senhores são incuráveis. Então não se deve tentar nada se não se tiver muita certeza de conseguir. Ao contrário, é preciso esperar que os tiranos tenham subido no mais alto precipício e no local mais escorregadio para que sejam precipitados com a primeira tormenta ou que caiam por si mesmos. De outra forma, se continuarem vencedores daqueles que tiverem atentado contra suas pessoas, eles estabelecerão uma tirania invencível.

É insuportável o tirano que escapou das mãos dos conjurados

Afinal, o tirano que escapou das mãos dos conjurados torna-se tão furioso quanto a besta selvagem que vê seu sangue. Temos exemplos até demais: sem ir mais longe, viu-se Cosme de Médici (que os banidos de Florença chamavam de tirano, embora ele fosse considerado pelos outros um Príncipe bom e sábio) construir suas fortalezas e aumentar sua monarquia com a ruína daqueles que tinham conjurado contra sua vida e seu estado. Não obstante, nenhuma conjuração obteve o efeito desejado. Acrescente-se que a tirania é muito mais insuportável se o tirano for um grande latifundiário, pois sendo esfomeado ele rói os súditos sem cessar, e se for cruel ele logo os esgota, enquanto o monarca rico e poderoso tem com o que saciar seus apetites, e se for cruel ele temerá que haja num povo numeroso alguém que se vingue.

Os súditos são felizes sob um grande monarca

Portanto, assim como os súditos são felizes sob um monarca grande e poderoso, se ele tiver um mínimo de justiça diante dos olhos, assim também um pequeno estado convém a uma senhoria aristocrática e mantém com mais felicidade os súditos do que um tirano pobre. É por isso que vemos que dezoito Repúblicas das ligas aristocráticas e populares – sem incluir os Grisões, que ocupam um comprimento de Genebra até Constança de somente duzentos e quarenta mil passos e uma largura de cento e sessenta mil desde os Alpes até o monte Jura, e a maioria da região é coberta de rochas – mantiveram seus súditos por muito tempo com bastante felicidade. Mas se cobiçarem um estado alheio, perderão logo o seu. Ao contrário, quanto mais a monarquia é grande, mais ela é bela e florescente, e os povos são felizes e vivem em paz assegurada. Se acontecer que ela seja dividida em democracias ou aristocracias, ou em várias pequenas tiranias, os povos são tiranizados, ou entram em sedição entre si, ou em guerra contínua contra seus vizinhos. Portanto, como a monarquia é a mais segura de todas as formas de República, e entre as monarquias a real é a mais bela, vejamos se é melhor que ela seja transmitida por direito sucessório ou por eleição.

Capítulo V

Que a monarquia bem ordenada e real não se transmite por escolha, nem por sorteio, nem por linhagem feminina, mas é transmitida por direito sucessório ao varão mais próximo do ramo paterno, e sem partilha

Não basta dizer que a monarquia real e legítima é melhor que a democracia ou a aristocracia se não se disser monarquia transmitida por direito sucessório ao varão mais próximo do nome, e sem partilha. Pois embora a monarquia legítima seja sempre preferível às outras Repúblicas, entre as monarquias aquela que vem por direito sucessório aos varões do nome, mais próximos e sem partilha, é muito mais louvável e mais segura que as outras que vêm por sorteio ou por escolha, ou então ao varão que não é o mais próximo, ou que é o mais próximo mas do lado materno, ou que é o mais próximo do ramo paterno mas que deve a seus coerdeiros partilha de toda a monarquia ou de parte dela. É preciso esclarecer isso por razões necessárias e por exemplos para refutar a opinião que muitos imprimem aos súditos de outrem e, por esse meio, entretêm rebeliões para mudar as monarquias bem ordenadas e sacudir céu e terra.

O véu das rebeliões contra os Príncipes

Tudo isso se faz sob o véu da virtude, da piedade e da justiça. Há até quem ouse publicar livros e sustentar contra seu Príncipe natural que assumiu a coroa por sucessão legítima que o direito de escolha é melhor na monarquia. É o que se fez na Inglaterra em 7 de setembro de 1566, quando a rainha assistiu à disputa dos acadêmicos em Oxford, o que espantou os senhores que estavam presentes e ouviram essa nova doutrina de acadêmicos. O pior é que das palavras passa-se às prédicas públicas, e depois às armas. E quem é aquele que não seria enganado ao ouvir alguém que detesta as crueldades e as exações de um tirano, mas não leva em conta nem a honra de Deus, nem a verdade, nem a justiça? Que expulsa as pessoas de bem e se une aos malvados, e que acrescenta no fim esta exclamação: "Como é feliz a monarquia na qual os estados do povo escolhem um rei justo e reto, que teme Deus acima de tudo, que honra a virtude, que estima os bons, que castiga os vícios, que outorga a recompensa justa às pessoas de bem e a pena aos maus, que tem horror dos bajuladores, que mantém sua fé e suas promessas, que bane as sanguessugas da corte e os inventores de novas exações, que poupa o sangue dos súditos como o seu próprio, que vinga as injúrias de outrem e perdoa as suas, e sobretudo que tem a religião de honra diante dos olhos". Tendo colocado tais elogios como o contrapeso de uma tirania repleta de todos os vícios, de repente o populacho bota na cabeça que não há nada mais feliz do que a monarquia transmitida por eleição. E não somente os simplórios e pouco entendidos na ciência política, mas até aqueles que são considerados os mais versados enganam-se com frequência e se deixam iludir, tomando apenas o bem aparente de um lado e ignorando os absurdos e incômodos inumeráveis que existem do outro lado. Até mesmo Aristóteles é da opinião que se deve eleger os monarcas e chama de bárbaros os povos que adotam os reis por direito sucessório. Por esse motivo ele julga os cartagineses mais felizes que os lacedemônios porque estes adotavam seus reis por sucessão de pai para filho e aqueles os elegiam.

Opinião de Aristóteles contrária a todos os povos

Portanto, seria preciso chamar de bárbaros os assírios, medos, persas, egípcios, asiáticos, partos, hindus, africanos, turcos, tártaros, árabes, moscovitas, celtas, ingleses, escoceses, franceses, espanhóis, perusinos, númidas, etíopes e infinitos outros povos que têm reis apenas por direito sucessório. Na própria Grécia, que é o país de Aristóteles, vemos que os atenienses, lacedemônios, siciônios, coríntios, tebanos, epirotas e macedônios tiveram reis por direito sucessório legítimo durante mais de seiscentos anos, até que a ambição os cegasse a ponto de transformar os reinos em democracias e aristocracias. O mesmo aconteceu na Itália, onde os etruscos e latinos tiveram reis passados de pai para filho durante vários séculos. E se a humanidade e a brandura da vida não existirem entre tantos povos, onde a encontraremos? Será apenas na Polônia, na Dinamarca ou na Suécia? Cícero disse[189] que a humanidade e a honestidade tinham tido origem na Ásia Menor e de lá tinham se comunicado a toda a Terra. Todavia, os povos da Ásia não tinham outros reis a não ser por sucessão de pai para filho, ou para o mais próximo. De todos os antigos reis da Grécia vemos somente Timondas que foi eleito rei dos coríntios e Pítaco em Negroponte.

Quando o nome e a linhagem real se extinguiam, muitas vezes o mais forte ou o mais hábil tomava o lugar, como aconteceu após a morte de Alexandre, o Grande, que era descendente da casa de Hércules em linha direta e dos reis da Macedônia, que tinham reinado por quinhentos anos. Então seus tenentes se fizeram reis: Antípater da Macedônia, Antígono da Ásia, Ptolomeu do Egito, Nicanor das altas províncias, Lisímaco da Trácia. E não há um único que tenha se tornado rei por eleição. Assim, os próprios gregos seriam bárbaros, na opinião de Aristóteles, embora a palavra "bárbaro" fosse usada antigamente sem contumélia para indicar aqueles que não falavam a língua do país. Até os hebreus chamavam os outros povos de bárbaros, como observou muito bem o rabino David Kimhi a respeito do Salmo 114, no qual

---

189 *Ad Quintum fratrem*, epístola 1.

os egípcios, que César, Heródoto e todos os antigos sempre consideraram os espíritos mais sutis do mundo todo, são chamados de bárbaros: עמלעז[190].

O estado em pura anarquia

Porém, em todas as monarquias eletivas há um perigo que sempre surge.

Distúrbios que costumam decorrer das eleições

É que depois da morte do rei o estado fica em pura anarquia, sem rei, sem senhor, sem governo, e exposto ao risco da sua ruína como o navio sem patrão, que pode naufragar com o primeiro vento.

Homicídios dos Príncipes eleitos

Enquanto isso, os ladrões e assassinos matam como querem, com esperança de impunidade, como sói acontecer depois da morte dos papas, dos reis de Túnis e dos sultões do Egito, pois houve um que cometeu cinquenta homicídios e ainda obteve indulto dos papas ou, seja como for, permaneceu impune. De fato, foram executados dois em Roma em 1522, um dos quais se chamava Pai Nosso e o outro Ave Maria, que tinham assassinado em diferentes ocasiões cento e dezesseis homens, como foi provado. A primeira coisa que se costuma fazer quando o trono está vago é romper as prisões, matar os carcereiros, soltar os culpados e vingar suas injúrias por todos os meios. Isso continua até que o colégio dos cardeais chegue a um acordo sobre o sucessor. Aconteceu certa vez que o trono ficou vago por dois anos e quatro meses, após a morte de Clemente V, e outra vez por dez anos, depois da eleição do duque da Saboia apelidado Félix. Com frequência foram eleitos dois ou três papas e outros tantos imperadores, e logo depois o Império ficou vago por um ano, dois ou até dezoito, depois que o imperador Guilherme conde da Holanda foi morto, embora os eleitores tivessem oferecido o Império ao rei da Espanha Alfonso X, que não o quis devido ao risco evidente que havia em assumir o cargo de um estado exposto ao querer dos súditos, à inveja dos Príncipes e à violência dos mais fortes. Enquanto isso, os maus transbordam de licenciosidade.

---

190 [N.T.]: A transcrição feita por Bodin está incorreta, mas em hebraico "bárbaros" se diz ברברים (pronuncia-se *barbarím*).

Para remediar isso, os polacos, que elegem os reis, dobram as penas para os delitos ocorridos durante a eleição do rei, e o pecado venial é julgado capital, como aprendi com o senhor Zamoski polaco, embaixador na França. Também lemos que, durante as eleições dos sultões do Egito, o povo pobre e as melhores cidades de todo o país eram saqueadas pelos mamelucos. Se disserem que nesse ínterim se estabelecerá um governador, digo que não haverá menos dificuldade nisso do que em nomear um rei. Mas postulemos o caso em que isso se faça sem oposição, sem reunir os estados, aos quais cabe nomear o governador – quem será garante de sua fé? Quem o impedirá de usurpar o estado ao tê-lo em seu poder? Quem o desarmará se ele agir assim? Viu-se como se portou Gustavo, pai de João rei da Suécia, que de governador se fez rei sem esperar a eleição. E se deixarem o governo ao senado, como se faz na Polônia e se fazia antigamente em Roma, o perigo não é menor que, nesse ínterim, os mais fortes apoderem-se das fortalezas, como fizeram Pompeu Colonna e Antonello Savelli, que tomaram o Capitólio gritando ao povo romano "Liberdade!". No entanto, as guerras civis e sedições são inevitáveis, não somente entre os povos guerreiros, mas também entre os eclesiásticos, e nunca foi possível nomear estes últimos sem que vinte e dois papas tivessem a cabeça cortada[191] e vários fossem expulsos do seu trono.

Vários papas e imperadores foram mortos e envenenados por causa das eleições

Até na igreja primitiva, em 356, foram mortas seiscentas pessoas na cidade de Roma por ocasião da eleição de Damásio e Ursicino. Por essa causa o concílio geral de Laodiceia[192] proibiu ao povo a eleição dos ministros e prelados. De fato, os dois bispos Atanásio e Agostinho nomearam seus sucessores. Quanto às guerras dos romanos e depois dos alemães ocorridas por causa das eleições dos imperadores, todas as suas histórias estão cheias delas, nas quais cada um pode ver o lamentável espetáculo das cidades saqueadas, das províncias pilhadas e saqueadas por uns ou por outros. Há ainda outro inconveniente, que é que o mais belo domínio público é transformado em particular, como aconteceu com o domínio de São Pedro e com o Império da

---

191 Segundo os registros do Vaticano.
192 August. Epístola 110; Teodorito, História eclesiástica liv. 4 cap. 20.

Alemanha, pois os Príncipes eleitos, sabendo que não poderão deixar o estado para seus filhos, tiram proveito do público por vendas e doações.

O domínio dissipado pelos Príncipes eleitos

Como Raul imperador isentou do Império todas as cidades da Toscana a preço de dinheiro, também Roberto imperador deu três cidades imperiais a seu filho, Henrique I ocupou a Saxônia, Frederico II isentou Nuremberg, Oto III isentou Isne, Luís da Baviera fez o mesmo com a cidade de Egre, Henrique V vendeu tudo o que pôde e Carlos IV, não podendo pagar cem mil escudos que havia prometido a cada um dos eleitores, vendeu-lhes todos os tributos do Império para eleger seu filho imperador, como de fato foi, e logo depois alijado por aqueles mesmos que o tinham eleito. Tendo assim cortado os nervos mais fortes da República, todo o corpo do Império ficou tão fraco que Carlos duque da Borgonha entrou em guerra contra os Príncipes da Alemanha.

Ainda há um ponto a se ponderar: é que um homem de baixa extração que acede repentinamente ao mais alto grau de honra pensa ser algum Deus na Terra. Como dizia o sábio hebreu, não há nada mais insuportável que o escravo tornado senhor. Por outro lado, o amor do pai pelo filho é tão ardente que o pai revirará o céu e a terra, se tiver poder, para deixar a coroa ao seu filho. Todavia, esses não são os maiores inconvenientes, pois é preciso necessariamente escolher um Príncipe estrangeiro ou que seja do país. No entanto, se a monarquia for transmitida por escolha, cada um quererá aspirar a ela, e entre vários iguais é impossível que não haja grandes facções, que dividirão os súditos e os tornarão partidários. Ainda que eles não sejam iguais nem em virtude nem em bens, eles presumirão ser iguais e não quererão obedecer uns aos outros, como diz Tácito que aconteceu na Armênia, onde os senhores não quiseram rei que fosse do país. O mesmo ocorreu recentemente na Polônia, onde o senado proibiu todos os do país de fazer parte dos candidatos.

A inveja inevitável entre senhores iguais

Como ouvi do senhor Horbort, um dos 13 embaixadores da Polônia. Os mamelucos, depois de terem matado vários sultões, e não podendo tolerar que um dentre eles fosse maior que os outros, enviaram embaixadores a Câmpson rei da Caramânia para que ele fosse sultão do Egito. Os Príncipes da Alemanha agiram amiúde dessa forma depois de vários assassinatos dos imperadores do país, até escolher Guilherme conde da Holanda, Henrique conde do Luxemburgo, ou mesmo o rei da Inglaterra e depois o rei da Espanha. Às vezes os Príncipes estrangeiros não aceitam, como Alfonso X rei da Espanha, que recusou a coroa imperial, que permaneceu vaga por dezoito anos, como eu disse, e Sigismundo I rei da Polônia, que recusou os reinos da Hungria, Boêmia e Dinamarca ao ser convocado pelos estados. Também Luís XII recusou a senhoria de Pisa e os antigos romanos recusaram, diz Apiano, vários povos que queriam submeter-se à sua obediência.

Ou, então, se o Príncipe estrangeiro aceita o estado e depois recebe um maior, ele será obrigado a abandonar o primeiro, como fez Luís rei da Hungria, que tinha sido eleito igualmente rei da Polônia e retornou imediatamente à Hungria, deixando um lugar-tenente. Afinal, a razão quer que cada um seja mais atencioso com os seus do que com os estrangeiros. Não que ele tivesse que ser alijado do reino, como se quis fazer contra todo direito e razão depois de alguns dias, embora não houvesse nem cláusula nem condição que dissesse algo sobre a ausência. Como os estados da Polônia tinham transferido todo o direito real para aquele que haviam eleito, eles não podiam revogá-lo, visto que não havia contravenção alguma ao tratado, ao qual não se pode apor condição, não mais do que à doação perfeita e consumada. Acrescente-se que os imperadores de Roma e depois os da Alemanha, eleitos da mesma forma que os da Polônia, governaram por muito tempo os impérios por intermédio de lugares-tenentes.

Ou, então, se o Príncipe estrangeiro mantiver ambos os estados, o que ele não pode fazer com facilidade se não for vizinho próximo, quem duvida que ele não fará um só reino dos dois se puder? Ou que não fará de um principado aristocrático uma reta monarquia? Temos o exemplo de Carlos V imperador, que teria transformado a aristocracia dos alemães num reino e teria chamado seu filho Felipe à Alemanha para fazer dele rei dos alemães se o rei da França não tivesse rompido seus planos. E se o Príncipe estrangeiro não puder unir o estado de outrem ao seu, ele fará do outro uma herdade do seu enquanto viver e tirará dele todo o proveito que puder para servir ao seu. Ou então fará com que os grandes senhores consintam com que ele mantenha a faculdade de escolher aquele que tiver nomeado, a quem dará favores, como os reis de Túnis quase sempre fizeram.

Ou pelo menos tirará alguma obrigação para servir aos seus filhos ou parentes próximos, como fez Lancelot rei da Boêmia e da Hungria, filho de Alberto, irmão de Frederico III imperador. Quando ele morreu sem filhos, os estados da Hungria elegeram Matias Corvino, filho de Huniad, porque sempre pretenderam que o direito de eleição lhes pertencia e que a sucessão pelo mais próximo não vogava. Frederico, parente próximo, que havia anteriormente obtido a promessa de ser rei da Hungria, quis adentrar o país, e o teria feito se Matias não lhe prometesse por tratado expresso que não se casaria, para que o reino coubesse a Frederico ou a seus filhos. Todavia, depois da morte de Matias sem herdeiros de seu corpo, os estados da Hungria elegeram Lancelot rei da Polônia e da Boêmia, sem levar em conta as convenções e tratados feitos com Frederico. Isso foi causa de uma guerra intensa pelo reino da Hungria, que só pôde chegar ao fim quando os maiores senhores e barões da Hungria declararam que o reino seria sucessivo por obrigação expressa e que, ocorrendo a morte de Lancelot, Maximiliano, filho de Frederico, sucederia ao reino, como aconteceu. Porém, como os estados pretenderam ter o direito de eleger governadores e que Ferdinando queria usurpar o governo da Hungria e a guarda de seu jovem sobrinho, o povo da Hungria e a própria irmã de Ferdinando preferiram submeter-se ao jugo do turco. Desse modo, o povo da Hungria, para conservar o direito de eleição, caiu na servidão perpétua de um Príncipe, perdendo não apenas o direito de eleição, mas correndo também o risco de perder suas leis e religião, pois todos os Príncipes estrangeiros têm o costume de mudar o quanto podem as leis, costumes e religião do país. Essa parece ter sido a principal causa pela qual Deus proibiu ao seu povo de escolher um Príncipe estrangeiro[193].

Todavia, em matéria de eleição, tendo sido feita abertura a vários candidatos, se for questão de força os mais malvados e cautelosos ou os mais temerários sempre arriscarão tudo para conseguir. E se o mais virtuoso for eleito, sua vida corre perigo por parte dos outros candidatos mais poderosos.

---

193 Deuteronômio 17.

Homicídios dos Príncipes eleitos

Foi o que se viu na Alemanha de trezentos e sessenta anos para cá, desde que a monarquia é transmitida por eleição: oito ou nove imperadores foram mortos ou envenenados, entre outros Guilherme de Holanda, Raul, Alberto, Henrique VII, Frederico II, Luís da Baviera, Carlos sobrinho de Henrique Gonthier, além daqueles que foram alijados vergonhosamente do trono imperial. De 15 sultões que foram eleitos reis do Egito, houve sete assassinados, a saber Turqueman, Melaschal, Cothos, Baudocader, Mehmet, Cercasse e Giapalat. Entre os imperadores romanos, depois da morte de Augusto, houve sete em seguida que foram massacrados, envenenados ou sufocados, e três num mesmo ano. Com muita frequência os soldados matavam os imperadores para que novos fossem eleitos, somente na esperança de receber dons e presentes. Mas aquele que era eleito pelo senado sempre desagradava as legiões, e muitas vezes cada exército nomeava um imperador, de forma que, durante algum tempo, houve trinta imperadores romanos eleitos em diversos lugares, entre eles uma mulher, e o Império todo esteve em guerra e combustão para saber quem prevaleceria.

O meio de assegurar o Império de Roma e o da Alemanha

Não havia segurança nenhuma no estado se o filho legítimo ou adotivo não sucedesse ao pai sem eleição, como Tibério, Tito, Trajano, Adriano, Antonino Pio, Marco Aurélio e Cômodo. E se o imperador não desse ordem de adotar um sucessor, caso não tivesse filhos, a República sempre recaía em guerras civis. Por esse motivo o imperador Adriano, temendo que o estado fosse transmitido por eleição, adotou Antonino Pio e fez com que ele adotasse Marco Aurélio e Aélio Vero, seguindo nisso o exemplo de Augusto, que para evitar as guerras que ocorrem por causa das eleições adotou seus dois sobrinhos-netos, e depois da morte deles adotou Tibério, depois de ter adotado também Germânico. Aqueles que eram adotados dessa forma eram chamados de príncipes da juventude e de Césares. Com o passar do tempo foram chamados de reis dos romanos, a fim de que se assegurasse um sucessor.

Desse modo, Henrique III fez eleger seu filho enquanto ainda vivia, e este adotou seu neto. Carlos IV também fez eleger seu filho, que teve seu irmão Sigismundo por sucessor, o qual adotou seu genro Frederico III, ao qual sucedeu seu filho Maximiliano. Embora os estados do Império tivessem então o trono imperial vago e vários grandes príncipes competidores, eles julgaram que o neto de Maximiliano, Carlos V, merecia ser eleito por ser o mais próximo. É o que sempre se fez na Polônia, Tartária, Boêmia, Hungria, Dinamarca e Suécia, onde os estados reivindicam direito de eleição, para que o direito sucessório suprima a oportunidade das guerras civis. Por esse motivo Sigismundo Augusto rei da Polônia, último da casa de Jagellon, que tinha apenas duas irmãs, reuniu os estados para indicar um sucessor, após ter unido o ducado da Lituânia ao reino da Polônia. Mas os estados não quiseram consentir, temendo perder o direito de eleição ou que lhes fosse outorgado um rei contra sua vontade. Quase ao mesmo tempo o Parlamento da Inglaterra se reuniu em Londres no mês de outubro de 1566 e nessa ocasião os estados apresentaram requerimento à rainha para prover um sucessor para a coroa a fim de evitar, como eles disseram, os perigos evidentes nos quais o reino incorreria se não estivesse provido. Eles estavam decididos a não falar de subsídio nem de coisa alguma se isso não fosse decidido. Embora a rainha tenha se zangado com esse requerimento, dizendo que queriam cavar sua cova antes que ela morresse, ela prometeu seguir o conselho dos mais sábios do seu reino.

Ao extinguir-se a linhagem dos reis é preciso prover um sucessor

Afinal, o reino transmitido por direito sucessório, como sempre foi o reino da Inglaterra, é provido por escolha quando não há parente próximo nem do lado paterno nem do lado materno. Então é necessário prover antes que isso aconteça, de outro modo o estado corre forte risco de se arruinar.

O ducado de Milão foi desmembrado depois que a linhagem dos viscondes se extinguiu

Foi o que aconteceu com o estado de Milão em 1448 depois da morte de Felipe Maria, último varão da casa de Langlerie, que havia dominado Milão por quatrocentos anos por direito sucessório. Então o povo, vendo-se em plena liberdade sem senhor, decidiu instituir o estado popular, arrasou o castelo Jove, queimou o testamento do último duque, escolheu doze senadores e, depois de ter eleito capitão-geral Carlos de Gonzaga, cometeu um cruel morticínio de todos aqueles que seguiam o partido de Francisco Sforza, que aspirava à soberania por ter desposado a bastarda de Felipe, o último duque, e por tê-la adotado. Ao mesmo tempo, Frederico III exigia o ducado por ser feudo atribuído ao Império por falta de varões. Por outro lado, Carlos de Orléans pretendia que o ducado lhe pertencia por causa de sua mãe Valentina, irmã legítima e natural do último duque. Durante suas querelas, os venezianos pescaram em águas turvas, como costumam fazer, e tomaram Cremona, Laude e Piacenza, membros do ducado de Milão. O duque da Saboia tomou Novarra e Verseil, Sforza tomou Pavia e Tortona, Carlos de Orléans tomou Ast. E o povo de Milão, não sabendo a quem recorrer, entregou a cidade de Milão aos venezianos. Por fim, todos os Príncipes cristãos entraram em guerra por esse estado porque o último duque não proveu sucessor como deveria. Por força do que havia sido decidido no tratado de casamento entre Luís duque de Orléans e Valentina, ele não chamou seu sobrinho Carlos de Orléans para adotá-lo e criá-lo junto de sua pessoa, mas o estrangeiro Sforza, que era o primeiro gentil-homem de sua casa.

É costumeiro que as monarquias só passem a ser transmitidas por escolha quando o monarca morre sem herdeiros e não nomeia sucessor. Assim, o reino da Alemanha passou a ser transmitido por escolha na época em que Henrique Passarinheiro, duque da Saxônia, foi eleito, pois antes ele coubera por direito sucessório a Carlos, filho de Luís rei da Alemanha, segundo filho de Luís, o Piedoso. Por isso as histórias da Alemanha[194] começam a contar os anos do Império a partir desse Carlos filho de Luís, que morreu sem filhos, embora os alemães não estejam de acordo nesse ponto, pois uns citam como primeiro imperador Arnolfo, outros dizem que a eleição como é hoje só começou em 1250 e que antes os Príncipes temporais e espirituais tinham direito de eleger quando eram apenas 54.

---

[194] Funccius em 1481.

Rejeitado o erro daqueles que pensam que o reino da França era transmitido por eleição

Alguns dizem que os reis da França eram eletivos e que antigamente o reino era transmitido por escolha, o que teria sido feito sob as linhagens dos merovíngios, dos carolíngios e dos Capetos. Quanto à primeira linhagem, Agathius, autor grego inconteste que escreveu no ano 500, disse que os francos, que haviam escolhido a melhor forma de República possível e com isso tinham superado todos os seus vizinhos, só tinham reis por direito sucessório. O mesmo autor diz em outro lugar que Teodeberto, filho de Dietrich ou Teodorico e neto de Clóvis, embora ainda estivesse sob a tutela de um pedagogo, foi chamado à coroa segundo a lei e o costume do país. Outro autor muito antigo, Cedreno, que escreveu em 1058, na época de Felipe I rei da França, diz também que os francos só tinham reis por direito sucessório, segundo um antigo costume deles. Com isso ele mostra que as três linhagens de reis da França usaram o direito sucessório. E se aconteceu que Carlos e Carlomano, filhos de Pepino, tenham sido eleitos pela nobreza, como foram[195], só foi para assegurar seu estado e calar a boca daqueles que restavam da casa de Meroveu, como em caso semelhante fizeram às vezes os da casa de Capeto, que haviam alijado os da casa de Carlos Magno. O próprio Odeto se fez eleger pelos barões na ausência de Carlos, filho de Luís, o Gago, em 1388, e algum tempo depois, em 1425, Raul, filho do duque da Borgonha, também se fez eleger para alijar Carlos, o Simples, do qual Herbert conde do Vermandois havia arrancado uma abdicação em favor de Raul. Como havia muitos que exprimiam sorrateiramente a falta que sentiam da raça do santo Arnolfo, do qual descendia Carlos Magno, eles faziam coroar seus filhos enquanto viviam, como fez Hugo Capeto com seu filho Roberto e este com Henrique I, até que uma das filhas de Balduíno conde da Holanda e regente da França, que descendia da filha mais velha de Carlos de Lorena, foi casada com o rei da França Felipe I e foi mãe de Luís, o Gordo. Então o desgosto que se tinha ao ver a linhagem do santo Arnolfo privada da coroa da França foi apaziguado e os fogos da alegria foram acesos.

Se havia argumento pelo qual se podia presumir que o reino da França era eletivo, seria a forma que se conserva na sagração do rei da França, antes

---

195 Animo liv. 4 cap. 7.

que seja levado a prestar o juramento. Os bispos de Laon e de Beauvais erguem o rei do seu trono e perguntam ao povo que está presente se o aceita como rei. Tendo recebido o consentimento de toda a assistência, o arcebispo de Reims recebe dele o juramento. Nisso aqueles que escreveram que o reino da França é transmitido por escolha não prestaram atenção, não mais que na forma de eleger o rei (se isso se deve chamar eleição) que ainda se vê na biblioteca de Beauvais e que tenho também por extrato da biblioteca de Reims. Ela merece ser transcrita para encerrar as disputas daqueles que escreveram sobre ela sem consultá-la. O livro de Reims, muito antigo e escrito à mão, contém estas palavras: *Liber Juliani ad Ervigium*[196] *Regem. Anno M.D.VIII. indiction. XII. Henrico regnante XXXII. et IV. Cal. Junii in die Pentecostes, Philippus Rex hoc ordine in majore Ecclesia ante altare sanctae Mariae a venerabili Archiepiscopo consecratus est inchoata Missa antequam epistola legeretur. Dominus Archiepiscopus vertit se ad eum, et exposuit ei fidem Catholicam, sciscitans ab eo utrum hanc crederet, et defendere vellet: quo annuente, delata est eius professio, quam accipiens ipse legit, dum adhuc septennis esset, eique subscripsit: erat autem professio eius haec.*

Forma de eleição simulada de Felipe I rei da França

EGO PHILIPPUS Deo propiciante mox futurus Rex Francorum, in die ordinationis meae promitto coram Deo, et sanctis eius, quod unicuique de vobis commissis canonicum privilegium, et debitam legem, atque justitiam conservabo, et defensionem adjuvante Domino, quantum potero, exhibebo, sicut Rex in suo regno unicuique Episcopo, et Ecclesiae sibi commissae per rectum exhibere debet: populo quoque nobis credito me dispensationem legum, in suo jure consistentem, nostra auctoritate concessurum. Qua perlecta, posuit eam in manus Archiepiscopi, antestante Archiepiscopo Suessionensi, etc.

Eleição dos reis fingida pelos arcebispos de Reims

Vinte bispos e vários abades são citados, e depois: *Accipiens Archiepiscopus baculum sancti Rhemigii, disseruit quiete, et pacifice, quomodo ad eum maxime pertineret electio Regis, et consecratio, ex quo sanctus Rhemigius Ludovicum*

---

196 Parece que se deve ler Errigium regem, pois os antigos e ainda hoje os picardos dizem Errigium, como também fazem os alemães.

(ele se refere ao rei Clóvis) *baptisavit et consecravit. Disseruit etiam, quomodo per illum baculum hanc consecrandi potestatem, et totum Galliae Principatum Ormisdas Papa sancto dederit Rhemigio: et quomodo Victor Papa sibi, et Ecclesiae suae concesserit. Tunc annuente patre eius Henrico, elegit eum in Regem post eum. Legati Romanae sedis, cum id sine Papae nutu fieri licitum non esset dissertum ibi sit, honoris tamen, et amoris gratia tum ibi affuerunt legati Lotarius Sol. Archiepiscopi, Episcopi, Abbates, et Clerici, Dux Aquitaniae, filius, et Legatus Ducis Burgundiae, Legati Marchionis, et legati Comitis Andegavensis: post Comites Vadensis, Vermadensis, Ponticensis, Suessionensis, Arvernensis. H. de illa Marchia, Vicecomes Lemovicensis: post, Milites, et populi tam majores, quam minores, uno ore consentientes laudaverunt, ter proclamantes, laudamus, volumus, fiat.* Aqueles que sustentaram que os reis eram eleitos pelos estados não levaram em conta que o arcebispo de Reims pretendia que esse direito lhe pertencia privativamente com exclusão de todos os outros, como fica claro nesse ato. No entanto, seria coisa impossível e incompatível com a fé e a homenagem que os arcebispos de Reims prestam ao rei da França.

Lemos também que Carlos, o Simples, foi eleito e sagrado rei por Fulcon arcebispo de Reims sem levar em consideração a eleição do rei Odeto feita pelos barões deste reino. Quando o rei Odeto queixou-se disso, o arcebispo lhe escreveu que ele não deveria achar ruim que o arcebispo tivesse eleito Carlos, o Simples, porque ele tinha esse poder e não era costume dos franceses elegerem reis que não fossem de sangue real. Guitald transcreve a epístola de Fulcon na íntegra. Nisso fica claro que, se alguma vez houve direito de eleição, ele pertencia ao arcebispo de Reims, ou pelo menos que este estava na posse dele, e não obstante que não se podia eleger rei fora dos príncipes do sangue. Porém, para mostrar que o direito da coroa cabia ao varão mais próximo do sangue e do nome, fica claro não somente pela autoridade desses que citei acima, mas também na guerra sangrenta e cruel entre Lotário, Luís e Carlos, o Calvo, provocada pelo fato de que o pai havia dado a melhor parte e o trono imperial do Ocidente ao primogênito Carlos, o Calvo, quando todos os três eram reis soberanos. Como Henrique I rei da França, filho mais novo de Roberto, tinha sido eleito pelo pai e seu irmão mais velho o duque de Borgonha tinha sido alijado, por temer que os filhos de seu irmão quisessem disputar a coroa e levar a França à guerra civil (como houvera entre ele e seu irmão), assim que seu filho Felipe fez sete anos Henrique obteve que ele fosse coroado rei da

França. Mesmo assim, muitos sustentam que Roberto era o filho mais novo de Henrique, e o antigo historiador Glaber é dessa opinião, dizendo que a mãe favorecia o mais novo. Mas não há nenhuma forma de eleição, a não ser que se queira sustentar que ela pertence ao arcebispo de Reims.

Contudo, fez-se saber o contrário na sagração de Luís, o Gordo, que foi sagrado pelo arcebispo de Sens na cidade de Orléans. Além disso, o arcebispo de Reims pretendia ter recebido esse direito dos papas, que não o detinham, como tampouco detinham direito ao Império, que submeteram às eleições, como o doutor Alberico[197] escreve que os papas, intrometendo-se nos assuntos alheios, fizeram ordenanças sobre o estado dos Príncipes contra toda equidade, obrigando o Imperador a prestar juramento de fidelidade e atribuindo para si o poder de depô-lo, assim como todos os outros reis. O sr. Le Cirier, conselheiro no Parlamento, homem de honra e de saber, não pôde suportar isso pacientemente e aprovou a opinião de Alberico no livro que escreveu: *De jure primogeniturae*. Ele mostra pela própria decretal do papa Inocêncio *in cap: per venerabilem, qui filii sint legitimi* que o rei da França não reconhece nada depois de Deus maior do que si mesmo. É por isso que se diz neste reino que o rei nunca morre, o que é um provérbio antigo que mostra bem que o reino nunca foi eletivo e que o cetro não é devido ao Papa, nem ao arcebispo de Reims, nem ao povo, mas apenas a Deus. Por isso houve um advogado, dos mais famosos de sua época, que, para servir sua causa, disse ao arguir que o povo da França tinha dado o poder ao rei, e alegou a lei I. *de constitution. princip. ff.*, na qual está dito que *lege Regia quae de eius Imperio lata est, populus est, populus ei, et in eum omnem suam potestatem contulit*. As pessoas do rei levantaram-se de repente e pediram à Corte em plena audiência que tais palavras fossem riscadas da sustentação, observando que nunca os reis da França obtiveram seu poder do povo. A Corte proibiu o advogado de usar novamente tais palavras, e depois ele nunca mais defendeu causa alguma, como todos sabem no palácio.

No entanto, os inconvenientes que mencionei não se referem àqueles que devem eleger, e estes não são menores que os outros, pois se o povo todo for admitido só haverá sedições, assassinatos e facções, e se houver apenas um estado, os outros ficarão descontentes. Não obstante, o meio mais conveniente que se encontrou para evitar os assassinatos que eram

---

197 No seu dicionário, no verbete "eleição".

cometidos foi reduzir os eleitores do Império para sete Príncipes e os eleitores do Papa ao colégio de cardeais. Embora o número de eleitores seja pequeno, por estarem divididos eles foram a causa de várias guerras civis, como se pode ver nas histórias da Alemanha que Luís da Baviera e Alberto da Áustria foram ambos eleitos imperadores e fizeram guerra por oito anos um contra o outro, arruinando as cidades, castelos e vilarejos dos seus partidários. Em caso semelhante, os cardeais, que eram somente doze depois da morte do papa Clemente IV, levaram três anos para chegar a um acordo, e enfim elegeram o arquidiácono de Leode, que depois foi nomeado Gregório X, quando estava em Jerusalém. Por esse motivo, ele fez várias ordenanças a respeito da eleição, mas conseguiu impedir que depois os eleitores escolhessem três papas de uma vez, e muitas vezes dois. Desse modo, fica-se obrigado a trancá-los e fazê-los morrer de fome se dois terços não estiverem de acordo, o que é observado ainda mais estritamente para eleger o grão-mestre da ordem de São João, pois os 24 eleitores nomeados pelo colégio dos cavaleiros são emparedados e precisam eleger alguém que não pertença a esses 24 no curto prazo que lhes é concedido.

Homicídios e envenenamentos por causa das eleições dos papas

Também se viu as facções, disputas e assassinatos ocorridos por causa das eleições dos bispos neste reino. No mais das vezes, aquele que era o mais vicioso e o mais ignorante vencia, como o chanceler Du Prat observou quando se tratou de verificar no Parlamento a concordata feita entre o rei Francisco I e Leão X. Esse é o motivo pelo qual os bispos e abades na Moscóvia são sorteados[198]. Não obstante, a única desculpa que se tem para sustentar as eleições é dizer que os mais dignos são escolhidos para ser imperadores, papas, bispos, prelados. Refiro-me às histórias, que dizem exatamente o contrário, e que não há mais viciosos do que a maioria daqueles que são escolhidos. Não é preciso verificar isso por meio de exemplos. No entanto, se o direito sucessório tivesse sido aplicado, Nero, Heliogábalo, Oto, Vitélio e outros monstros da natureza nunca teriam acedido ao Império dos romanos, e Augusto, Trajano,

---

[198] Sigismundo, História da Moscóvia.

Adriano e os dois Antoninos teriam sido alijados dele. Ainda que sempre se elegesse os Príncipes bons e virtuosos, a dificuldade de conseguir fazê-lo e os inconvenientes que se apresentam de todos os lados bastam para impedir que as monarquias sejam transmitidas por escolha enquanto o direito sucessório puder ser aplicado.

Se a linhagem dos monarcas se extinguir e o direito for transferido aos estados, nesse caso é muito mais seguro proceder por sorteio após escolher os mais dignos ou aqueles que são iguais em nobreza, em virtude ou em poder, para que um deles seja sorteado, em vez de se lançar numa eleição. A condição é que Deus seja invocado, observando-se a forma dos antigos hebreus, que diziam: "O Senhor Deus dá a sorte"[199], para que todo encanto ou sortilégio seja afastado. Assim, o grande Samuel, quando foi necessário nomear um novo rei, mandou reunir todo o povo e foi tirada a sorte entre as doze linhagens. Tendo sido sorteada a linhagem de Benjamim, sorteou-se entre as famílias de Benjamim. E na família de Cis a sorte caiu sobre Saulo, que Samuel havia anteriormente sagrado por ordem de Deus, para que não se pensasse que o reino havia sido transmitido fortuitamente. Mas depois que a monarquia foi estabelecida, sempre se observou a prerrogativa do direito sucessório sem recorrer a eleições nem a sorteios. Assim também fizeram os sete maiores Príncipes da Pérsia.

Os primeiros reis foram sorteados pela lei de Deus, seus filhos acederam por direito sucessório

Não basta que o direito sucessório seja aplicado, é preciso ainda que o mais próximo do monarca suceda, quero dizer, entre os varões do seu nome, o que significa, propriamente falando, o primogênito, por ser o primeiro oriundo dele. A ordem da natureza quer que o primogênito seja o primeiro a seguir os passos de seu pai e que os outros o sigam cada um na sua vez, por conseguinte, que ele seja preferido aos outros. Pode-se dizer que essa lei é natural e sempre foi comum a quase todos os povos.

---

199 Samuel liv. 2 cap. 14.

O direito sucessório do primogênito
é comum a todos os povos

Assim, Perseu dizia[200] que, pelo direito da natureza comum a todas as nações e pelo costume observado inviolavelmente no reino da Macedônia, o primogênito sucedia ao reino. Pela mesma razão, diz Diodoro[201], Alexandre, o Grande, obteve o diadema no lugar de todos os seus irmãos, como também se fazia no reino da Pártia, onde os primogênitos da casa do primeiro rei Arsaces e os mais próximos do seu sangue sucediam conforme, diz Justino[202], o costume dos partos. Igualmente entre os hebreus o reino da Judeia foi entregue a Jeorão porque, diz a Escritura[203], ele era o primogênito. Até Heródoto[204], o mais antigo de todos os historiadores gregos, diz que geralmente, em todos os reinos, o costume queria que o primogênito tivesse o cetro e o diadema por direito sucessório. E mais de quatrocentos anos antes de Heródoto, como diz Messala Corvino no livro dedicado ao imperador Augusto, Ilo foi preferido para suceder ao reino no lugar do seu irmão mais novo Assáraco. Acontecia também nas Índias Ocidentais que os mais velhos recebiam os reinos em detrimento dos mais novos. Quando o capitão espanhol Francisco Pizarro conquistou o reino do Peru, ele mandou executar o rei Atabalipa, e todos os povos se regozijaram ao ver morrer aquele que havia mandado matar seu irmão mais velho para ser rei contra o costume do país, pois seu pai, que tinha duzentos filhos, quis, conforme deixou em testamento, que seu filho mais velho Gaca sucedesse ao reino sem divisão. E ainda que os filhos sejam gêmeos, a prerrogativa do reino é reservada ao primogênito. Sobre isso se fundava o duque da Albânia, irmão gêmeo de Jaime rei da Escócia, ao dizer que haviam lhe retirado seu direito, e Jaime sustentava o contrário, que ele era o primogênito.

---

200 Lívio, Belli Macedonici liv. 10.

201 Diodoro liv. 16; Justino liv. 7.

202 Liv. 24.

203 Paralipômenos liv. 2 cap. 21.

204 Liv. 7.

Litígio acerca do direito de primogenitura entre dois filhos gêmeos de Jaime rei da Escócia

Todas as vezes em que se quis forçar e violar esse direito natural, seguiram-se grandes distúrbios e guerras civis, como ocorreu com o reino de Alba, invadido por Amúlio, que era devido a Numitor, o primogênito, e com o rei da Judeia Aristóbulo, que foi alijado por sentença de Pompeu, o Grande, para pôr fim às guerras e sedições, e o reino foi restituído ao seu irmão mais velho Hircano sem levar em consideração o que dizia Aristóbulo, que seu irmão não era versado nas armas nem apto a governar um reino.

Homicídios e guerras civis por ter preferido o mais novo ao mais velho

Esse é um pretexto que os pais ou os partidários usaram às vezes para fazer recair a coroa sobre a cabeça dos mais novos, como fez Ptolomeu primeiro do nome, rei do Egito, que preferiu o mais novo ao mais velho contra o direito das gentes, diz Justino, e por essa causa um matou o outro. No mesmo reino, Ptolomeu, apelidado *physcon* (que significa morcela na língua egipcíaca), preferiu, a pedido de sua esposa Cleópatra, o mais novo ao mais velho. Porém, depois da morte do pai, o povo chamou de volta o mais velho e expulsou o mais novo, como diz Pausânias[205]. Em caso semelhante, Anaxandrides rei da Lacedemônia preferiu Dorieu a seu irmão mais velho Cleômenes, porque ele era mais gentil. No entanto, a história diz[206] que o povo se queixava por ter sido coisa feita contra o direito das gentes. E embora o rei Pirro dissesse que ele queria que aquele dentre os seus filhos que tivesse a espada mais cortante lhe sucedesse, mesmo assim o mais velho, que era menos valente, venceu, pois, por mais ousadia, gentileza, beleza ou sabedoria que o mais novo tenha a mais que o mais velho, o pai não deve se permitir preferir o mais novo ao mais velho. Foi o que fez o pai de Atreu e Tiestes, que quis preferir o mais novo por ser este mais entendido nos negócios de estado, e disso se seguiram cruéis tragédias. Houve outros ainda mais imprudentes que investigaram as natividades dos seus filhos para dar o reino àquele que os astros favorecessem,

---

205 Liv. 1.
206 Heródoto liv. 4.

como Alfonso X rei de Castela, que por esse meio quis preferir o mais novo ao mais velho. Mas este matou o mais novo e fez o pai morrer na prisão.

Sem ir mais longe, viu-se este reino todo inflamado com guerras civis porque Luís, o Piedoso, a pedido de sua segunda mulher, havia preferido Carlos, o Calvo, a seu irmão mais velho Lotário. É por isso que o papa Pio II nunca quis dar consentimento aos pedidos do rei Carlos VII, que queria preferir seu filho mais novo Carlos a Luís XI, embora o rei tivesse tido motivo para fazê-lo, visto que Luís XI havia tentado duas vezes retirar a coroa e arrancar o cetro de seu pai sem razão alguma. É verdade que Luís XI era muito afeiçoado aos papas, a ponto de recrutar um poderoso exército com o qual derrotou os suíços na Basileia e perseguiu o concílio que havia excomungado o papa Eugênio e declarado-o indigno do papado. Depois, no entanto, com a ajuda de Luís XI ele se restabeleceu à força e excomungou todos os cardeais, bispos e arcebispos que haviam participado do concílio, e depois reinou por quinze anos sem absolver aqueles que havia excomungado, por causa da excomunhão que havia sofrido. Em caso semelhante, Gabriel, o mais novo da casa de Saluces, pôs seu irmão mais velho na prisão alegando que ele era insano, como se faz às vezes nas mais ilustres casas da Alemanha. Porém, assim que o mais novo morreu, o mais velho saiu da prisão e colocou nela sua mãe, que tinha favorecido o mais novo.

Pouco importa que a covardia ou frouxidão de caráter devessem impedir o mais velho de suceder à coroa, pois mesmo se o mais velho for malformado não se deve por isso retirar-lhe a prerrogativa de primogenitura à coroa, embora a República tenha interesse notável em ter reis que não sejam malformados. Licurgo e Platão quiseram que se prestasse muita atenção nisso. Licurgo quis até que se matasse as crianças malformadas. No entanto, a lei de Deus[207] resolveu essa dificuldade e não quis que o mais novo fosse preferido ao mais velho por qualquer favor que fosse.

O mais velho preferido ao mais novo pela lei de Deus

Isso não deve ocorrer somente quando se trata de direito de primogenitura, mas também quando o varão mais próximo do ramo paterno deve suceder à coroa, embora seja malformado, pois por causa de um inconveniente não se

---

207 Deuteronômio 21.

deve infringir uma boa lei, a fim de que não se dê essa abertura tão perigosa para as monarquias. De fato, isso foi julgado no reino da Hungria pelos estados do país contra a disposição do rei Lancelot, que, por não ter filhos, adotou Alme, filho mais novo de seu irmão, para torná-lo rei, e enviou Coloman, seu irmão mais velho, para estudar em Paris. Depois mandou que entrasse para as ordens sacerdotais e lhe deu um bispado, para retirar-lhe toda esperança de suceder à coroa, porque era vesgo, corcunda, manco e gago. Não obstante, os estados expulsaram o mais novo e não quiseram outro rei senão o mais velho, que foi chamado de volta, dispensado das ordens e casado. Em caso semelhante, Agesilau, o Manco, após ter mandado expulsar Leotiquides por ser bastardo de Alcibíades, sucedeu ao reino, não como filho, mas como o mais próximo do ramo paterno e do sangue de Hércules, perseguindo Lisandro, príncipe do mesmo sangue. Este depois se esforçou para fazer publicar um édito segundo o qual o mais próximo não sucederia ao reino, mas o mais capaz seria eleito, porém não encontrou ninguém que compartilhasse sua opinião[208].

Alguns quiseram adjudicar os reinos aos mais novos se os mais velhos não fossem filhos de reis, como foi julgado no caso de Xerxes, que foi declarado rei contra seu irmão mais velho Artabazan, filho de Dário, antes que o reino da Pérsia coubesse a ele. Isso fazia muito sentido visto que o reino havia sido transmitido recentemente a Dário por sorteio. Porém, se o reino foi transmitido por sucessão dos antepassados, é preciso sempre que o mais velho ou o mais próximo do ramo paterno suceda. Essa distinção anula a pergunta feita na época de Bártolo, como ele diz na lei *imperialis, de nuptiis C.*, quando se perguntava se o filho de Felipe de Valois, nascido antes que ele fosse rei da França, seria rei, ou então o filho mais novo, que ele havia tido quando já era rei. Mesmo assim, vejo nas nossas histórias que o único filho que ele deixou foi João. Mas isso ocorreu depois sob Carlos VII e Francisco I, e não foi posto em dúvida, visto que se tratava de um antigo reino transmitido ao mais próximo do nome. De outro modo, o filho mais novo de um rei que conquista um novo reino seria preferido. Assim como não são nobres os filhos dos plebeus que nasceram antes que o pai fosse enobrecido e é legítimo o filho de padre que nasceu antes que o pai fosse padre, assim também aquele que nasceu de um pai antes que ele fosse rei e apto a aceder por direito sucessório não pode pretender direito à coroa, ainda que seja o

---

208 Plutarco, Lisandro.

mais velho ou o mais próximo. Mas ele for apto a aceder por sucessão legítima o reino lhe pertence, ainda que ele não seja filho de rei, como foi observado no reino da Pérsia, ao qual Artaxerxes sucedeu embora tivesse nascido antes que seu pai fosse rei. Mesmo assim, sua mãe Parisatis levou toda a Ásia à guerra civil para fazer com que o estado coubesse ao jovem Ciro, que, por julgamento divino, foi vencido e morto. Quando a mesma dificuldade ocorreu na sucessão do reino da Hungria, o primogênito Geica foi declarado rei com o consentimento de todos os estados e depois esse direito não foi posto em dúvida em qualquer reino que fosse. De outra forma, seguir-se-iam vários absurdos intoleráveis, pois se o rei só deixasse um filho nascido antes que a coroa coubesse a ele, o filho não poderia suceder. Contudo, quando se diz primogênito ou mais próximo isso também se aplica ao mais novo se o mais velho tiver morrido, como Demétrio depois da morte de Antíoco rei da Síria observou a Roma em pleno senado: "Assim como", disse ele, "o direito das gentes deu o reino ao meu irmão mais velho, pelo mesmo direito eu devo agora suceder a ele no reino".

Mas a dificuldade ainda permanece indecisa se o filho do primogênito deve suceder ao rei seu avô ou se a coroa pertence ao irmão mais novo, como parece ser certo, visto que ele é o mais próximo do rei e o neto está recuado em um grau. É a opinião de alguns. A dificuldade ocorreu no reino da Numídia[209], onde o mais novo quis suceder ao seu irmão mais velho sem levar em conta os filhos do mais velho. De fato, o árbitro Cipião Africano, não sabendo o que resolver a respeito entre o tio e o sobrinho, permitiu que o reino fosse decidido em combate entre ambos, como aconteceu com frequência na Alemanha. Essa foi a única causa da rebelião de Bernardo rei da Itália, pois ele dizia que o Império lhe pertencia por ser filho único de Pepino, primogênito de Carlos Magno, e não a Luís, o Piedoso, irmão mais novo de Pepino. Não obstante, Luís, o Piedoso, prevaleceu e mandou confinar Bernardo à prisão. Ainda hoje, o reino da Moscóvia é sempre conferido ao mais novo após a morte do avô, sem levar em conta o filho do mais velho. Além disso, o irmão mais novo sucede ao irmão mais velho no reino, ainda que o mais velho tenha filhos, como Basílio, o Grande, rei da Moscóvia sucedeu ao reino depois do seu irmão mais velho que tinha filhos. Isso era usual não somente entre os vândalos,

---

209 Lívio, Guerras Púnicas liv. 8 década 3.

como diz Procópio[210], mas também entre os ingleses. Por essa causa Ricardo, filho do primogênito, foi alijado da coroa, que foi adjudicada pelos estados a Henrique de Lancaster, irmão mais novo do pai de Ricardo, em 1399. Em caso semelhante, Roberto de Nápoles, irmão mais novo, obteve o reino de Nápoles por sentença do Papa e o filho do primogênito, rei da Hungria, foi alijado.

Até nas sucessões particulares a representação em linha direta não ocorria em todos os países do Setentrião, nem em Flandres, Artois, Picardia, Normandia, não mais do que em vários costumes da França, que pouco a pouco foram mudados, principalmente depois da querela a respeito do condado de Artois entre Mahaut e seu sobrinho Roberto. A opinião mais comum dos jurisconsultos e o uso dos povos de conferir os cetros e coroas aos filhos dos primogênitos por representação estavam em voga, como se dizia antigamente, pois até Licurgo, irmão mais novo, tendo poder para tomar a coroa, guardou-a para seu sobrinho Carilau, filho de seu irmão mais velho, segundo o costume antigo da Lacedemônia, que queria que houvesse dois reis descendentes de Proclo e Eurístenes da linhagem de Hércules. Além disso, fora dos termos de representação, quando dois primos-irmãos ou o tio e o sobrinho assumem a coroa de um rei morto sem filhos varões, ainda que fosse afastado em cinquenta graus, mesmo assim aquele que descende dos mais velhos, ainda que seja mais jovem, prevalecerá sobre o mais velho, como poderia acontecer e aconteceu com frequência neste reino. Não obstante, nas sucessões particulares em linha colateral, o mais velho dos dois com o mesmo grau obtém o direito de primogenitura, como foi julgado por sentença da Corte entre os senhores de Villiers e Bayencourt, primos-irmãos, na sucessão do senhor de Bloqueaux, sem levar em conta o tronco dos predecessores mais velhos, visto que eles compareciam à sucessão em nome próprio e não por representação.

Mas não basta que os varões mais próximos do nome sucedam, é preciso também que a sucessão das monarquias não sofra partilha, nem divisão, nem compensação, e que vários sucedam por inteiro, como instituiu sabiamente Gerico rei dos vândalos[211]. De outra forma, se a monarquia for dividida não será mais monarquia, mas poliarquia.

---

210 *Belli Vandalici* liv. 3.

211 Procópio liv. 3.

Guerras e inconvenientes da partilha dos reinos

Isso não foi previsto pela lei sálica, pois vemos que Ariberto, irmão de Dagoberto, primogênito de Clotário II, foi rei junto com seu irmão sem que um dependesse do outro. Clóvis, primogênito de Dagoberto, foi rei de Paris, e Sigeberto rei de Metz. Depois de Clóvis, o reino foi dividido em quatro monarquias, pois Childeberto foi rei de Paris, Clóvis rei de Orléans, Clotário de Soissons e Teodorico de Metz. Por fim, Clotário obteve tudo e seu filho mais velho Chereberto foi rei de Paris, Chilperico de Soissons, Gontran de Orléans e Sigeberto de Metz. Ora, essa multidão de reis todos soberanos estava sempre em guerra.

Prudência dos sucessores de Capeto rei da França

Isso foi sabiamente disposto pelos sucessores da casa de Hugo Capeto, que fizeram três coisas muito importantes para manter esta monarquia na sua grandeza. Primeiramente eles alijaram os bastardos da casa de França e não quiseram nem mesmo que fossem reconhecidos, embora seja permitido aos bastardos dos outros príncipes do sangue e das casas nobres serem reconhecidos e ostentar o nome, as armas, o brado e a qualidade nobre dos seus pais naturais. O segundo ponto foi suprimir o poder dos grandes prefeitos do palácio e príncipes da França. O terceiro foi não entregar nada aos mais novos da casa de França com soberania. Enfim, ainda conseguiram que os mais novos, embora permanecessem súditos do rei, seu irmão mais velho, só receberiam algo em apanágio, e as filhas em atribuição. Quanto aos bastardos da França, vemos que anteriormente eles compartilharam o reino com os filhos legítimos, como o irmão bastardo de Carlos, o Simples, teve participação no reino. É verdade que o bastardo Teodorico foi alijado porque era filho de uma mulher escrava e mesmo assim pedia para compartilhar o reino. Porém, responderam-lhe que ele devia primeiro ser libertado.

Quanto à partilha da monarquia, eu disse que não é mais monarquia se for dividida, não mais que a coroa ou o manto dividido em pedaços não são nem manto, nem coroa. Por isso, não vemos que os antigos reis da Pérsia, do Egito, da Pártia, da Assíria, nem outros usavam a partilha em matéria de reinos. Josafá rei dos judeus, que teve seis filhos, deixou o reino inteiro a

Jeorão, seu primogênito, e atribuiu alguma pensão aos outros, como lemos no capítulo vinte e um dos Paralipômenos. O primeiro que fez essa abertura perigosa foi Aristodemo rei da Lacedemônia, que não dividiu o reino entre seus dois filhos, Proclo e Eurístenes, mas deixou-o por inteiro a ambos, de modo que nem um nem outro eram soberanos. O mesmo foi feito com o reino dos messênios[212], que Leucipo e Anfareu receberam por inteiro. Por essa causa esses dois reinos foram transformados em aristocracias. Houve às vezes alguns reinos que o pai partilhou entre seus filhos antes que os reinos fossem unidos num só, como Jaime rei de Aragão instituiu seu primogênito Pedro como rei de Aragão e seu filho mais novo Jaime como rei de Maiorca[213]. No entanto, o primogênito mandou prender o mais novo e uniu os dois reinos num só. Foi o que aconteceu com os filhos de Boleslau II rei da Polônia, que, tendo partilhado o reino entre quatro filhos sem deixar nada para o quinto, acendeu um fogo de sedição que só pôde ser extinto com o sangue dos súditos. Isso faz algum sentido quando a partilha dos reinos é feita por aquele que os conquistou, que pode dar seus aquestos ao mais novo e deixar ao mais velho o antigo reino, como fez Guilherme, o Conquistador, que deixou o ducado da Normandia e outros países que tinha herdado de seu pai ao seu filho mais velho Roberto Courteheuse, que não sucedeu ao reino da Inglaterra porque não era filho de rei, como diz a história da Normandia. Mas o pai deixou ao mais novo Guilherme, o Ruivo, o reino da Inglaterra, que ele tinha conquistado e ainda não tinha unido aos outros países, e ao seu terceiro filho Henrique deixou apenas uma pensão. O mais velho, contudo, que também queria ter o reino, perdeu ambos e morreu cegado na prisão, capturado pelo terceiro, que levou tudo.

Embora essa opinião seja equitativa e fundada na razão e na autoridade, ela não foi aceita entre os filhos de Carlos conde da Provença e Felipe de Valois rei da França, de modo que os primogênitos obtiveram tudo, o que é muito mais seguro para o estado, sem levar em conta os legítimos, que não devem suceder quando se trata da soberania e do domínio unido à monarquia. Não se aceita sequer tolerar que os ducados, condados e marquesados sejam partilhados, nem as baronias em muitos lugares, sem que os mais novos sejam compensados, o que não deve ocorrer numa monarquia, que não tolera nem

---

212 Pausânias liv. 4.

213 Em 1250.

divisão nem estimação. Contudo, deu-se apanágios por muito tempo aos mais novos da casa de França, que foram adjudicados à coroa quando estes morriam sem filhos, como foi decidido acerca do apanágio de Roberto conde de Clermont, irmão de São Luís, a quem o referido apanágio foi adjudicado, do qual seus irmãos Carlos e Alfonso conde de Poitiers foram alijados por sentença[214]. O mesmo foi julgado na sucessão de Alfonso[215], também morto sem filhos.

Os mais novos da França foram alijados da partilha e da sucessão dos apanágios

Por esse motivo, os reis sucessores mais bem aconselhados mandaram incluir nos apanágios dos filhos de França a condição de reversão por falta de filhos varões, como foi feito ao conceder o apanágio a Luís I duque de Anjou, filho do rei João. É verdade que Renato, filho mais novo de Luís III duque de Anjou, sucedeu a seu irmão, mais por tolerância que em virtude da cláusula expressa a respeito dos varões, visto que ele não era filho de Luís III. De outro modo, o conde de Nevers, depois da morte de Carlos duque da Borgonha, teria podido com justiça pretender ao ducado, visto que a cláusula do apanágio feito para Felipe, o Ousado, tinha validade perpétua não apenas para os varões, mas também para as filhas.

As filhas foram alijadas da sucessão dos apanágios da França

Porém, ele nunca pretendeu direito algum. É verdade que, quanto a isso, os reis da França favorecem às vezes os príncipes do seu sangue, como Felipe de Valois, ao suceder à coroa, deixou o condado de Valois a Carlos, seu irmão mais novo, e quando Carlos VI rei da França morreu Carlos de Angoulême sucedeu ao ducado de Orléans. No entanto, seu sobrinho-neto João de Angoulême não sucedeu ao ducado de Orléans quando Luís XII assumiu a coroa. Enganam-se aqueles que escreveram que Pedro de Bourbon, senhor de Beaujeu, sucedeu a seu irmão João nas terras do apanágio por sucessão

---

214 Em 1258.
215 Sentença de 1283.

legítima, pois o rei Luís XI teria se lançado imediatamente sobre as terras do apanágio como fez com o ducado da Borgonha. Porém, ele não quis fazê-lo porque tinha casado sua irmã Ana, que ele amava particularmente, com Pedro de Bourbon. Luís XII consentiu que Susana de Bourbon, filha única de Pedro de Bourbon, retivesse o apanágio desposando Carlos de Bourbon, mas quando Susana morreu sem filhos os apanágios foram confiscados e transferidos para o rei, como os condados de Auvergne e Clermont. É verdade que o ducado de Bourbon não fazia parte do apanágio, o que incitou ainda mais Carlos de Bourbon a rebelar-se contra o rei. Por isso vemos que, depois da morte de João III duque de Alençon, o ducado de Alençon foi confiscado a pedido do procurador-geral do rei e os aquestos reservados às duas filhas do duque. Tudo isso foi feito a fim de manter indivisível a união deste reino tanto quanto possível, como também foi sabiamente disposto nos ducados de Saboia, Milão, Lorena, Mântua e Clèves, que pertencem indivisivelmente ao mais próximo.

Costume antigo da Alemanha segundo o qual o primogênito recebia toda a sucessão

Embora os alemães procedam por divisão nos feudos imperiais, os eleitorados e principados anexados a eles pela Bula de Ouro e pelos decretos do Império são indivisíveis. Os outros feudos e bens continuam divisíveis, o que, todavia, vai contra o antigo costume da Alemanha segundo o qual os primogênitos, diz Tácito, recebiam todas as heranças e os mais novos recebiam partilha dos bens móveis, como fez Abraão, que só deu bens móveis aos mais novos. Mas pode-se dizer que é conveniente, se a monarquia for muito grande e houver vários filhos do monarca, ou vários pretendentes, que o mais seguro é partilhar, como fizeram Augusto, Marco Antônio e Sexto Pompeu, que partilharam por sorteio o Império romano e de uma grande monarquia fizeram três. Esse procedimento me pareceria bom se, depois de ter delimitado as fronteiras, os Príncipes também pudessem limitar seus apetites. Mas não há montanhas altas o bastante, nem rios largos o bastante, nem mares profundos o bastante para conter o curso da sua cupidez insaciável, como são prova esses três de quem falei, pois logo depois um dos três foi morto e os dois monarcas que restaram não cessaram até que um tivesse arruinado o outro. Se aconteceu que alguns imperadores viveram em paz num império tão grande, não se deve tirar conclusões disso. Ao contrário, para cada exemplo daqueles que governaram em concórdia encontrar-se-ão cem daqueles que se massacraram.

Não há exemplo mais ilustre que a casa dos otomanos, cujos membros há duzentos anos não cessam de entrematar-se até que sobre apenas um. Na ilha de Gerbo houve mais de seis mortos em menos de quinze anos uns pelos outros por não conseguirem tolerar companheiro nem partilha da soberania. Embora os irmãos Galeazzo II e Barnabé tivessem compartilhado igualmente o condado de Milão, tivessem sido criados juntos desde o berço, tivessem sido banidos para o mesmo lugar, tivessem sido estabelecidos vigários do Império e sempre tivessem sido companheiros de armas, Galeazzo acabou por mandar matar seu irmão e todos os seus filhos. Abimelec também mandou matar sessenta e nove irmãos para comandar só, e Berdeboc rei da Tartária mandou matar seus doze irmãos em 1370. Sefadino sultão do Egito matou dez filhos homens de Saladino, e os sucessores de Alexandre, o Grande, costumavam matar até suas mulheres, mães e filhos, pois quanto aos irmãos, diz Plutarco[216], era coisa costumeira. Foi por essa causa que o rei Dejotaro matou doze filhos homens que tinha, por nenhum motivo senão assegurar que o décimo terceiro obteria o reino.

Entre iguais a ambição de ser o maior sempre instigará um contra o outro. Porém, numa monarquia onde há apenas um soberano ao qual os outros príncipes do sangue estão sujeitos e do qual recebem alguma pensão ou apanágio, é certo que, para ter sempre algum favor do soberano, eles lhe prestarão mais obediência. É por isso que os reis que foram mais bem aconselhados não deram nem a seus irmãos nem aos príncipes do seu sangue o estado de tenente-geral nem de condestável, mas deram-no a Bertrand du Guesclin, Olivier de Clisson, Simão conde de Montfort e outros de qualidade tal que pudessem manter a guarda e sob os quais os príncipes do sangue marchariam, por não ter esperança alguma de aspirar à soberania. Assim faziam os antigos romanos e sobretudo Augusto, que não quis entregar as capitanias e governos das fronteiras, bem como o Egito, aos nobres senadores de casa antiga, mas apenas aos homens de estado mediano. Embora os reis do Setentrião tenham quase sempre convocado os príncipes do sangue para o seu conselho, os outros monarcas afastam-nos tanto quanto podem, seja

---

216 No Demétrio.

por desconfiança, seja para garantir ao seu conselho uma liberdade que não possa ser diminuída pela grandeza dos príncipes, seja para suprimir a ambição e inveja inevitáveis entre os príncipes do mesmo sangue se o rei favorece um mais do que outro. Embora haja muitos príncipes próximos de sangue dos otomanos, como os Michaloglis, os Ebranes e os Turacanes, eles nunca se aproximam do conselho privado.

Na monarquia dos etíopes, que é das maiores e mais antigas que existem no mundo, não há um príncipe do sangue que se aproxime da corte, mas são todos criados com toda honra e virtude dentro de uma fortaleza poderosíssima construída sobre o monte Anga, o maior que existe na África, com guarnição perpétua. Quando o rei morre, toma-se um sucessor da montanha. Isso foi ordenado primeiramente por Abraão rei da Etiópia por revelação divina, como eles dizem[217], a fim de evitar as facções e guerras civis dos príncipes entre si e os massacres que ocorrem nas outras monarquias para ser soberano, bem como para sempre ter sangue oriundo desses príncipes, que eles chamam de filhos de Israel (porque se tem por certo que eles descendem do sangue dos hebreus, além de que a língua etíope se assemelha muito à hebraica), para que o estado não entre em combustão se a linhagem se extinguir, para que os príncipes do sangue, gozando de plena liberdade, não procurem os meios de alçarem-se pela força, e para que não usurpem o estado caso se alcem.

É perigoso em toda República dar poder demasiado a um grande senhor

Pode-se ter como máxima que, em toda República, caso se dê poder demasiado a um Príncipe ou grande senhor, há sempre o risco de que ele usurpe o estado, visto que até os menores companheiros alçados a um posto demasiado alto são de se temer. Quando o sultão Suleiman alçou demasiado alto o escravo Ibrahim Bascha, ele foi obrigado a mandar cortar a cabeça deste último enquanto dormia por temer seu poder, e descobriu que ele tinha se enriquecido de trinta milhões em ouro. Iacopo Appiano, senhor de Siena, deu tanto crédito a Pietro Gambacorti, homem de baixa extração, que este expulsou seu mestre e se tornou senhor. Calipo pregou a mesma peça em Díon, Brutus em César, Macrino em Caracala, Maximino no imperador Alexandre, Felipe,

---

217 Francisco Álvares, História da Etiópia.

o Árabe, no jovem Gordiano, e infinitos outros elevados de extração muito baixa, que expulsaram seus mestre e se tornaram senhores. Agátocles, filho de um oleiro, de soldado foi eleito capitão em chefe, mandou matar todos os mais ricos de Siracusa e tornou-se rei. É por isso que muitos sustentaram[218] em termos de direito que os pontos reservados à majestade soberana nunca devem ser comunicados ao súdito, nem mesmo por comissão, para que não se dê nenhuma abertura ao súdito para tomar o lugar do seu Príncipe.

A monarquia não deve ser transmitida às mulheres

Eu também disse que a monarquia deve ser transmitida somente aos varões, visto que a ginecocracia vai diretamente contra as leis da natureza, que deu aos homens a força, a prudência, as armas e o comando, e privou deles a mulher. A lei de Deus ordenou expressamente[219] que a mulher fosse submetida ao homem, não somente no governo dos reinos e impérios, mas também na família de cada qual em particular, ameaçando seus inimigos de dar-lhes mulheres por senhoras, como uma maldição execrável[220]. A lei também proibiu à mulher todos os cargos e ofícios próprios dos homens, como julgar, advogar e outras coisas semelhantes, não somente por falta de prudência (como Marciano dizia que, de todas as deusas, apenas Palas nunca tivera mãe, para mostrar que a sabedoria não procedia das mulheres), mas também porque as ações viris são contrárias ao sexo, ao pudor e à pudicícia feminina. Não houve coisa que mais irritou o senado contra o imperador Heliogábalo do que ver sua mãe entrar no senado apenas para ver e não para opinar. Julgou-se muito estranho que Mahaut, sogra de Felipe, o Comprido, assistisse ao julgamento de Roberto conde de Artois, e Margarida condessa de Flandres ao julgamento do conde de Clairmont.

Se isso é tão inconveniente e contra a natureza nas ações e cargos públicos, é mais pernicioso ainda na soberania, pois é preciso que a mulher a quem é transmitida a coroa se case, ou então fique sem marido. Se ela se casar, continua sendo uma ginecocracia, pois o casamento se faz com a condição de que a soberania permaneça com a mulher, como foi decidido no tratado

---

218 Pedro Belluga, Speculum principum tít. 25

219 Gênese cap. 2.

220 Isaías 8.

de casamento entre Fernando de Aragão e Isabel de Castela, em nossa época entre Maria da Inglaterra e Felipe de Castela, que era chamado de marido da rainha, e em caso semelhante entre Sigismundo arquiduque da Áustria, que depois foi imperador, e Maria da Hungria, que era chamada de rei Maria. Nesse caso o marido é o chefe da família e senhor da economia doméstica, e no entanto permanece escravo e súdito de sua mulher em público, pois o poder público, diz a lei, nunca está ligado ao poder doméstico. Por esse motivo o cônsul Fábio fez seu pai descer do cavalo para lhe prestar honra em público na condição de cônsul, embora na sua casa seu pai pudesse mandar matá-lo em virtude do poder paterno. Se a rainha permanece sem marido, como acontece na verdadeira ginecocracia, o estado fica exposto ao perigo dos estrangeiros ou dos súditos, pois se o povo for generoso e de bom coração ele suportará com impaciência que a mulher comande.

Porém, não há nada que seja mais perigoso numa República que o desprezo pela majestade, da qual depende a conservação das leis e do estado, que serão espezinhados por causa da mulher, contra a qual nunca faltarão zombarias, contumélias, libelos difamatórios e enfim rebeliões e guerras civis. E se acontecer que ele demonstre o menor favor a qualquer um dos súditos, sempre se fará julgamento sinistro disso, pois até os mais sábios e pudicos têm muita dificuldade para se defender contra os falsos rumores. A Princesa soberana poderá muito menos encobrir seus favores, não mais do que um archote sobre uma vigia, o que fará com que se acenda o fogo da inveja entre seus súditos e com que se armem uns contra os outros. Se os súditos forem tão covardes a ponto de suportar pela força ou de outro modo a ginecocracia no estado soberano, não se deve duvidar que cada um dos súditos também seja obrigado a sofrê-la em casa, pois é uma regra política que aquilo que é estimado bom e tolerado em público sempre será reproduzido em particular.

O que é estimado bom em público sempre o será em particular

Foi por essa causa que os Príncipes da Pérsia pediram ao rei Dário Mnemon, que a Escritura santa chama de Afuero[221], que a desobediência de sua mulher Vasthi não ficasse impune, para que as mulheres dos súditos não

---

221 Ester cap. 1.

fossem desobedientes para com seus maridos. Assim como a família na qual a mulher comanda o marido está invertida, visto que o chefe da família perde sua qualidade para tornar-se escravo, assim também a República, propriamente falando, perde seu nome quando a mulher detém a soberania, por mais sábia que ela seja. E se ela for impudica, o que se deve esperar?

Três reis mortos por uma mulher

Viu-se Joana (apelidada de Loba por causa da sua lubricidade), depois de ter sucedido a Caroberto, último rei da Nápoles, da primeira casa de Anjou, macular a majestade real com os parricídios cometidos contra a pessoa de três reis que ela havia desposado. Por isso ela foi estrangulada como merecia. Viu-se há poucos anos tragédias não menos estranhas e todo um reino em combustão por um caso semelhante. Nem falo da cupidez brutal de Semíramis, que foi a primeira a usurpar a monarquia dos assírios de forma estranha, pois tendo obtido do rei que ela comandasse com soberania por um dia, ela ordenou que se matasse o rei. Depois Atália rainha da Judeia, ao ver seu marido morto, mandou matar todos os príncipes do sangue (exceto um que escapou) e apoderou-se da soberania pela força, até que foi morta pelo povo. Cleópatra usou da mesma lealdade para com seu irmão para tornar-se rainha do Egito. Também houve Zenóbia, que se fez nomear imperatriz com os 30 tiranos e foi expulsa pelo imperador Aureliano, como foi o caso de Irene imperatriz de Constantinopla, que foi trancada num monastério.

Não há povo antigo que tenha aprovado a ginecocracia

Em suma, não se vê povo tão efeminado a ponto de ter aprovado a ginecocracia, até que a linhagem dos reis de Nápoles normandos extinguiu-se com Constança, mulher de Henrique.

O reino de Nápoles transmitido à linhagem feminina

Depois disso, Iolanda, filha de João de Brenne, que desposara o imperador Frederico II, que fora sucedido por seu bastardo Manfredo e casara sua filha Constança na casa de Aragão, acendeu o fogo das guerras que duraram duzentos anos entre as casas de Anjou e Aragão, por ter dado entrada às filhas na sucessão do reino de Nápoles. Mas depois que se constatou tantos escândalos e guerras ocorridas por causa desse reino entre os Príncipes cristãos, foi decidido no colégio dos cardeais que, dali em diante, o reino de Nápoles não seria mais transmitido à linhagem feminina. Nas investiduras de Afonso rei de Aragão em 1345 e de Fernando rei de Aragão em novembro de 1458 está dito expressamente que as filhas não sucederão ao reino de Nápoles enquanto houver varões em linha direta ou colateral até o quarto grau inclusive.

O reino da Polônia foi transmitido à linhagem feminina

Mas como se deu abertura na Itália à sucessão das filhas, ela foi praticada em seguida nos reinos da Hungria e da Polônia, que couberam a Maria e Edwiges, filhas de Luís rei da Hungria e da Polônia, o que nunca havia sido visto.

Os reinos da Suécia, Noruega e Dinamarca transmitidos à linhagem feminina

Quase ao mesmo tempo, Maria Volmar sucedeu aos reinos da Noruega, Suécia e Dinamarca contra as leis e costumes antigos do país. O mesmo exemplo foi seguido no reino de Castela, ao qual sucedeu Isabel de Castela, superando os maiores. E embora ela tenha sido das mais sábias Princesas que já houve, os estados do país se queixaram.

Os reinos de Castela e Aragão transmitidos à linhagem feminina

Quando se alegou que anteriormente Sancha, filha de Afonso, tinha trazido o reino de Castela para Sancho seu marido, os estados replicaram que isso havia ocorrido pela força e que depois disso os estados de Castela tinham protestado que isso era contrário às leis do país, o que apressou o casamento de Fernando e Isabel a fim de conter o povo. Embora Henrique rei de Castela tivesse declarado em seu testamento que o reino pertencia a Luís IX rei da França por causa de sua mãe Branca de Castela e os barões de

Castela tivessem escrito ao rei da França para que ele viesse tomar posse do reino, ele nunca ousou pretender ao reino, embora tivesse o consentimento dos senhores do país em cartas seladas, que ainda estão no tesouro da França. Vemos também que, por força e astúcia, Fernando, filho de Leonor, fez com que lhe adjudicassem o reino de Aragão, como em caso semelhante fez o conde de Barcelona após desposar Petronila, filha do rei de Aragão, o que também foi feito no reino da Navarra, ao qual sucedeu Henrique, o Largo, conde de Champagne por causa de sua mulher, e depois Felipe, o Belo, rei da França por causa de Joana de Navarra. Depois ele foi transmitido às casas de Évreux, Foix, Albret e Vendôme, de modo que, em menos de trezentos anos, esse reino foi transferido a seis casas estrangeiras.

Os reinos da Inglaterra e da Escócia transmitidos à linhagem feminina

Quanto ao reino da Inglaterra, vemos que, no tempo de Domiciano[222], ele foi transmitido à linhagem feminina e que os ingleses não faziam diferença entre os varões e as filhas na sucessão do reino. Fazia mais de mil e quinhentos anos que isso não ocorria quando Maria sucedeu ao seu irmão Eduardo VI (mas não no reino da Escócia, ao qual sucedeu Maria Stuart), pois, de cento e cinco reis que eles têm nas suas histórias, não se vê uma só filha que tenha sucedido à coroa. Porém, vê-se que quatro mulheres com o mesmo nome inauguraram a ginecocracia nos reinos da Hungria, Noruega, Suécia, Dinamarca, Escócia e Inglaterra. É verdade que Mahaut, filha de Henrique I rei da Inglaterra, trouxe o reino da Inglaterra para a casa de Anjou, mas isso foi depois da morte de Estêvão conde de Bolonha, sobrinho de Henrique pela sua irmã Alice, de modo que o primo descendente de uma filha foi preferido à própria filha do rei. Mas não foi Mahaut, e sim seu filho mais velho, o conde de Anjou, que sucedeu ao reino da Inglaterra. Foi por causa disso que Eduardo III rei da Inglaterra disse, no litígio que suscitou acerca da coroa da França, que a lei sálica continuava em vigor quando o varão mais próximo descendente de uma filha era preferido àquele que era mais afastado, mas descendente dos varões. Mas isso nunca deve ocorrer, a

---

222 Tácito, Vida de Agrícola.

não ser que os varões do nome, em qualquer linhagem e grau que seja, se extinguirem e que o reino não seja sujeito à eleição.

Sobrinho do lado materno preferido à filha do rei

Embora o imperador Carlos V, ao casar sua irmã com Cristiano rei da Dinamarca, tenha mandado inserir no contrato a cláusula segundo a qual, extintos os varões, a filha mais velha oriunda do casamento sucederia ao reino, os estados do país não a levaram em consideração, haja vista que o reino era eletivo, pouco se importando que a nobreza não aceitasse nenhuma de suas três filhas e que o próprio rei fosse expulso e banido do seu estado, e depois morresse na prisão. Os poloneses, depois da morte de Sigismundo Augusto, não somente alijaram a irmã do rei, mas também seu sobrinho, filho do rei da Suécia, que daria um milhão em ouro à República se elegessem seu filho, e – embora seus predecessores tivessem aceito Edwiges, filha de Luís, e não houvesse nenhum varão em linha direta nem colateral da casa de Jagellon – elegeram Henrique de França duque de Anjou.

Os inconvenientes da ginecocracia

Ainda que as eleições dos monarcas sejam perigosas, pelas razões que mencionamos acima, elas são mais toleráveis, quando a linhagem dos varões se extingue, do que ver o reino transmitido à linhagem feminina, porque senão se teria de suportar uma ginecocracia pura contra as leis da natureza. Se a Princesa herdeira se casar (o que é necessário para garantir um sucessor), o marido será súdito ou estrangeiro. Se for súdito, a Princesa pensaria ser uma grande desonra desposar um servidor seu, haja vista que os Príncipes soberanos impõem grandes dificuldades para desposar uma súdita. Além disso, é de se temer a inveja se ela desposar aquele que ela ama, deixando de lado os mais nobres e maiores senhores, que sempre desprezarão aqueles que são de baixa extração. E talvez o escolhido não aceitará desposá-la, como aconteceu com Maria da Inglaterra quando tirou o conde de Ducher da prisão com a esperança de desposá-lo, por ser o mais belo Príncipe de sua época e dos mais próximos da coroa, descendente de Luís, o Gordo, rei da França, como Du Tillet verificou nos tratados da França. No entanto, ele aspirava ao casamento com Elisabete, então prisioneira e hoje rainha. Por essa causa, Maria o perseguiu e o teria matado se ele não tivesse se exilado em Veneza, onde depois foi envenenado, segundo os rumores que correram. Houve também o conde de Worcester chamado Somerset, e por substituição feudal Harbert, cujo filho foi enviado ao batismo da filha do rei Carlos IX em nome da rainha da Inglaterra em 1573. Embora ele fosse filho de Carlos, grande camareiro de Henrique VII, neto de Henrique, o filho de João conde de Mortaigne, que era filho do rei Eduardo III, como eu soube de um gentil-homem inglês, e par da Inglaterra afastado da França, não foi levado em consideração. E embora se levasse moção ao Parlamento da Inglaterra reunido no mês de agosto de 1565 para fazer declarar pelos estados do país o conde de Huntington como sucessor depois da rainha e, para fortificar o partido, nomear o duque de Norfolk depois do conde de Huntington (o que os embaixadores e agentes dos outros Príncipes tramavam às escondidas, temendo que o poder de um reino tão grande unido a um dos Príncipes vizinhos esmagasse os demais), a rainha rompeu sua facção e fez saber aos Príncipes estrangeiros, pelos seus embaixadores, que ela nunca se rebaixaria a ponto de desposar um súdito seu, que ela tomaria um Príncipe estrangeiro tão pobre que os outros Príncipes não teriam motivo para desconfiar dele, e que ela não partilharia com seu marido nem seus bens nem suas forças, servindo-se dele apenas para deixar um sucessor.

Artigos do tratado de casamento das rainhas da Inglaterra com os Príncipes estrangeiros

De fato, quando se tratou o casamento do arquiduque da Áustria com a rainha Elisabete, entre os artigos havia um segundo o qual ele não seria chamado de rei, ele não mandaria rezar missa na Inglaterra, os ofícios e benefícios só seriam concedidos aos ingleses, e se a rainha morresse sem filhos ele não poderia deter nada na Inglaterra. Por isso o casamento não pôde ser concluído, embora os estados da Inglaterra não façam outro pedido à rainha, em todos os parlamentos há quinze anos, além de que se digne a casar, ou pelo menos declarar um sucessor, pois sabem que, quando perderem uma das mais sábias e virtuosas Princesas do mundo, eles cairão em guerras civis. Por outro lado, ao designar um sucessor, seu estado corre perigo. As mesmas dificuldades e ainda maiores se apresentaram no tratado de casamento acordado entre Felipe príncipe de Castela e Maria rainha da Inglaterra, cujo artigo primeiro dispunha que não se poderia promover nenhum estrangeiro que não fosse naturalizado inglês em qualquer ofício, benefício ou cargo. No artigo quarto está dito que Felipe de Castela não poderia levar para fora da Inglaterra a rainha sua mulher se ela não o desejasse, nem os filhos oriundos de ambos. Os artigos foram verificados pelos estados do país em 2 de abril de 1553. Eles dispõem, além do que eu disse, que a rainha seria a única a gozar absolutamente da realeza e soberania dos referidos reinos, países, terras e súditos, sem que o marido pudesse pretender pela cortesia da Inglaterra a coroa e soberania do reino nem quaisquer outros direitos, e que as cartas e mandamentos teriam efeito nulo se a rainha não as tivesse assinado, por mais que houvesse a assinatura ou consentimento do marido, sem o qual, no entanto, o consentimento da rainha seria suficiente. Eu soube pelas cartas do embaixador da França que estava então na Inglaterra que também foi decidido que não haveria nenhum espanhol nas fortalezas da Inglaterra, nem aquém nem além-mar, e que os ingleses não seriam obrigados a ir para a guerra fora do reino.

Embora as condições fossem iníquas, os ingleses não queriam de modo algum ver um espanhol pôr o pé na Inglaterra, ainda que fosse para desposar uma velha da qual quase não se podia esperar descendência. Devido à desconfiança que tinha o imperador Carlos V, ele pediu à rainha cinquenta jovens milordes como reféns e segurança de seu filho enquanto ele estivesse na Inglaterra. Como tal desconfiança suscitava o ódio do povo, esse artigo foi retirado. Porém, para atrair Felipe para a Inglaterra, a rainha lhe enviou trezentos mil ducados para fazer a viagem. Celebrado o casamento, houve mais de mil e oitocentos ingleses que se baniram voluntariamente do país. Todavia, foi descoberta uma conjuração na Inglaterra contra os espanhóis para matá-los subitamente, pois eles queriam, segundo os rumores, apoderar-se da soberania. Não há dúvida que a conjuração teria surtido efeito ou que os espanhóis teriam atingido seus objetivos se a morte da rainha não tivesse posto um fim às empreitadas de uns e outros.

O perigo ao qual os estrangeiros se expõem quando querem comandar em país alheio

Nunca um Príncipe estrangeiro poderá estar seguro de sua vida ao comandar em país alheio se não tiver guardas e fortalezas. Se for senhor das forças, ele também será senhor do estado. Para assegurar-se ainda mais, ele promoverá sempre os estrangeiros, coisa insuportável em toda nação do mundo. Temos um milhão de exemplos. Já na época de Guilherme rei da Sicília, em 1168, os povos do reino de Nápoles ficaram tão irritados ao ver um francês ocupar o estado de chanceler que conjuraram para matar, e de fato mataram todos os franceses que estavam no reino de Nápoles e da Sicília. Pela mais ínfima querela, se os estrangeiros não forem os mais fortes cortar-lhes-ão a garganta, como aconteceu na Polônia durante o governo da filha de Casimiro, o Grande, rei da Polônia, mulher de Luís rei da Hungria, eleito rei da Polônia para contentamento geral de todos os estados. No entanto, por causa de um polonês morto por um gentil-homem da Hungria todo o povo de Cracóvia lançou-se sobre os húngaros[223] e matou-os todos, salvo aqueles que se refugiaram no castelo e foram sitiados junto com a rainha. Não houve meio de apaziguar o povo, a não ser quando a rainha herdeira e dama da Polônia deixou o país com todos os húngaros. Mas houve massacres ainda piores na Hungria quando Maria, filha mais velha de Luís rei da Hungria, desposou Sigismundo arquiduque da Áustria, pois a mãe dela, que queria usurpar o estado, mandou expulsá-lo e queria colocar o reino sob o poder do rei da França.

Distúrbios no reino da Hungria por causa do governo

Avisados disso, os húngaros mandaram buscar Carlos rei de Nápoles, tio de Maria, que a mãe mandou matar logo depois. Esse parricídio foi vingado com crueldade semelhante pelo governador da Croácia, que mandou matar a mãe e jogá-la na água. Não obstante, Sigismundo retornou com um bom exército e tomou plena posse do reino, do qual dispôs segundo sua vontade, e mandou matar aqueles do país que se opunham a ele.

---

223 Kromer, História da Polônia.

Distúrbios na Escócia por causa do governo

Sem ir tão longe, temos fresco na memória o exemplo dos escoceses, que haviam sido aliados por setecentos anos da casa de França na aliança mais estreita que pôde existir e que tinham recebido todos os favores que se podia esperar da casa de França. Todavia, eles preferiram lançar-se sob o jugo dos ingleses e colocar-se sob a proteção dos seus antigos inimigos a ver os franceses comandarem no seu país, e não pararam até que estes fossem expulsos da Escócia. Depois se viu o sucesso do casamento de Maria Stuart em segundas núpcias com o filho do conde de Lenos, que deve servir de exemplo a todos os povos.

E um marido estrangeiro não deve pensar submeter à razão as volúpias de uma Princesa soberana, pois se ele quiser repudiá-la terá de banir a si próprio. Qual Príncipe foi mais sábio que Marco Aurélio? No entanto, quando lhe disseram que ele devia repudiar Faustina por causa de sua vida dissoluta, ele disse: "Portanto é preciso abrir mão da morganática", quer dizer, o Império Romano, embora ele detivesse o Império em nome próprio por adoção de Antonino Pio, pai de Faustina.

Há ainda outro perigo se a Princesa herdeira de um estado soberano quer se casar com um estrangeiro: é que os outros Príncipes se envolvam em invejas e guerras para saber quem a conquistará, como aconteceu entre os pretendentes de Venda rainha da Rússia, que se lançou à água por puro despeito, para vingar-se daqueles que queriam conquistá-la à força, por não poderem conquistá-la com doçura. Pois não é tão fácil encontrar marido para uma Princesa soberana quanto é para os Príncipes que desposam no mais das vezes por fastio aquelas que eles só viram em retratos, pois as Princesas herdeiras querem ver as pessoas e não se contentam com os retratos. De fato, à solicitação apresentada por Henrique, príncipe e depois rei da Suécia, para ter a rainha Elisabete da Inglaterra, ela lhe respondeu que ele era o Príncipe que ela deveria mais amar no mundo, porque tinha pedido sua mão quando ela era prisioneira, mas que ela tinha decidido nunca se casar com homem que ela não tivesse visto. Ela escreveu a mesma coisa ao arquiduque, o que foi em parte a causa pela qual nenhum dos dois teve sucesso, temendo talvez, se não agradassem à rainha, que fossem mandados de volta aos seus países.

Ora, se o direito natural é violado na ginecocracia, ainda mais o direito civil e o direito das gentes, que querem que a mulher siga o marido, mesmo que ele não tenha casa nem posses. Nisso todos os canonistas e doutores em leis estão de acordo, e os teólogos também, e que ela deve reverenciar seu marido, e que os frutos da morganática da mulher pertencem ao marido, como também todos os bens próprios que lhe couberem. Segundo o direito dos confiscos, mesmo que os bens do condenado valham cem vezes mais que o feudo da mulher concedido em morganática ao marido, eles pertencem em propriedade ao marido, seja qual for a senhoria, como foi julgado por várias sentenças. Pois até os direitos de padroado dependentes da morganática da mulher cabem ao marido, por fazer parte do usufruto. Não obstante, no tratado de casamento feito entre Felipe de Castela e Maria rainha da Inglaterra vemos exatamente o contrário. Mesmo assim, muitos são da opinião que o estrangeiro que desposa uma rainha faz seus os frutos e direitos do reino, ainda que o reino e a sua soberania permaneçam na pessoa da rainha. Eles dão como exemplo inapropriado o reino de Castela, que permaneceu na pessoa de Sancha e de Isabel. Além disso, sustenta-se em termos de direito que o vassalo da mulher deve socorro primeiramente ao marido, antes da mulher, se ambos estiverem em necessidade, o que é diretamente contrário a todos os tratados de casamento que foram feitos entre os Príncipes estrangeiros e as Princesas herdeiras. Todos os povos também concordam que a nobreza, o esplendor, a dignidade dependem do marido e não da mulher, e se o marido não for nobre a mulher perde sua nobreza e os filhos são plebeus, o que Pierre Ancharan diz ocorrer com as rainhas que desposam plebeus ou homens que não são Príncipes, e os outros jurisconsultos são da mesma opinião.

Todos esses inconvenientes e absurdos decorrem da ginecocracia, que teve origem quando se admitiu as mulheres na sucessão dos feudos caso os varões se extinguissem em linha direta e colateral. Depois de se obter esse ponto, conseguiu-se que elas sucederiam aos feudos em linha direta e seriam preferidas aos varões colaterais, e pouco a pouco a permissão foi estendida às dignidades, aos condados, marquesados, ducados, principados e depois aos reinos, embora pelas leis dos feudos as mulheres fossem alijadas das sucessões feudais, ainda que não houvesse varão, seja em linha direta ou colateral, se assim não fosse especialmente acordado na investidura. Mas a lei sálica elimina a questão e proíbe expressamente que a mulher possa suceder aos feudos, de qualquer natureza que sejam. Não é uma lei ficta, como muitos pensam, pois se encontra nas mais velhas e antigas leis dos sálicos, nos velhos livros escritos à mão, no capítulo do alódio, no capítulo I *De matrimonio ad morganaticam* e no tesouro da França nestes termos, palavra por palavra: *DE TERRA VERO SALICA NULLA PORTIO HAEREDITATIS MULIERI VENIAT, SED AD VIRILEM SEXUM TOTA TERRAE HAEREDITAS PERVENIAT.* E no decreto do rei Childeberto inserido entre as leis sálicas, no qual se ordena que a representação ocorrerá em linha direta, somente os varões são evocados. Se não houvesse lei sálica, o Parlamento dos Pares da França teria dado por nada sua sentença no caso entre Felipe de Valois e o rei da Inglaterra Eduardo IV, na qual foi dito que não se poderia usar outra lei nem costume senão a lei sálica.

Apesar de, após a morte do rei Luís Hutin, Odeto duque da Borgonha ter sido da opinião que Joana, filha de Hutin, deveria suceder à coroa, foi decidido pelos estados reunidos na cidade de Paris que as filhas não sucederiam à coroa, como lemos na história de Nangi. O próprio Baldo, antes de Felipe de Valois, chama o costume de suceder à coroa de varão em varão de *JUS GENTIUM GALLORUM.* Não faz muito tempo que, num testamento antigo de um gentil-homem de Guyenne apresentado num processo no Parlamento de Bordeaux, o pai dividiu entre seus filhos a terra sálica, que todos interpretam como os feudos, o que sempre foi observado na Alemanha até que Frederico II imperador deu à casa de Áustria o privilégio especial segundo o qual, extinta a linha masculina, as filhas sucederiam. Mas o imperador não teria podido fazê-lo sem o querer e consentimento expresso dos estados do Império. Também Otocar rei da Boêmia, da casa de Áustria, sem levar em consideração a permissão de Frederico, disputou o ducado da Áustria e levantou um poderoso exército contra Raul, que se proclamara senhor em virtude do privilégio, que depois disso foi estendido também à casa da Baviera.

Mas nunca houvera povo tão covarde que suportasse, a pretexto da sucessão feudal, que as mulheres usurpassem a soberania, e menos ainda na Ásia e na África do que na Europa, embora a França, graças a Deus, tenha sempre se preservado contra isso, pois a lei sálica, que o sr. Le Cirier, conselheiro no Parlamento, diz ter sido feita com grande quantidade de sal de sabedoria, não somente foi invocada e praticada sob Felipe e Carlos, o Belo, cujas filhas nunca pretenderam ao reino, mas também sob Clotário, Sigeberto e Childeberto, que foram preferidos às filhas dos reis, que nunca disputaram a coroa. É por isso que Baldo, ao falar da casa de Bourbon, sustenta que o varão do mesmo nome que está no milésimo grau de consanguinidade sucederia à coroa no lugar para que uma filha não fosse admitida, o que não deve ocorrer apenas nos reinos, mas também nos ducados e principados, que têm as marcas da soberania. De fato, a lei sálica foi praticada na casa de Saboia, pois Pedro de Saboia mandou alijar sua sobrinha Constança da sucessão da Saboia por sentença dos árbitros concedida em 1256. Na verdade, é a mesma coisa que as mulheres comandem com soberania ou que os Príncipes soberanos obedeçam às mulheres, como dizia Catão, o Velho, depois de Aristóteles[224].

Portanto, como ficou bastante claro que o estado da monarquia é o mais seguro de todos, e entre as monarquias o estado real, vejamos se ele deve ser governado por justiça distributiva, comutativa ou harmônica. Além disso, a mais bela conclusão que se pode dar a esta obra refere-se à justiça como o fundamento de todas as Repúblicas. Ela tem tamanha importância que o próprio Platão intitulou um dos seus livros *República*, livros do direito ou da justiça, embora ele fale desses assuntos mais como filósofo do que como legislador ou jurisconsulto.

---

224 Aristóteles, Política liv. 1 cap. 6.

Capítulo VI

Da justiça distributiva, comutativa e harmônica, e de qual proporção existe entre elas e o estado real, aristocrático e popular

Digamos, portanto, continuando nosso assunto, que não basta sustentar que a monarquia é o melhor estado e o que tem menos incômodos, se não se disser monarquia real. E tampouco basta dizer que o estado real é o mais excelente se não mostrarmos também que ele deve ser temperado pelo governo aristocrático e popular, quer dizer, pela justiça harmônica, que é composta da justiça distributiva ou geométrica, de um lado, e comutativa ou aritmética, do outro, que são próprias do estado aristocrático e do popular. Agindo assim o estado da monarquia será simples e o governo composto e temperado, sem nenhuma confusão entre as três Repúblicas. Mostramos acima que há grande diferença entre misturar ou confundir os três estados de República num só (coisa totalmente impossível) e fazer com que a monarquia seja governada popularmente e aristocraticamente. Assim como entre as monarquias a real governada do modo como eu disse é a mais louvável, assim também entre os reinos aquele que mais recorrer à justiça harmônica ou mais se aproximar dela será o mais perfeito. Denomino justiça a reta distribuição das recompensas e das penas, e daquilo que pertence a cada um em termos de direito, que os hebreus chamam propriamente de *credata*, devido à diferença daquela pela qual nos justificamos, que eles chamam de *tsedaca*. Essa distribuição só pode ser realizada em proporção de igualdade e de similitude juntas, que é a verdadeira proporção harmônica e que ninguém abordou até agora.

Pois Platão, tendo pressuposto que a melhor forma de República era aquela composta pela tirania e pelo estado popular, contradisse a si mesmo ao estabelecer uma República não somente popular, mas também governada de modo totalmente popular, dando à assembleia dos cidadãos todo o poder de fazer e cassar as leis, instituir e destituir todos os oficiais, declarar a paz e a guerra, julgar sobre os bens, a vida e a honra de cada um com soberania, o que é o verdadeiro estado popular governado popularmente. Embora ele tenha ordenado sua República dessa forma, ele dizia que a República nunca seria feliz se não fosse governada por proporção geométrica, dizendo que Deus sempre usou a justiça geométrica no governo deste mundo.

O dito de Platão que não se encontra em nenhuma de suas obras

Diz-se que ele proferia com frequência esta máxima: ἀεὶ τὸν θεὸν γεωμετρεῖν (ou seja, que Deus sempre dá algum traço geométrico), que se assemelha de fato ao estilo de Platão, embora não se encontre em nenhuma de suas obras. É certo que a justiça distributiva ou geométrica é inteiramente contrária ao estado popular, que só busca a igualdade própria da justiça comutativa ou aritmética. Foi por essa causa que Xenofonte, companheiro de Platão, ambos invejosos da glória um do outro, criticou Ciro, que, após ser eleito rei, tinha mudado as vestes dos cidadãos por consideração à propriedade e à proporção geométrica. Depois dessa crítica, o mestre disse que Ciro deveria devolver a cada um o que lhe pertencia, dizendo que ele era persa e que não devia seguir os medos, que faziam da igualdade justiça, mas sim os persas, que tornavam a justiça igual. Platão leu os escritos de Xenofonte e, sabendo que era a ele e não a Ciro que eram dirigidas as vergastadas, reprovou a *Ciropédia* sem nomear ninguém.

Tais afirmações semeadas entre os gregos deram ensejo a duas facções, uma dos ricos e nobres, que defendiam a justiça geométrica e o estado aristocrático, e a outra dos plebeus e pobres, que sustentavam a justiça comutativa ou aritmética e queriam que as Repúblicas fossem populares. Dessas duas facções formou-se uma terceira, cuja opinião era que em toda República se observasse a justiça aritmética por igualdade quando se tratasse dos bens de cada em particular ou de reparar as ofensas e delitos, mas quando se tratasse de distribuir os dinheiros comuns ou os países conquistados se deveria observar a justiça distributiva ou geométrica, levando em conta os benefícios, méritos e qualidades de cada um. Desse modo, estes últimos usavam duas proporções, mas separadamente, ora uma ora outra, como Aristóteles diz que se deve fazer, sem falar de Platão ou de Xenofonte, que foram os primeiros a tocar nessa tecla.

Porém, quanto à justiça harmônica, nenhum dos antigos gregos ou latinos, nem outro, fez menção dela, seja para a distribuição da justiça, seja para o governo da República, embora ela seja a mais divina e a mais excelente, e própria do estado real governado em parte aristocraticamente e em parte popularmente. Mas esse ponto mal-entendido acarreta muitos erros, seja na feitura das leis, seja na interpretação delas, seja em toda espécie de julgamento.

Definição das três proporções em termos de justiça

E também para que cada um possa entender que a terceira opinião não pode ser sustentada, não mais do que as outras, é preciso tomar de empréstimo os princípios dos matemáticos e as decisões dos jurisconsultos. Afinal, parece que os jurisconsultos, por não terem estudado matemática, e os filósofos, por não terem experiência judicial, não esclareceram esse ponto, que tem muita importância, como eu disse, tanto para a justiça quanto para o manejo dos negócios de estado e de toda a República.

A proporção geométrica é aquela que tem razões semelhantes e a proporção aritmética a que tem sempre a mesma razão. A proporção harmônica é composta das duas, e no entanto é diferente de ambas. A primeira é semelhante[225], a segunda igual[226], a terceira parcialmente igual e semelhante[227], como se pode ver nos exemplos em nota. A proporção é tripla de 3 para 9, de 9 para 27 e de 27 para 81. A proporção aritmética começa pelo mesmo número e mesmo intervalo entre 3 e 9, mas de 9 para 15 ela não é semelhante e sim igual, pois há sempre seis entre os números. A proporção harmônica começa por 3 também, mas os intervalos não são sempre iguais, nem sempre semelhantes, mas ambos estão misturados suavemente, como se pode compreender por demonstrações matemáticas, com as quais não é preciso prosseguir. No entanto, encontram-se algumas marcas bastante claras nas leis dos romanos representadas por números em proporção geométrica. Mas a diferença entre a proporção geométrica e a aritmética é notável porque esta tem sempre as mesmas razões e intervalos iguais, e a geométrica tem intervalos sempre semelhantes, e não os mesmos nem iguais. Isso se não se quiser dizer que coisas semelhantes são iguais, o que seria falar impropriamente, como fez Sólon, que, para conquistar os corações da nobreza e do povo de Atenas, disse que faria leis iguais para todos[228]. A nobreza entendeu que era igualdade geométrica e o povo miúdo pensou que era igualdade aritmética, e por essa causa uns e outros o escolheram como legislador.

Diremos, portanto, que o governo geométrico é aquele que acomoda cada um com seu semelhante, como por exemplo a lei dos casamentos contida na Lei das Doze Tábuas, que queria que os nobres se casassem somente com os nobres, e os plebeus com os plebeus, tal como ainda se observa estritamente em Ragusa. Poder-se-ia dizer o mesmo se houvesse uma lei segundo a qual os príncipes só poderiam casar com as princesas, os ricos com as ricas, os pobres com as pobres, os escravos com as escravas. Mas caso se dissesse que se faria sorteio para celebrar os casamentos, poderia acontecer que uma escrava se casasse com um rei. É o que os pobres e o povo miúdo quereriam para tornar todos iguais. Eurípides diz que a igualdade legal é própria do caráter dos homens: τὸ γαρ ἴσον νόμμον ἀνθρώποις ἔφυ. Porém, essas duas formas de

---

225 Proporção geométrica: 3 9 27 81.

226 Proporção aritmética: 3 9 15 21 27.

227 Proporção harmônica: 3 4 6 8 12.

228 Plutarco, Sólon.

governar acarretam vários inconvenientes, pois numa os pobres são deixados para trás, e noutra os nobres são desprezados.

O governo harmônico, no entanto, une as proporções iguais e semelhantes tanto quanto possível, não querendo confundir numa barafunda todas as espécies de pessoas. Sem abandonar o exemplo dos casamentos, quem quisesse observar o governo harmônico não faria os casamentos dos nobres de quatro quartos de ambos os lados, como se faz em alguns lugares da Alemanha, pois seria afastar demais a nobreza, não apenas dos plebeus, mas também de si mesma, visto que eles não se contentam que o gentil-homem seja nobre por parte de pai, como basta no reino da Polônia por ordenança de Alexandre rei da Polônia, ou por parte de pai e avô, como basta neste reino por ordenança do rei Francisco I, ou por parte de pai, mãe, avô e avó, como dispõe a nova ordenança dos cavaleiros da Saboia, mas eles querem que o gentil-homem de quatro quartos mostre que é descendente de duzentas e sessenta pessoas nobres, se a interpretação que muitos dão dos quatro quartos está correta. Outros exigem sete graus de nobreza ascendente para os varões e mulheres sem distinção. Tais leis são perniciosas e repletas de sedição.

Lei perniciosa sobre o casamento nas Doze Tábuas

Por esse motivo, a lei dos casamentos contida nas Doze Tábuas foi cassada a pedido do tribuno Canuleio e por meio das alianças entre nobres e plebeus as sedições foram apaziguadas.

Proporção harmônica na ordem do banquete

Também se vê que o plebeu rico se acomoda melhor com a dama pobre, e o gentil-homem pobre com a plebeia rica, e aquele que tem alguma perfeição de espírito com aquela que tem a graça do corpo, do que se fossem iguais em tudo. Assim, entre os mercadores não há sociedade mais garantida do que aquela entre o rico preguiçoso e o pobre diligente, porque há igualdade e semelhança entre eles, ou seja, igualdade porque ambos têm algo de bom e semelhança porque ambos têm algum defeito. É por isso que os antigos diziam que o amor nasceu de Poros e de Pênia, isto é, da riqueza e da pobreza, colocando o amor entre ambos, como a voz média entre o grave e o agudo para compor um acorde suave e melodioso. Assim como o mestre do banquete não deve colocar os primeiros a chegar em desordem nos melhores lugares, sem distinção entre grandes e pequenos, assim também ele não deve alinhar todos os mais dignos junto dos mais honráveis, nem os sábios junto dos sábios, nem os velhos junto dos velhos, nem as mulheres junto das mulheres, nem os jovens junto dos jovens, nem os tolos todos juntos, segundo a proporção geométrica, que procura apenas os semelhantes, coisa que é em si insípida e desagradável. Ao contrário, o simposiarca sábio inserirá sutilmente um galhofeiro entre dois sábios, o homem pacífico entre dois belicosos, entre os sofistas um homem moderado, o velho tagarela junto de um jovem atento, o pobre carecedor junto do rico liberal, o homem colérico e impetuoso entre dois homens frios e ponderados. Ao proceder assim, não somente ele evitará o tédio de uns e a inveja de outros, da qual não é fácil escapar quando se trata do nível, mas também de uma ordem tão bela resultará uma suave e agradável harmonia de uns com outros e de todos juntos.

É por isso que Cipião, o Africano, foi acusado pelos políticos sábios e também se arrependeu muito por ter sido o primeiro a dar os melhores lugares no teatro aos senadores, separando-os totalmente do povo, o que alienou profundamente uns dos outros e foi causa de grandes sedições. Pois não basta que as leis e os magistrados obriguem os súditos a viver em paz se eles não têm amizade uns com os outros. Por isso o fundamento principal dos casamentos e da sociedade humana reside na amizade, que não pode ser durável sem a harmonia e concórdia mútuas de que falei. Estas não podem ser alcançadas por justiça e governo geométrico nem aritmético, já que a proporção de um e do outro é, no mais das vezes, disjunta[229]. Contudo, a natureza da proporção harmônica[230] sempre une os extremos por um meio que se coaduna com ambos.

Ora, o governo igual e por proporção aritmética é natural dos estados populares, que querem que se distribua igualmente os estados, as honras, os ofícios, os benefícios, os dinheiros comuns e os países conquistados. Caso se deva fazer leis, instituir oficiais ou decidir sobre a vida e a morte, eles querem que o povo todo seja chamado e que a voz do mais louco e temerário tenha tanto peso e efeito quanto a do mais sábio. Em suma, os mais populares querem que

---

229 Proporção geométrica disjunta: 2 3 20 30. Proporção aritmética disjunta: 2 3 20 21.

230 Proporção harmônica unida: 4 6 8.

tudo seja decidido por sorteio e por peso, como os antigos, que se referiam ao estado verdadeiramente popular com estas palavras: πάντα ζυγοῖς καὶ κληροῖς, quer dizer, inteiramente por sorteio e na balança, ou então por meio da regra direita, com um rigor inflexível e lei invariável. Por esse motivo ainda se chama o fazer justiça de fazer direito, e os livros das leis de livros do direito, que é a forma de falar dos hebreus, que chamavam o livro das leis de רשיה רפס[231] *librum recti*, que o intérprete caldeu no capítulo X de Josué lê como livro de retidão, como se não houvesse verdadeira justiça além da que é reta e imutável.

Três regras que mostram as três proporções

Assim como a regra de Policleto era tão reta e tão rígida que não podia vergar nem para um lado nem para o outro e era o padrão de retidão no qual todos os arquitetos alinhavam suas regras, assim também é a forma do governo popular quando tudo é decidido por sorteio e por leis invariáveis, sem interpretação equitativa, sem privilégio nem acepção de pessoa, de modo que os nobres ficam sujeitos às mesmas penas que os plebeus, a multa é igual para os ricos e para os pobres e a mesma recompensa é concedida ao forte e ao fraco, ao capitão e ao soldado. Ao contrário, o governo aristocrático, que se faz por proporção geométrica, é semelhante à regra lésbica, que era de chumbo para que, ao se vergar e se acomodar em todos os sentidos, se pudesse salvar a pedra, enquanto os outros acomodavam a pedra à regra. Assim se dizia que era preciso acomodar a lei ao julgamento. Mas assim como é impossível que a regra conserve seu nome se ela ficar torta como a regra lésbica, assim tampouco se pode fazer com que a lei permaneça lei se for moldada como cera e se aquele que deve obediência às leis tornar-se mestre delas.

Portanto, para evitar a firmeza imutável de regra de Policleto e a variedade e incerteza da regra lésbica, é preciso forjar uma terceira regra que não seja tão rígida a ponto de não vergar suavemente quando for mister e reerguer-se em seguida, ou seja, é preciso seguir a justiça harmônica e agrupar estes quatro pontos, a saber: lei, equidade, execução da lei e dever do magistrado, seja na distribuição da justiça, seja no governo do estado. Pois assim como nestes quatro números 4, 6, 8 e 12 a mesma razão que se encontra do 4 ao 6

---

231 [N.T.]: ספר הישר pronuncia-se *sêfer haiashar* e quer dizer "livro reto". Já *librum recti* significa efetivamente "livro de retidão".

também se encontra do 8 ao 12, e há a mesma razão do 4 ao 8 que do 6 ao 12, assim também estão a lei para a equidade e a execução da lei para o dever do magistrado, e a mesma razão que existe da equidade para o dever do magistrado existe da lei para a sua execução.

A justiça harmônica

Mas não basta ter disposto desse modo esses quatro pontos em proporção geométrica e em parte aritmética se não forem acoplados em proporção harmônica, que une e conjuga os dois números do meio, 6 e 8, e o segundo e o quarto com o primeiro e o terceiro. Disso resulta uma harmonia melodiosa, composta da quarta, da quinta e das oitavas. De outra forma, se retirarmos o elo harmônico da quarta, que está entre 6 e 8, a proporção geométrica ficará disjunta, e se dispusermos as quantidades em proporção geométrica contínua a harmonia perecerá, como se pode ver nestes quatro números 2, 4, 8 e 16, nos quais as razões estão conjuntas de qualquer modo que se as considere, mas delas não se pode tirar acorde algum. Tampouco se pode fazê-lo se os números forem dispostos em proporção aritmética, pois ambas são tão diferentes da harmônica como a água fervente e a gelada são diferentes da água morna. Da mesma maneira diremos que, se o Príncipe, o povo ou a nobreza detêm a soberania mas se governam sem lei alguma, seja na monarquia, no estado aristocrático ou no popular, deixando tudo a critério dos magistrados ou distribuindo por si mesmos as penas e recompensas segundo a grandeza ou qualidade de cada um, embora isso seja belo em aparência (ainda que não haja fraude nem favor, o que todavia é impossível), mesmo assim um tal governo não pode ser duradouro nem seguro porque não há elo nenhum entre os grandes e os pequenos, nem, por conseguinte, acordo algum. Haverá menos segurança ainda se tudo for governado por igualdade e leis imutáveis sem ajustar a equidade à variedade particular dos lugares, dos tempos e das pessoas.

Governo da República de forma
aritmética, geométrica e harmônica

Assim como dois simples em extremos de frio e de calor são venenos, e no entanto, compostos e temperados um pelo outro, formam um remédio muito salutar, assim também essas duas proporções de governo aritmético e geométrico, uma somente pelas leis e outra pela arbitragem do governante sem lei, arruínam as Repúblicas, mas compostas juntamente em proporção harmônica servem para manter os estados. Logo, Aristóteles[232] enganou-se ao dizer que seria muito feliz o estado que tivesse um Príncipe tão bom que nunca fosse vencido por favores nem por paixão alguma, pois não seria necessário, diz ele, fazer leis. No entanto, é certo que a lei não é feita para aqueles que detêm a soberania, como mostramos no lugar apropriado, mas principalmente para os magistrados, que muitas vezes têm os olhos tão cerrados pelas paixões, concussões ou ignorância que não conseguiriam ver um único traço da beleza da justiça. Mesmo que fossem anjos ou não pudessem nunca falhar, os súditos têm necessidade da lei como de uma tocha para se guiarem nas trevas das ações humanas, e sobretudo para espantarem os maus, que poderiam alegar causa de ignorância genuína ou verossímil para suas maldades. Pelo menos as leis indicam as penas, que não estão gravadas em nossas almas como as coisas que a natureza proíbe.

Não se encontra antes da lei de Deus nenhuma menção à lei

No entanto, não há argumento mais forte para verificar isso do que a publicação da lei de Deus, relativa não somente às coisas políticas e jurídicas mas também às coisas proibidas por natureza, antes de cuja publicação nunca houvera legislador de que se tenha conhecimento[233]. De fato, em todas as obras de Homero, de Orfeu ou de outro anterior a Moisés, que é mais antigo que todos os deuses dos pagãos, não há uma única palavra de lei. Os Príncipes julgavam e comandavam todas as coisas com poder soberano. A primeira oportunidade para se fazer leis foi a transformação das monarquias em estados populares, que aconteceu primeiramente em Atenas no tempo de Drácon e depois de Sólon, e na Lacedemônia no tempo de Licurgo, que retirou o poder soberano dos dois reis[234], e depois em Crotona, Locros, Tarento e outras cidades da Itália.

---

232 Na Política.

233 Josefo, Contra Ápio.

234 Plutarco, Licurgo.

Os ricos e poderosos não querem leis

O povo miúdo exigia ser igual aos ricos e nobres, o que não se podia fazer senão por meio de leis iguais. Os ricos, ao contrário, queriam ser privilegiados porque eles forneciam os fundos necessários para a República. Como eles tinham os maiores estados e principais cargos da República, eles sempre favoreciam os ricos seus semelhantes. Foi por essa causa que o tribuno Terêncio Arsa apresentou requerimento ao povo romano no intuito de prescrever aos magistrados certas leis segundo as quais eles deveriam se comportar. Então toda a nobreza se opôs, repudiando as leis como algo que os arruinaria e preferindo retornar sob o poder dos reis[235]. O requerimento do tribuno foi debatido por seis anos, mas enfim o povo miúdo prevaleceu sobre a nobreza. Então foram publicadas as Leis das Doze Tábuas, entre as quais havia uma que proibia com pena de morte que se desse privilégio a qualquer pessoa sem o consentimento dos grandes estados. Os magistrados foram obrigados a governar os súditos seguindo essas leis, de modo que a equidade e a arbitragem não tinham vez.

Foi o que aconteceu depois que o rei Francisco I sujeitou a Saboia: os novos governadores e magistrados julgavam com frequência contra os costumes e o direito escrito, recorrendo à equidade. Então os estados do país enviaram seus deputados ao rei para obter cartas-patentes com proibição aos magistrados de continuarem julgando por equidade, o que não era outra coisa senão amarrá-los às leis sem variar para mais nem para menos, coisa que é muito contrária às paixões dos juízes parciais. Para evitar isso, o legislador Carondas[236] proibiu todos os magistrados de se afastarem das palavras da lei, ainda que ela parecesse iníqua. Conan, mestre dos requerimentos, espantou-se muito da instância que fizeram os embaixadores por ser injusta e desarrazoada. O doutor Faber, por sua vez, diz que neste reino apenas as Cortes soberanas podem julgar por equidade, mas ele mesmo não deixaria de julgar por equidade, ainda que fosse o menor juiz da França.

De certo modo ele tinha razão, mas é preciso atentar que o termo "equidade" é interpretado de modo diverso, pois a equidade num Príncipe é declarar ou corrigir a lei, num magistrado é vergá-la, suavizar seu rigor ou

---

235 Lívio liv. 2.

236 Diodoro liv. 12.

endurecer sua brandura quando necessário, ou suplantar a lacuna que surge quando a lei não dispôs sobre o caso que se apresenta. Então os menores juízes têm poder para julgar por equidade, seja de ofício, seja quando se procede diante deles por via de requerimento, ou quando o Príncipe lhes envia alguma autorização de recurso ou outras cartas de justiça, que eles podem ratificar ou cassar conforme lhes parecer conveniente, segundo as ordenanças dos nossos reis[237] e a cláusula das cartas que contém estas palavras: TANTO QUANTO FOR NECESSÁRIO, ou então nas causas para as quais o Príncipe concede poder expressamente por seu édito com estas palavras: AS QUAIS DEPOSITAMOS SOBRE SUA CONSCIÊNCIA, com as quais os menores juízes têm tanto poder quanto os maiores. No entanto, eles não podem, como fazem as Cortes soberanas, reduzir as apelações a nada, nem dispensar os acusados com absolvição plena, mas somente *QUOUSQUE*, à maneira dos lacedemônios, como diz Plutarco, quando forem indiciados pelo crime. Eles tampouco podem alçar nem considerar alçado o apelante perante um juiz real, nem outras coisas semelhantes.

Lemos em caso semelhante nas pandectas dos hebreus[238] que apenas a Corte dos senadores ou dos sábios, que eles chamam de *hacamin*, pode julgar por equidade, e que isso não é permitido aos juízes inferiores. O mesmo está escrito em quase todos os costumes da Itália, nos quais se ordena que os juízes sigam a lei tal como ela está escrita. A isso o doutor Alexandre, indagado se tais costumes deviam ser aplicados, respondeu que, não obstante a cláusula, a interpretação justa e equitativa nunca estava excluída, seguindo nisso a opinião de Bártolo, que não fez distinção entre o grande magistrado e o pequeno a esse respeito. Afinal, propriamente falando a lei sem equidade é um corpo sem alma, pois toca somente as coisas gerais, enquanto a equidade procura as circunstâncias particulares, que são infinitas e às quais se deve acomodar as leis, seja em termos de justiça, seja em matéria de estado, de modo que não decorra inconveniente nem absurdo algum. Mas o magistrado não deve dobrar tanto a lei a ponto de rompê-la, ainda que ela pareça muito rígida quando for bastante clara por si mesma. É outra coisa se a lei for iníqua diante do fato que se apresenta, pois nesse caso o jurisconsulto dizia que se deve moderar a lei pelo decreto do magistrado. Quando ele diz o magistrado, mostra de modo

---

237 Ordenanças de Carlos VII e VIII.

238 Maimônides liv. 3. Cf. Deuteronômio 18 e 21.

suficiente que isso não cabia aos juízes particulares, mas somente ao pretor, o que lhe fora permitido na instituição de seu ofício pela Lei Pretória, de acordo com a qual ele recebeu o poder de suplantar, declarar e corrigir as leis[239].

Porém, como isso diz respeito aos direitos da majestade soberana, desde então os Príncipes se atribuíram a declaração e correção das leis nos casos em que haveria dúvida entre a lei e a equidade resultante da verdadeira interpretação da lei. É por isso que os juízes e governadores de regiões pediam antigamente o parecer dos imperadores quando o caso excedia os termos da equidade resultante da lei e quando aquilo que lhes parecia justo era contrário a ela. Se o Príncipe estivesse tão longe que não se pudesse obter sua declaração, os magistrados seguiam os termos da lei, pois não cabe ao magistrado julgar a lei, mas sim julgar segundo a lei, como dizia um antigo doutor. Se ele agir de outro modo, será infame conforme o direito comum. Quanto a isso eu me lembro que Barthélémy, um dos presidentes das investigações no Parlamento de Toulouse, quando os conselheiros de sua câmara quiseram julgar contra a ordenança, mandou dizer por sentença às câmaras reunidas, a pedido das pessoas do rei, que a ordenança seria seguida. E se ela parecesse iníqua à Corte, recorrer-se-ia ao rei, como de costume em tais casos. Nisso fica claro que o magistrado está sob o poder da lei e a equidade está na alma do magistrado, que age para suplantar o que falta na lei ou tirar uma razão dela, pois a reta interpretação da lei não é nada mais que a própria lei.

Contudo, quando digo que os casos esquecidos pelo legislador e que não podem ser compreendidos nas leis (devido à sua variedade, que é infinita) ficam submetidos à discricionariedade do magistrado, isso deve se relacionar à equidade. Ademais, o juiz, que deve ser íntegro e inocente, não deve fazer nada por dolo, nem por fraude, nem por concussão. Nisso Alexandre se enganou ao dizer que o juiz que tem o arbítrio de julgar segundo sua vontade pode julgar iniquamente se lhe parecer conveniente. Isso é uma opinião contrária à lei de Deus e da natureza e reprovada por todos os jurisconsultos, que são da opinião que o magistrado que tem poder e arbítrio para julgar segundo sua vontade não é responsável por ter mal julgado. Porém, eles acrescentam esta condição: contanto que ele não faça nada por dolo nem por fraude. A ordenança de Liutprando rei dos lombardos dispõe que o magistrado pagará quarenta soldos de multa se julgar contra a lei, metade ao rei e metade

---

239 Varrão, De lingua latina liv. 5.

à parte. E se julgar iniquamente aquilo que é de sua competência ele não está sujeito à multa, contanto que não tenha feito nada por dolo nem por fraude, como também é observado em todas as sedes deste reino.

No entanto, os antigos romanos não se contentavam com isso, mas faziam com que os juízes jurassem que não julgariam contra sua consciência[240]. E antes que eles proferissem sua sentença o meirinho anunciava em voz alta: *Ne se paterentur sui dissimiles esse*, como diz Cassiodoro. Em caso semelhante os juízes na Grécia juravam que respeitariam as ordenanças, e se não houvesse lei nem ordenança para o fato que se apresentava eles juravam julgar segundo a equidade, usando estas palavras: δικαιοτάτη γνώμη. A isso se refere o dito de Sêneca: *Melior videtur conditio causae bonae si ad judicem, quam si ad arbitrum quis mittatur: quia illum formula includit, et certes terminos ponit: huius libera et nullis astricta vinculis religio, et detrahere aliquid potest et adiicere, et sententiam suam, non prout lex, aut justicia, suadet, sed prout humanitas aut misericordia impulit, regere.* Eles não teriam permitido isso aos juízes se fosse possível compreender tudo nas leis, tal como alguns ousaram dizer que não havia caso que não estivesse no direito romano, coisa que é tão impossível quanto querer contar os indivíduos ou compreender o infinito naquilo que é finito.

É por isso que a Corte do Parlamento de Paris, temendo que se atribua valor de lei às sentenças que ela profere, faz inscrever no registro, se houver dúvida notável ou se o assunto o exigir, que a sentença não constitui prejulgado e que é lícito em caso semelhante julgar de modo contrário. Assim, um processo pode ser resolvido por sentenças contrárias ou muito diferentes, como às vezes acontece, tal como dois viajantes vindo de regiões diversas chegam ao mesmo lugar por caminhos totalmente contrários. Nesse caso, a Corte faz inscrever no registro o motivo, ou então ela insere no texto da sentença a seguinte cláusula: SEM VALOR DE LEI. Porém, como essa cláusula pode deixar as partes em dúvida, ela não é inserida com frequência, e menos ainda o motivo sobre o qual a Corte fundou sua sentença, como fazem muitos juízes e legisladores que empregam as razões no lugar das leis e julgamentos, coisa perniciosa e inepta que dá ensejo aos súditos de forjar processos, requerimentos civis ou proposições de erro, ou de fraudar as leis.

---

240 Políbio liv. 6; Plínio, Panegírico; Novellae Constitutiones 102 e 9; Zonaras, liv. 2 ana. 2, liv. 6 variação 1, liv. 6 variação 2; Aristóteles, Política liv. 3; Pollux liv. 2; Demóstenes, Contra Timócrates.

Eis porque as leis e sentenças antigas contêm somente três palavras que eliminam todas as fraudes que se pode imaginar. Assim, aqueles que recolhem as sentenças da Corte para mandar imprimi-las sem ter lido o registro das sentenças enganam-se muito e enganam aqueles que os seguem, porque, não conhecendo o motivo da Corte, fazem de uma sentença, que é hipótese e caso particular, uma lei geral, que é o que se decidiu. Por isso vi num processo insignificante as partes entrarem em contenda sobre a interpretação do costume segundo o qual, se a Corte tivesse proferido sua sentença interlocutória sob pressão de distúrbios, como ocorre com frequência nesses casos, as partes teriam sido arruinadas. A Corte julgou o processo definitivamente atendendo a um pedido e fez inscrever no registro que agia sem derrogar nem prejulgar o costume. Não obstante, aqueles que não conheciam nada do motivo da Corte publicaram que a Corte tinha decidido sobre o costume, e depois mandam imprimir as sentenças para servir de lei.

Ora, a lei diz que é coisa extremamente perniciosa julgar seguindo exemplo alheio, pois a menor circunstância de local, tempo, pessoas ou fato proposto torna necessário variar e diversificar os julgamentos e sentenças, de modo que é impossível transformá-los em lei. Embora Sólon tenha sido criticado erroneamente por ter feito tão poucas leis, Licurgo fez ainda menos, e tão poucas que proibiu que fossem escritas, deixando a maioria delas a critério dos magistrados. Assim também fazia Thomas More chanceler da Inglaterra, deixando todas as penas a critério dos magistrados, exceto o adultério na sua República de Utopia, que jamais existiu. Esse é o meio que muitos pensam ser o mais seguro, contanto que os ofícios de judicatura não sejam postos à venda, pois é sabido de todos que quanto mais leis existem, mais processos há sobre a interpretação delas. Isso pode ser visto neste reino, que tem mais leis e costumes que todos os povos vizinhos e mais processos que todo o resto da Europa. Estes se multiplicaram mais e mais desde que o rei Carlos VII e seus sucessores começaram a povoar este reino com leis feitas à moda de Justiniano, com uma batelada de razões, contra a forma das antigas ordenanças dos reis e sábios legisladores. É por isso que um certo juiz versado em manipulações, ao ver que lhe traziam um édito para verificar, disse: "Eis dez mil escudos em especiarias", pois não há palavra nem sílaba com as quais o cérebro dos franceses, sutil e cheio de razões verdadeiras ou verossímeis, não embaralhe os melhores juízes do mundo.

Porém, o juiz reto e íntegro, que não será obrigado a vender no varejo o que os outros compram no atacado, governará com muito poucas leis boas uma República inteira, como se viu a Lacedemônia e as mais florescentes Repúblicas manterem-se com muito poucas leis. As outras com seus códigos e pandectas foram destruídas em poucos anos, ou perturbadas por sedições, processos e manipulações imorredouras. De fato, vê-se muitos processos que têm cem anos de idade, como o do condado de Rais, que foi tão bem mantido que as partes originais morreram e o processo continua vivo. Assim fez a velha Ptolemaida de Suidas, que embaralhou tanto a meada e deu tantas fugas e travessias às suas partes que litigou até a morte. É certo que da multidão de leis arrazoadas e publicadas neste reino desde Carlos VII proveio o acúmulo de processos, pois não havia tantos deles há mil anos como se fez nos últimos cem ou cento e vinte anos, nem tão cheios de razões. No entanto, não há uma única razão em todas as leis de Sólon, Drácon, Licurgo, Numa, nem nas Doze Tábuas, nem mesmo na lei de Deus. Embora se possa dizer que a multidão infinita de povo que abunda neste reino pode contribuir para a multiplicidade dos processos, havia muito mais gente na época de César, e ainda mais quinhentos anos antes, como ele escreveu no livro VI de suas *Memórias*. Josefo, no discurso de Agripa, diz que havia mais de trezentos povos na Gália. No entanto, Cícero, ao escrever ao jurisconsulto Trebácio, que era um dos lugares-tenentes de César, disse que ele ganhava muito pouco com o seu ofício.

Aqueles que fizeram tantas leis quiseram cortar a raiz das fraudes em pedaços, mas fizeram como Hércules, que, quando cortava uma das cabeças da Hidra, via renascer sete. Pois é impossível compreender em todos os livros do mundo todos os casos que se podem apresentar, e para cada razão há dez mil processos, como dizia Sêneca: *Nihil mihi videtur frigidius, quam lex cum prologo: jubeat lex, non suadeat*, a não ser que a razão fosse inseparável da lei. Embora os dez comissários deputados pelos romanos para corrigir os costumes e redigir as Doze Tábuas tenham dito e pensado ter compreendido todos os incidentes que poderiam ocorrer, logo depois viram estar muito longe do necessário, de modo que foram obrigados a deixar a maioria dos julgamentos atinentes ao interesse dos particulares a critério dos magistrados, como dissemos. E embora a respeito das causas públicas eles tenham se esforçado para conter os juízes nas barreiras da lei, por fim, vendo os inconvenientes que surgiam por qualquer motivo ao se querer fazer justiça em proporção aritmética, eles foram obrigados (depois que o estado popular foi transformado em monarquia) a nomear um grande preboste de Roma, ao qual deram o poder de conhecer extraordinariamente todos os crimes cometidos em Roma e em quarenta léguas ao redor de Roma, o que era antes da competência dos governadores das províncias.

Ora, aquele que conhece extraordinariamente não está sujeito às leis e pode proferir a sentença que lhe parecer melhor, contanto que não exceda o meio, diz a lei, meio que reside na proporção harmônica que mencionei. Mas esse poder extraordinário de julgar por equidade ou governar uma província ou estado comporta vários graus, pois há diferença se o Príncipe, seja por comissão, seja em virtude da instituição do ofício, confere ao magistrado ou comissário pleno poder para governar como quiser ou como o próprio Príncipe poderia fazer, o que é quase um poder absoluto e tal que o magistrado, por maior que possa ser, não pode transferir a ninguém. Mas se as cartas dispuserem que o magistrado ordene tal como julgar que deve ser feito pela razão, ou segundo a consciência, ou com discricionariedade, ou segundo a equidade, ou qualquer outra expressão semelhante, em todos esses casos é certo que o poder é limitado ao arbítrio de um homem de bem e aos termos da equidade, à qual o próprio Príncipe deve submeter seus julgamentos.

Enganam-se aqueles que pensam que o Príncipe pode julgar segundo a sua consciência e o súdito não, salvo em matéria criminal. Nesse caso, eles são da opinião que o magistrado pode tanto quanto o Príncipe julgar segundo a sua consciência. Mas se é equitativo para um, por que não o é para o outro? E se é iníquo para um, por que seria equitativo para o outro? Pois o macaco é sempre semelhante a si mesmo, quer o vistam de púrpura ou de burel. Mas se a verdade do fato é conhecida somente do Príncipe ou do magistrado, nem um nem o outro devem agir como juiz, mas apenas como testemunha. É o que respondeu Azo ao governador de Bolonha a Gorda, que tinha visto um homicídio ser cometido sem outra testemunha; disseram-lhe então que ele não poderia ser juiz. A mesma resposta foi dada ao rei da França Henrique II pela câmara da rainha reunida em Melun quando ele mandou prender um italiano por tê-lo surpreendido em caso digno de morte. Como ele não queria julgar, ordenou aos juízes que o condenassem, os quais nada quiseram fazer, como eu soube por Antônio de Paula, segundo presidente de Toulouse, que figurava entre os juízes. O mesmo rei serviu apenas de testemunha em causa civil no processo entre os herdeiros de George d'Amboise, no qual seu testemunho contou somente por um. E o papa Paulo Farnese foi criticado por ter mandado matar um gentil-homem que lhe havia confessado um assassinato secreto quando ele era cardeal, visto que o gentil-homem depois negou ter dito ou feito tal coisa.

Ora, faz muito mais sentido que o Príncipe e o magistrado julguem segundo a sua consciência em caso civil do que criminal, visto que se trata com frequência da vida, da honra ou dos bens, e a prova exigida tem que ser mais clara que o dia. Mas a diferença é muito grande entre os juízes que estão vinculados às leis por qualquer coisa que seja e aqueles que têm poder para governar sem lei, pois uns lidam somente com os fatos e os outros com o direito, a equidade e a razão, sobretudo quando se trata de coisa de importância na qual se deve declarar a lei, que foi dada antigamente ao pretor, como eu disse. No entanto, pela lei de Deus[241] isso é reservado ao grande pontífice ou àquele que era eleito por Deus como juiz soberano, ou na ausência deles aos levitas. Isso foi enfim atribuído ao senado sob os últimos Príncipes da casa dos asmonianos, costume que também era válido no Egito e na França, onde os sacerdotes e druidas eram guardiões da justiça, por ser a coisa mais sagrada do mundo. O primeiro presidente dos druidas portava, diz Ammian, uma pedra preciosa pendurada no pescoço na qual a verdade estava gravada. Perdura ainda em toda a Ásia e na maioria da África o costume segundo o qual os sacerdotes detêm a justiça e o grande pontífice a declaração das leis e a decisão das causas mais altas e mais difíceis, como o *mufti*, grande pontífice da Turquia. Do mesmo modo, o *sophi* tem o seu em Táuris, os tártaros o seu em Samarcanda e os reis de Fez, Caroan e Telmesse também têm cada um o seu. Isso mostra que a equidade, quando falta lei, deve ser tratada e manejada por juízes e magistrados muito experientes.

Se de fato a justiça e o governo por proporção igual ou aritmética devessem ser aplicados quando se tratasse somente do interesse particular não haveria dificuldade alguma, pois restaria apenas a execução da lei. Mostraremos em seguida que essa opinião não é aceitável. Mas é preciso mostrar antes que a mesma opinião a respeito da justiça geométrica é igualmente insustentável quando se trata do público. Isso se verifica em todas as leis que contêm multas

---

241 Deuteronômio 17.

e penas pecuniárias que se encontram nas leis de Sólon, nas Doze Tábuas e nas leis de todas as nações, inclusive dos antigos franceses, ingleses, sálicos e ripuários, nas quais quase todas as penas são pecuniárias. E em todos os costumes e ordenanças deste reino as multas são taxadas, de modo que tanto o pobre quanto o rico pagarão a multa por justiça igual e aritmética.

A justiça aritmética é iníqua

Se fosse verdadeiro o dito de Platão, dever-se-ia riscar todas essas leis e deixar ao arbítrio e pleno poder dos magistrados a decisão de aumentar ou diminuir a pena. No entanto, a maioria dos éditos e ordenanças penais contêm esta cláusula: "Proibimos aos nossos juízes de diminuir a pena". Se o condenado não tiver com o que satisfazer a falta cometida por ele por dolo e por fraude, a lei geral e comum a todos os povos quer que ele seja punido corporalmente. Aqui, talvez, se dirá que é injusto condenar um homem pobre a sessenta libras de multa por uma apelação temerária e não fazer com que o mais rico pague mais, pois a justiça geométrica quer que, se o pobre, cujo patrimônio todo não passa de cem libras, pagar sessenta libras de multa, o rico, que possui cem mil libras, deve pagar sessenta mil de multa, já que a proporção de cem para sessenta é semelhante à de cem mil para sessenta mil. Eis o efeito da justiça geométrica, segundo a qual os mais ricos perdem seu privilégio sobre os pobres. A justiça aritmética, em contrapartida, é o meio do homem rico para arruinar o pobre a pretexto de justiça. Por essa causa, as ordenanças permitiram aos juízes condenar à multa extraordinária se for o caso, além da multa ordinária, como se fazia antigamente na Grécia, onde chamavam essa multa extraordinária de ζημίαν ἐπωβελίας, como escreve Demóstenes[242]. Isso seria chegar muito perto da verdadeira justiça harmônica se as mesmas ordenanças permitissem aos juízes, ou pelo menos às Cortes soberanas, diminuir a multa levando em conta a qualidade dos pobres e ignorantes, como sempre se fez no Parlamento de Rouen. Quando os recebedores das multas reclamaram ao rei porque ele os obrigava a obedecer ponto por ponto a ordenança que proibia que se diminuísse a pena, o presidente Lisoire e o advogado do rei D'Amours, deputados do Parlamento de Rouen, ao fazer várias reclamações relativas ao domínio e à reforma geral da Normandia,

---

242 *Contra Dionisiodoro.*

onde eu representava o rei, solicitaram entre outras coisas que aprouvesse ao rei não obrigá-los a condenar todos os recorrentes temerários à multa igual de sessenta libras parisienses. Vejo que o mesmo foi feito antigamente pelo imperador Cláudio[243].

Agindo-se assim, a verdadeira justiça harmônica seria mantida, que é em parte igual e em parte semelhante. Haveria igualdade entre os homens medianos, mais ou menos ricos, e proporção geométrica entre os grandes senhores e os pobres, que seria deixada nesse caso à equidade e critério dos juízes. Faremos o mesmo julgamento da ordenança de Carlos IX sobre a proibição dos hábitos, que prevê mil escudos de pena, com proibição aos juízes de diminuir a pena. É uma ordenança atinente ao público, mas feita segundo a justiça aritmética.

Ordenança de Felipe, o Belo, por justiça harmônica

Mas a ordenança[244] de Felipe, o Belo, relativa aos hábitos e superfluidades dos banquetes, que não foi impressa, aproxima-se da proporção harmônica, pois dispõe que o duque, o conde, o *vers* e o prelado que agirem contra essa ordenança pagarão cem libras, o alferes cinquenta, o cavaleiro ou vavassalo quarenta, os decanos, arquidiáconos, priores e outros clérigos com dignidade ou personato[245] pagarão 25 libras; os outros laicos que infringirem a ordenança, seja qual for seu estado, se tiverem patrimônio de mil libras pagarão 25 libras e se tiverem menos pagarão cem soldos; os outros clérigos desprovidos de dignidade ou personato, quer sejam do século ou de religião, se infringirem a ordenança pagarão cem soldos tal como os outros. Vê-se aqui as penas desiguais para pessoas desiguais, segundo a justiça geométrica. Não obstante, também se vê igualdade de penas para pessoas desiguais, segundo a justiça aritmética. Ambas estão tão entrelaçadas que resulta na justiça harmônica. O mesmo regulamento é observado na permissão dos hábitos, na qual se lê: "Nenhuma burguesa terá corrente. Item: Nenhum burguês ou burguesa usará ouro, nem

---

243 Suetônio, Cláudio.

244 Publicada em 1294, registrada na Câmara de Contas no livro intitulado "Ordenanças de São Luís", folha 44.

245 Personato é um ofício eclesiástico que não é dignidade, como sacristão, claviculário e outros semelhantes.

— 217 —

pedras preciosas, nem cintos de ouro, nem coroa de ouro ou de prata, nem peles de veiro, de gris ou arminho". Isso não é proibido aos nobres, e contudo há alguma diferença quando se diz que o duque, conde ou barão com seis mil libras de terra ou mais poderão mandar fazer quatro pares de vestes por ano, e não mais, e suas mulheres outro tanto. E as pessoas togadas e clérigos desprovidos de dignidade ou personato não poderão mandar fazer roupas para seus corpos de mais de dezesseis soldos por *aune*[246] de Paris, e para seus companheiros de doze soldos. Há vários outros artigos semelhantes, mas não se menciona, nem de perto nem de longe, a seda, o veludo ou qualquer coisa que se aproxime.

Quem quiser observar em detalhe a justiça geométrica e atribuir a pena com relação aos bens e ao delito não deveria nunca fazer leis, pois a variedade de pessoas, fatos, tempo e lugar é infinita e incompreensível. Por isso a igualdade das penas por justiça aritmética também seria injusta, como se pode ver nas leis suntuárias dos romanos[247] quando eles estavam em estado popular: os pedaços são cortados igualmente para todos e a pena é igual sem distinção entre o rico e o pobre, o nobre e o plebeu, ainda que os bens de cada um fossem registrados nos papéis censuários, o que não se faz hoje e causaria grande dificuldade caso se quisesse usar a justiça geométrica.

Ordenanças suntuárias dos romanos por justiça aritmética

Também eram iguais as penas das leis públicas que foram feitas durante o estado popular e a justiça era distribuída a todos os cidadãos em proporção aritmética, como se o médico desse o mesmo remédio com a mesma dose para os fortes e os fracos. Por isso, depois que o estado popular foi abandonado, o governo igual e a justiça aritmética mudaram e a pena dos nobres foi diminuída, como se pode ver na carta de Antonino Pio a um governador de província, que mantinha um homem de honra indiciado pelo homicídio de sua mulher encontrada em adultério. Nessa carta ele diz que é preciso moderar a pena da Lei Cornélia.

---

246 [N.T.]: Antiga medida de comprimento usada sobretudo para tecidos e equivalente a mais ou menos 1,20m.

247 Leis Faunia, Licínia, Cornélia, Júlia; Macróbio liv. 3 cap. 17; Aulo Gélio liv. 2 cap. 24.

A qualidade da pessoa é muito importante para a justiça

Se o assassino fosse de baixa condição, ele deveria ser banido para sempre, e se tivesse dignidade bastaria bani-lo por algum tempo. É uma diferença muito notável em termos de justiça, pois a qualidade da pessoa repercute sobre a própria vida ou morte, já que o assassino, diz a lei, deve ser condenado à morte se não tiver alguma dignidade de honra.

Os nobres são menos punidos que os plebeus

A Lei Viscélia queria que os ladrões de gado, se fossem escravos, fossem lançados às feras selvagens, e os homens de franca condição punidos pelo gládio ou condenados às minas. Se a pessoa for de família nobre, bastará bani-la por algum tempo. Em caso semelhante, os incendiários de cidades eram lançados às feras se fossem de baixa condição, e os nobres decapitados ou confinados. Geralmente os escravos eram sempre punidos mais severamente que os homens de franca condição, pois estes eram somente batidos com varas ou pequenos bastões, enquanto os escravos eram fustigados com cacetes ou pequenas cordas. Ao contrário, Platão[248] diz que o cidadão deve ser mais punido que o escravo porque este, diz ele, não é tão instruído quanto aquele. Por essa causa o pai que tinha fustigado seu filho com cacetes foi lapidado pela comuna em Roma, como diz Valério. Entre os homens livres, o cidadão era menos punido que o estrangeiro, o nobre menos que o plebeu, o magistrado menos que o particular, o homem sábio e modesto menos que o homem vicioso e dissoluto, o soldado menos que o agricultor. Não se deve, diz Labeon, tolerar que um plebeu abra uma ação de dolo contra um homem constituído em honra e dignidade, nem um pródigo contra um homem bem regrado. Até os antigos romanos não condenavam às minas nem às forcas os decuriões, os conselheiros de cidade ou os militares por qualquer crime que fosse. O ladrão de noite, diz a lei, tendo se defendido, deve ser condenado às minas, mas as pessoas de qualidade somente banidas por algum tempo e os militares cassados com ignomínia.

---

248 Platão, Leis liv. 9.

Não se deve pensar que essa forma de punir seja própria de algum povo, pois todos os outros agiram assim, inclusive os antigos franceses, sálicos, ingleses e ripuários. Mas não se deve fazer como os bárbaros hindus, que para um mesmo crime punem muito mais severamente e sem proporção alguma os plebeus do que os nobres, pois cortam o nariz e as orelhas dos plebeus, e para o mesmo crime cortam dos nobres os cabelos ou as mangas da camisa. Esse costume era corriqueiro na Pérsia, onde se chicoteavam as vestes dos condenados e arrancavam os pelos do seu chapéu. Tampouco devemos nos deter na opinião de Aristóteles, que quer que a justiça geométrica seja aplicada quando se deve repartir as recompensas (o que é comum) e que a justiça aritmética seja executada igualmente quando se deve punir os delitos, o que é não apenas inverter o princípio filosófico que quer que as coisas contrárias, como a recompensa e a pena, sejam regidas pelas mesmas regras, mas também todas as decisões dos maiores jurisconsultos e legisladores que já houve. Até os doutores, canonistas, oradores[249], historiadores[250] e poetas são da mesma opinião que os jurisconsultos e sempre puniram menos os nobres que os plebeus. A nobreza antiga de M. Emílio Escauro, diz Valério, salvou-lhe a vida no estado popular. Isso foi observado ainda melhor depois da mudança de estado, pois então começou-se aos poucos a decapitar com uma cimitarra os nobres, à moda dos povos do Setentrião, ao passo que os romanos, antes disso, usavam machados contra toda espécie de pessoa. Assim, o centurião enviado para executar Papiniano, que era parente do imperador Trajano e havia sido declarado tutor dos imperadores e do Império, por ter cortado sua cabeça com um machado foi repreendido acerbamente pelo imperador Caracala, que disse que Papiniano deveria ter sido executado com o gládio, que trazia menos dor e infâmia, ao contrário do que pensava o jurisconsulto Govean.

Pelo mesmo motivo, aquele que ofendeu o nobre é punido mais severamente do que se ofendesse um plebeu, e um cidadão do que um estrangeiro. Isso era ainda mais bem observado pelas antigas leis dos francos, sálicos e ingleses, cuja lei disse: "Quem tiver ofendido o franco sálico pagará multa em soldos estimados em 40 tostões por peça. E se o franco injuriar o saxão ou o frísio, pagará multa em soldos estimados em 12 tostões". A ordenança de Afonso X rei de Castela dispõe que a injúria feita ao nobre será punida

---

249 Cícero, Agraria prima; Cornifício, Ad Herennium liv. 2; Fábio liv. 7.
250 Lívio liv. 3; Valeriano liv. 8 cap. 1.

com quinhentos soldos, e ao plebeu com trezentos. Nos capítulos de Carlos Magno está dito que aqueles que matarem um subdiácono pagarão trezentos soldos, um diácono quatrocentos, um padre quinhentos, um bispo novecentos, e quando a dignidade dos eclesiásticos começou a aumentar ainda mais as penas foram dobradas. Não falo do mérito dessas leis, mas uso-as apenas para mostrar que a justiça aritmética não foi aplicada e não deve sê-lo quando se trata da pena, pois as pessoas de honra e de qualidade são sempre menos punidas. Por isso o povo miúdo murmura reiteradamente e pensa que lhe fazem injustiça. André Ricce polonês chegou a dizer que é grande injustiça levar em consideração no julgamento os nobres ou plebeus, pobres ou ricos, burgueses ou estrangeiros, e que a pena deve ser igual para todos, o que está muito longe de corrigir os abusos de sua República como ele pretende.

É o que o povo de Toulouse disse quando o senhor de Roissi condenou o quarto presidente De L'Ormeau a perder seus estados e seus bens, ser posto no pelourinho, depois marcado na testa com um ferro quente e confinado. Quanto ao seu secretário, que havia executado a ordem de seu mestre, ele mandou enforcá-lo. O rei Francisco disse que os ladrões na feira comentavam que era preciso trocar a pena do mestre pela do secretário. Todavia, aqueles que conheceram o senhor de Roissi, pai daquele que é atualmente chanceler do rei da Navarra, ilustre em todas as coisas, sustentam que ele era o menos favorável entre os juízes deste reino e um dos mais entendidos nos negócios da justiça. O secretário teria merecido alguma graça se fosse escravo do presidente, porque teria sido forçado a obedecer. Mas como o secretário não era obrigado a cumprir a ordem iníqua de seu mestre, só podia ser punido com a morte, por tê-lo merecido e por não ter nem bens nem estado, nem grau algum de honra ou de nobreza, que são mais caros que a vida para os homens constituídos em dignidade. Muitos julgam a pena do presidente demasiado rigorosa. Se ele não fosse juiz, por ter cometido as falsidades e concussões nas questões de justiça sob sua custódia ele não teria sido punido tão severamente, pois sempre se respeitou esta prerrogativa dos nobres e daqueles que ocupam estado honrável: se forem condenados à morte, não devem ser enforcados devido à contumélia do suplício, que todos os povos julgam ser o mais infame[251].

---

251 Sérvio, Ad Maronem 9; Plínio liv. 2 cap. 25 e liv. 14 cap. 19.

Nisso eles concordam, embora não concordem quanto às outras penas, pois Sêneca coloca a decapitação como a pena mais branda e os hebreus nas suas pandectas, no título das penas, colocam como a mais grave ser lapidado, a segunda ser queimado vivo, a terceira ser decapitado e a quarta ser estrangulado, mas consideram o mais infame e maldito pela lei de Deus aquele que é enforcado. Nisso Bártolo enganou-se ao dizer que na França os gentis-homens eram enforcados e que o suplício não era considerado ofensivo, visto que, na sua época, que era no reinado de Felipe, o Comprido, a nobreza era tão ilustre e honrada como nunca. É verdade que o nobre que traía seu Príncipe merecia ser enforcado a fim de ser punido mais severamente que o plebeu, que não ofende tanto quanto aquele que não é tão estritamente obrigado a conservar a vida e o estado do seu Príncipe. É por isso que Tito Lívio diz que os traidores, durante as Guerras Púnicas, foram punidos mais severamente que os escravos fugitivos e os traidores romanos tratados mais duramente que os latinos, pois estes tiveram a cabeça cortada e os romanos foram enforcados, embora em todos os outros crimes o romano fosse punido de maneira mais branda. Cipião Africano, diz Floro, quando encontrava um soldado romano fora das fileiras, mandava vergastá-lo com sarmento, e o estrangeiro com outra madeira, pois a madeira de vinha, diz Plínio[252], retirava a desonra da pena. O motivo é belíssimo, a saber que os homens que adquiriram a nobreza por virtude merecem que sua posteridade conheça a virtude dos predecessores. Eis porque o imperador Galba mandou caiar a forca[253] e ordenou que ela fosse colocada mais alto que as outras para minorar a pena do burguês romano que se queixava de ser enforcado, embora tivesse envenenado seu pupilo. Se o médico ou boticário o tivessem envenenado, a pena teria sido ainda mais grave.

Pela mesma proporção de justiça, o juiz que comete injustiça, o sacerdote que rouba coisas sagradas, o notário ou tabelião que comete falsidade, o ourives que faz moeda falsa, o tutor que viola sua pupila, o Príncipe que quebra suas promessas, e geralmente qualquer um que comete falta em seu estado deve ser punido mais severamente que os outros porque o delito é mais grave[254]. É por isso que Metius ditador da Albânia foi esquartejado por

252 Plínio liv. 14 cap. 1.

253 Suetônio, Galba.

254 Tomás de Aquino, Suma Teológica, prima secundae q. 7.3.

quatro cavalos por ter quebrado a promessa feita aos romanos. E Sólon, após mandar publicar e jurar suas leis para todos os cidadãos de Atenas, ordenou que os areopagitas seriam seus guardiões e intérpretes e que pagariam uma estátua de ouro do seu próprio peso se as infringissem. Se Aristóteles tivesse exercido por pouco que fosse o estado de juiz ou se tivesse compreendido e lido as leis do seu país, ele não teria escrito que a justiça igual e aritmética deve ser observada quando se trata das penas e que a proporção geométrica seria muito mais tolerável em matéria de penas. No entanto, por meio desses exemplos podemos ver que se deve observar a justiça harmônica.

Contudo, o que dissemos sobre a justiça harmônica quando se trata da pena corporal aplica-se também quando se trata das multas e penas pecuniárias, mas, por disposição contrária, pois os nobres e grandes senhores devem pagar mais que os mais pobres e pequenos companheiros, como dissemos acima. E como as riquezas são maiores num país que no outro, e maiores hoje do que antigamente, os Príncipes e legisladores são muitas vezes obrigados a mudar as penas pecuniárias previstas nas leis. Sob os imperadores estimava-se pobre aquele que não tinha patrimônio de cinquenta escudos, o que incluía diversos nobres. Os hebreus nas suas pandectas seguiram a decisão dos romanos, proibindo os pobres de mendigar. Os costumes da França, em várias passagens, denominam pobre aquele que jurou pobreza, com duas ou três testemunhas da sua paróquia.

Os ricos são mais punidos que os pobres em matéria de multas

Mas todas essas leis a respeito das multas e penas pecuniárias devem sofrer mudanças, como as ordenanças denominadas da polícia, de outro modo seguir-se-iam vários inconvenientes. É o que aconteceu antigamente em Roma no estado popular quando as penas contidas nas leis não podiam ser aumentadas nem reduzidas pelos magistrados. Houve um Nerácio, homem rico naquele tempo e impudente, que dava bofetões e socos em quem bem quisesse e depois ordenava ao seu escravo que carregava atrás dele um saco cheio de ases que pagasse a multa de 25 imposta pelas Doze Tábuas.

A impudência de Nerácio deu ensejo a mudar a lei das injúrias

Isso deu ensejo a cassar a lei e ordenar que, dali em diante, cada um estimaria a injúria feita a si, salvo se o magistrado ordenasse tal como julgava que deveria ser feito. Eles perceberam de chofre que a justiça aritmética era perniciosa. Fez-se o mesmo na Normandia, onde, segundo um costume antigo que ainda vigora, um soco é estimado apenas em um soldo, e um bofetão em cinco soldos, exceto entre os nobres, que precisavam reparar a injúria por armas plenas e a cavalo com arreio. Faremos o mesmo julgamento da ordenança de Atenas que condenava a cem escudos de multa aquele que fizesse uma bailadeira dançar no teatro. O orador Demades, para tornar seus jogos mais agradáveis, inseriu neles musicistas para dançar, e antes de começar o espetáculo pagou os cem escudos de multa. Era zombar das leis e espezinhá-las.

A forma das ordenanças penais na Polônia

É por isso que nas ordenanças da Polônia, onde quase todas as penas são pecuniárias, seja por homicídio ou outro crime, há um artigo com estas palavras: "Esta ordenança valerá apenas dois anos" – ou outro prazo – "porque é penal". Os outros são obrigados a transformar as penas pecuniárias em penas capitais quando o país se enriquece e as multas são desprezadas, ou quando o delito é demasiado frequente. Nesse caso, os jurisconsultos hebreus são da opinião que se puna com rigor, como o costume da Bretanha quer que os ladrões sejam punidos porque havia muitos deles. São as palavras do antigo costume, que é iníquo e cujo motivo é inepto, de modo que ele não vigora, pois não há distinção de lugar nem da qualidade das pessoas, da idade, do sexo, do tempo ou do delito. Mesmo que se distinguisse apenas a idade, a lei equitativa quer que se perdoe a juventude em quase todos os julgamentos e que ela seja punida com brandura. E a mulher deve sempre ser menos punida que o homem. Com isso se pode julgar que é iníqua a ordenança de Veneza que condena a mulher que cometeu furto a ser chicoteada, marcada com ferro quente e a ter o punho cortado, e na segunda vez o nariz e os lábios, e o homem a ter o olho vazado e o punho cortado, o que é retirar o meio de ganhar a vida e punir mais severamente a mulher que o homem, contra toda equidade. Isso porque a justiça aritmética, ainda que seja iníqua em matéria de penas, só pune as pessoas igualmente, e a justiça geométrica aproxima-se muito mais da verdadeira justiça, levando em conta os detalhes de todas as circunstâncias.

Mas a lei e o juiz são muito iníquos quando punem mais acerbamente aqueles que são mais fracos e mais tenros do que os robustos e poderosos. Geralmente todas as leis que contêm penas certas revelam-se injustas se não for permitido de algum modo ao magistrado aumentá-las ou diminuí-las segundo a circunstância do lugar. Nisso os mais sábios e mais entendidos nas questões de justiça podem se enganar se não tiverem diante dos olhos a justiça harmônica. Bem se sabe que não há no mundo todo companhia na qual haja jurisconsultos maiores e mais experientes em julgamentos do que na Corte do Parlamento de Paris. No entanto, ela publicou sem restrição nem limitação alguma a ordenança contra os falsários feita pelo rei Francisco I que atribuía pena capital, seja em processo civil ou criminal, e sem distinção entre falsários, juízes, tabeliães, notários, soldados ou camponeses. Contudo, depois a Corte suspendeu prudentemente a lei para que a pena contida nela espante os falsários, que ela pune, todavia, com discricionariedade, de modo que, de cinquenta, mal há um que é condenado à morte. Pois logo depois se percebeu os inconvenientes e absurdos intoleráveis que a ordenança acarretava, punindo com a morte tanto aquele que tinha falsificado uma única cédula de cem soldos como aquele que tinha falsificado decretos ou selos do rei, ou dado falso testemunho para fazer morrer um inocente, bem como numa causa puramente civil na qual se trata somente de cinco soldos, e tudo isso sem distinção entre as pessoas.

Não é melhor a ordenança de Veneza[255] que quer que a pena do falsário não seja menos do que ter a língua cortada, sem nenhuma distinção de falsificação nem outras circunstâncias. A ordenança de Milão contra os falsários aparenta-se mais à justiça harmônica, pois quer que aquele que tiver falsificado um ato ou dado falso testemunho por coisa que não excede vinte escudos seja condenado na primeira vez ao quádruplo do valor e a usar o coruchéu em público por três dias; na segunda vez, a ter a mão cortada; na terceira a ser queimado; e para coisas de vinte a quinhentos escudos, a ter a mão cortada na primeira vez e a ser queimado na segunda; e para coisas acima

---

255 Feita em 1451 pelo senado.

de quinhentos escudos que o juiz decida como quiser na primeira vez, e na segunda que o falsário seja queimado. Há proporção de justiça geométrica mesclada a justiça igual. Porém, ao manipular os valores não se fez nenhuma distinção entre o notário e o lavrador, o juiz e o soldado, o velho e o jovem, o nobre e o plebeu. E se a falsificação for de dez mil escudos ou mais, a pena não é maior do que para quinhentos escudos. Não se deve responder como fez o legislador ateniense Drácon, indagado por que condenava à morte tanto aquele que roubasse uma maçã como aquele que matasse o próprio pai, que disse que teria atribuído pena maior se houvesse pena mais grave que a morte. Mas Licurgo deixou a critério dos magistrados a cominação das penas e dos juros, temendo incorrer em tais absurdos se quisesse restringir o poder dos oficiais.

É o que se faz ordinariamente nas Repúblicas populares e em quase todos os costumes da Itália, como a ordenança de Veneza que quer que aquele que tenha golpeado outrem até verter sangue pague vinte e cinco libras, e se matá-lo será enforcado. Se a ordenança valesse em todo lugar, não se encontrariam homens semelhantes a Nerácio para dar bofetões e pauladas por esse preço! O imperador Adriano julgou muito mais sabiamente quando ordenou que aquele que quis matar e não matou merece a morte, e aquele que matou sem querer deve ser absolvido, pois é preciso pesar os malefícios segundo a vontade e não segundo o fato. No entanto, o esforço é menos punido que o efeito, e a persuasão de uma maldade menos que a força. Nisso os teólogos[256] e canonistas concordam com os jurisconsultos, embora na verdade aquele que persuadiu ofendeu mais a Deus porque deixou uma viva impressão de sua maldade gravada no coração de outrem, e aquele que violentou a mulher pudica deixou seu espírito puro e limpo de toda mácula. Mas os homens só punem aquilo que conseguem tocar. Nisso enganou-se Thomas More chanceler da Inglaterra, que igualava o esforço ao efeito e a vontade à sua execução.

Contudo, quando a vontade se junta ao efeito não se deve levar em consideração a justiça aritmética, como a ordenança de Milão que condena à morte o ladrão que roubou um montante de mais de meio escudo fora das cidades, e abaixo de meio escudo deixa a pena a critério dos juízes. Não obstante, neste reino é punido capitalmente como ladrão aquele que rouba alguém na estrada, quer tivesse dinheiro consigo ou não. De fato, vi

---

256 Tomás de Aquino, Suma Teológica, prima secundae q. 73; Antonino Florentino, Suma, primeira parte, tít. 9 cap. 1 § 1.

enforcar um que tinha encontrado apenas dezoito tostões na bolsa daquele que roubara. A lei dos romanos quer que os ladrões e bandidos notórios sejam enforcados e deixados na forca, o que era então a pena mais rigorosa. Mas a *l. capitalium. §. ult. de pœnis. ff.* entende pela palavra *latro* o que nós chamamos de assassino, que mata nas estradas. Quanto àquele que despoja os transeuntes, a lei *d. l. capitalium. §. grassatores.* o chama de *grassatorem* e quer que ele seja condenado à morte, e não enforcado. Todavia, Acúrsio e outros doutores interpretaram *latronem* como ladrão, que os latinos chamam de *furem*, e deram ensejo em parte a fazer com que os ladrões fossem punidos com a morte por terem roubado. O mesmo absurdo se vê em quase todas as ordenanças da Itália, como a de Veneza a respeito dos furtos, que quer que se fure um olho daquele que tiver roubado acima de cinco libras até dez; de dez a vinte, que lhe furem um olho e cortem uma mão; de vinte a trinta, que lhe furem os dois olhos; de trinta a quarenta, que ele perca os olhos e uma mão; e acima de quarenta, que perca a vida. É coisa muito iníqua, pois aquele que tomou apenas cinquenta escudos quando tinha a oportunidade de pegar mil será punido com a morte, e aquele que cortou a bolsa e não encontrou nada dentro é absolvido. A ordenança de Palermo é praticamente semelhante.

Mas é coisa estranha estabelecer penas tão graves para simples furtos e taxar com multas o sangue e a vida de outrem, como fazem algumas leis que enumerei acima. Pois vê-se com toda evidência que a pena de morte é demasiado cruel para vingar um furto e não basta para impedi-lo, e a pena do que mata e a do que rouba são iguais. Agindo-se assim tem-se mais segurança para cometer um homicídio e mais esperança de ocultá-lo. Há leis ainda mais estranhas em países como a Polônia, Suécia, Dinamarca e Moscóvia, sobretudo a ordenança de Casimiro, o Grande, rei da Polônia[257], que quer que o nobre que matou outro homem nobre fique quites pagando trinta escudos, e se deixou-o aleijado de um braço ou uma perna, quinze escudos; se for um plebeu que matou um gentil-homem, a multa é dobrada, e se ele matou um plebeu a multa é somente de dez escudos, sem nenhuma punição corporal. Essa foi a causa de uma infinitude de assassinatos por emboscada, pois a ordenança era feita apenas para estes. Depois a pena foi dobrada[258] por Sigismundo I, que ordenou que o assassino ficaria na prisão por um ano e seis

---

257 Feita em 1368.

258 Em 1496.

semanas. Mas o cúmulo do mal foi quando se inseriu prescrição de três anos para o homicídio, seja qual fosse, e que o senhor não poderia ser processado nem civilmente nem criminalmente por ter matado seu súdito censitário.

Por causa de um édito quase semelhante feito em Milão (quando os Toresans detinham a senhoria) que dispôs que se ficaria quites pelo homicídio de um plebeu pagando uma certa multa, o povo miúdo amotinou-se e depois, tendo expulso a nobreza, tomou a senhoria. O autor da lei, Napus Toresan, morreu na prisão comido pelos piolhos por ter desprezado desse modo a lei de Deus[259], que proíbe que se tenha piedade do assassino por emboscada e quer que ele seja arrancado do seu altar sagrado para ser executado, deixando ademais a critério dos magistrados a qualidade de morte segundo a gravidade do homicídio cometido, para que a igualdade do suplício capital, comum a todos os homicidas em proporção aritmética, seja moderada em proporção geométrica, levando em conta as circunstâncias infinitas do lugar, do tempo e das pessoas. Afinal, bem se sabe que o assassino por emboscada deve ser punido mais severamente que aquele que mata num acesso de raiva, e aquele que mata de noite mais do que aquele que mata de dia, e o envenenador mais do que este último, e o ladrão mais que os outros; e em lugar sagrado mais que em lugar profano, e diante do seu Príncipe mais do que em outro lugar (que é o único caso irremissível segundo as ordenanças da Polônia); e aquele que mata o magistrado no exercício de seu ofício mais do que se fosse um particular, e o parricida mais que o magistrado; e aquele que matou o Príncipe mais do que todos. Esses são os casos em que é preciso distinguir o suplício capital.

Diremos o mesmo das pessoas que estão sob a guarda e proteção de outrem, contra as quais seria impossível se proteger, como o pupilo e o tutor, a mulher e o marido, o doente e o médico, o hóspede e o anfitrião, situações em que a fé e lealdade são exigidas muito mais. Nesses casos os assassinos são punidos mais severamente, como em caso semelhante aqueles que rompem muralhas ou escalam à noite merecem punição maior do que se atentassem em pleno dia. É por isso que, na Tartária e na Moscóvia, o furto mais ínfimo é punido com a morte[260], porque há poucas cidades e casas para guardar o patrimônio. Nas Índias Ocidentais, antes da chegada dos espanhóis, o ladrão era empalado vivo por qualquer furto que fosse, pois seus jardins e terras são

---

259 Deuteronômio 20.

260 Sigismundo, História da Moscóvia.

delimitados apenas por um fio e considera-se um grande crime ultrapassar os limites, e mais ainda romper o fio, e mais em segredo do que às vistas de todos. No entanto, para outros crimes os delitos cometidos em público são punidos mais severamente do que aqueles cometidos em segredo por causa do mau exemplo e escândalo. Nesse ponto concordam os teólogos[261] e canonistas com os jurisconsultos.

Todas essas circunstâncias, e um milhão de outras semelhantes, não podem ser ajustadas a uma mesma forma segundo a igualdade desigual da justiça aritmética. Tampouco podem ser compreendidas em leis e artigos, como seria exigido pela justiça geométrica, que deixa tudo a critério dos magistrados sem lei alguma. Todavia, esta última é menos iníqua que aquela que deixa aos juízes somente o conhecimento do fato e das urnas, como em Veneza, ou das favas, como em Atenas, ou das tabuletas de cores diversas com letras absolutórias ou condenatórias. Pois era condenado aquele que merecia muito menos que a pena da lei, igual para todos, e era absolvido um outro que merecia dez vezes mais. E às vezes vários crimes grandes, médios e pequenos foram objeto de uma mesma lei, como se pode ver nos sete artigos da setena na lei sálica, nos quais os ladrões, envenenadores, adúlteros, incendiários e aqueles que mataram ou venderam um franco ou desenterraram um morto são condenados a duzentos soldos de multa. É uma lei diretamente contrária à justiça que todos os antigos buscaram, a saber, que a pena fosse igual ao pecado, e que eles indicaram ao dizer que é preciso dar o troco[262]. É a justiça escrita na lei de Deus[263], contida nas leis de Sólon, transcrita na Lei das Doze Tábuas, louvada pelos pitagóricos e praticada pelos tarentinos, toscanos e lócrios. Favorino[264], Aristóteles[265] e vários outros criticaram-na sem razão, entendendo de modo demasiado simplório as palavras "dente por dente, mão por mão, olho por olho", pois bem se sabe que aquele que cegou o caolho por malícia não pode levar o troco se lhe retirarem apenas um olho. Portanto, é preciso cegá-lo também, ou seja, dar-lhe o troco, o que só pode ser feito retirando-lhe ambos os olhos.

---

261 Tomás de Aquino, 2 q. 66 art. 1.

262 τὸ ἀντιπεπονθὸς, ou seja, o talião.

263 Deuteronômio 19.

264 Liv. 20.

265 *Retórica (Ad Theodecten), Ética a Nicômaco* liv. 1 e 5.

A lei do talião

Assim foi ordenado pelo povo de Locros a pedido de um caolho cujo inimigo ameaçava furar-lhe o olho, sob pena de perder outro olho. Logo, era dar o troco cegar aquele que havia deixado o outro cego, pois dar o troco não é outra coisa senão punir as grandes maldades severamente, as medianas medianamente e as menores levemente. É o que quiseram dizer com "Mão por mão, dente por dente", como de fato os hebreus o entenderam, escreveram e praticaram, como podemos ver nas suas pandectas, no título das penas. Por conseguinte, Aristóteles, ao criticar a lei do talião, incorreu ele mesmo no erro que queria evitar, pois ele diz que não se deve levar em conta se aquele que fraudou seu companheiro é bom ou mau nem se aquele que cometeu um adultério é bom ou mau, mas é preciso que a justiça, que ele chama de comutativa e que conserta os erros e reduz as coisas desiguais à igualdade, seja tratada em proporção aritmética. Mas como a forma poderia ser igual para todos os pés se eles não têm todos a mesma espessura, comprimento ou largura? Os credores simultâneos de dívidas desiguais processam por prodigalidade o devedor que não tem o suficiente para pagar e não obtêm nada a não ser o saldo proporcional, segundo a justiça geométrica, totalmente contrária à justiça comutativa e à proporção aritmética. Não obstante, trata-se apenas de um puro fato civil e particular. Se o devedor tem com o que pagar, cada um recebe sua dívida em proporção aritmética, sem levar em conta quem é rico e quem é pobre. Porém, o juro e a usura não são pagos em proporção aritmética, como quer Aristóteles, mas em proporção geométrica, levando em conta se o credor é nobre ou mercador, como diremos a seguir. Dessa maneira, nesse caso o nobre tem menos privilégio e perde a sua prerrogativa.

Vemos, portanto, que dessas duas proporções concorrentes se forma a justiça harmônica. É ainda mais estranho quando Aristóteles diz que não se deve levar em conta, ao punir as faltas, se o acusado é bom ou mau, visto que é o primeiro ponto no qual todos os juízes devem prestar atenção. De fato, Xenofonte escreve que os juízes da Pérsia, antes de emitir julgamento sobre a acusação proposta, informavam-se sobre toda a vida do acusado, como ainda se faz em todo lugar. Se seus méritos fossem maiores que seus erros, eles o liberavam plenamente absolvido. Pelo mesmo motivo, o ladrão surpreendido no terceiro furto é geralmente condenado à morte, mesmo que o terceiro furto seja muito menor que o primeiro. Também não faz sentido nenhum quando ele diz que o interesse do particular deve ser igual àquilo que roubaram dele. Para mostrar isso ele enumera três quantidades, 2, 4 e 6, que ele supõe terem sido igualadas da seguinte maneira: 4, 4 e 4. Como aquele que tem seis tirou dois do primeiro, ele criou a desigualdade, que o juiz (que está no meio) reduz à igualdade. Se isso acontecesse, o ladrão ficaria sempre quites devolvendo o produto do furto, mesmo que reincidisse cem vezes. Porém, as leis de Sólon, as Doze Tábuas, os imperadores condenam aquele que tomou algo sem direito a devolver o dobro, o triplo e às vezes o quádruplo, além da infâmia perpétua que o persegue. E a lei de Deus quer que, para cada boi roubado, se devolva cinco àquele de quem se roubou, devido à necessidade que existe de deixar o gado nos campos no mais das vezes. Os outros povos acrescentam a isso as penas corporais e a pena de morte.

Mesmo quando se trata somente de puro interesse civil, para um mesmo fato um ganhará a causa e o outro a perderá, um receberá o juro de sua dívida e o outro não receberá nada, e entre aqueles que têm interesse num mesmo caso um pagará dez vezes mais que o outro. Como isso é bastante notório, citarei apenas o exemplo do artesão que estragou o tecido, ou do lapidador que quebrou o diamante que lhe haviam entregado para engastar: ele pagará o valor da pedra, ainda que não tenha feito nada por dolo nem por fraude. No entanto, se ele não fosse lapidador ele só seria obrigado a isso se tivesse assumido o risco para si ou se tivesse quebrado a pedra por dolo. Todo o direito antigo e novo, bem como a experiência dos julgamentos, nos ensina que a justiça harmônica deve ocorrer tanto quando se trata somente do puro interesse civil quanto em matéria de penas. É por isso que Justiniano, ao publicar a lei das usuras, ordenou que as pessoas ilustres cobrassem apenas cinco porcento, os mercadores oito porcento, os corpos e colégios dez porcento e o restante seis porcento, e particularmente que não se poderia receber dos camponeses mais de cinco porcento.

Bem se vê que essa lei tem proporção harmônica, pois há igualdade aritmética entre os homens nobres, que estão todos num mesmo artigo, grandes, médios e pequenos; e todos os mercadores num outro, ricos e pobres; e os rústicos num único artigo, ainda que sejam muito diferentes uns dos outros; e o restante dos súditos também num artigo só, embora sejam de várias qualidades e condições. E há proporção geométrica entre os nobres, mercadores, camponeses, colégios e outros. Essa proporção de justiça harmônica é observada, porém aplicada de modo mais resumido pelas ordenanças de Orléans, cujo artigo LX diz que os condenados pagarão os juros das somas devidas a doze porcento para os mercadores e a quinze porcento para todas as outras pessoas, exceto para os lavradores, viticultores e mercenários, aos quais os condenados pagarão o dobro da soma à qual foram condenados. Mas a ordenança não é aplicada neste último ponto porque não há distinção se o condenado é nobre, mercador, padre ou artesão, mesmo que ela não possa ser estendida aos lavradores e mercenários condenados. Há desigualdade muito maior na ordenança de Veneza[266] que proíbe cobrar juros, em frutos ou em dinheiro, maiores do que seis porcento. Por isso ela não é observada nem em público nem em particular. Quanto às convenções particulares, embora a proporção de igualdade seja maior, ela nem sempre é respeitada.

Proporção harmônica na remuneração dos artesãos

Mesmo os artesãos, por uma razão natural, acreditam que se deve cobrar menos do pobre do que do rico para o seu salário, embora façam o mesmo trabalho tanto para um como para o outro. O cirurgião que cobrar quinhentos escudos de um homem rico para cortá-lo não cobrará mais de cinco do miserável, e mesmo assim ele cobra de fato dez vezes mais do pobre do que do rico, pois aquele que tem um patrimônio de cinquenta mil escudos paga somente a centésima parte dele, e o pobre que só tem um patrimônio de cinquenta escudos paga cinco, que representam um décimo. Caso se quisesse observar exatamente a proporção geométrica ou aritmética, o paciente morreria de pedra e o cirurgião de fome. Mantendo-se o meio-termo harmônico, ambos ficam bem e os pobres equiparam-se aos ricos. Até os juízes são obrigados a agir assim para receber seu salário, e podem fazê-lo contanto que não excedam o meio-termo, como fez um certo tenente civil que cobrou 30 escudos em especiarias por ter adjudicado a manutenção de um benefício litigioso de um valor de somente três moedas, segundo a proporção geométrica de Platão. Recorreu-se, e na decisão do recurso o juiz foi convocado e desculpou-se dizendo que o benefício era de valor alto. Ranconet presidente da câmara disse então que seu alfaiate agia assim, fazendo-o pagar mais pela feitura de uma roupa

---

266 De 12 de junho de 1551.

de veludo do que de sarja. Mas o juiz respondeu que era obrigado a realizar várias diligências para os pobres sem pagamento algum, pois a ordenança de Milão que dispõe que os juízes possam tomar por salário um porcento de cada parte e nunca exceder duzentos escudos, incluídas as escrituras, não teria contentado Ranconet, que cobrava de todos sem razão nem proporção alguma. De fato, há processos de dez escudos que muitas vezes dão mais trabalho que outros por questões de dez mil escudos. Assim, o mercador ganha do rico aquilo que ele perde com o pobre.

Portanto, é preciso que as leis sejam feitas, e os julgamentos também, de modo que se possa notar nelas a proporção harmônica, seja nas penas e recompensas, seja no interesse particular, seja no direito das sucessões. De outro modo será muito difícil não cometer muitas injustiças, como é injusta a lei das sucessões que concede tudo ao primogênito, seja ele nobre ou plebeu, tal como se faz no país de Caux e se fazia segundo a lei de Licurgo sobre as sete mil partes de heranças atribuídas aos espartanos naturais. Também é iníqua a lei que concede tudo ao primogênito nobre e um terço ou um quinto como renda vitalícia aos irmãos homens mais novos e como propriedade às filhas. Não é menos iníquo o costume da Alemanha e da Itália – que segue todavia o direito comum – que iguala os mais velhos e os mais novos na sucessão segundo a proporção aritmética, sem nenhuma distinção entre as pessoas.

A lei de Deus defende a proporção harmônica

Mas a lei de Deus reteve ambas as coisas, dando aos varões a sucessão dos imóveis e às filhas alguns bens móveis para se casarem, a fim de que as casas não fossem desmembradas por elas. E entre os varões a lei deu duas porções ao mais velho, no que se pode ver a proporção geométrica entre os mais novos e o primogênito, e entre as filhas e os mais novos, e a igualdade entre todos os mais novos, e a mesma igualdade entre as filhas. E quando a lei de Deus[267] diz que aquele que mereceu ser vergastado será punido segundo o delito por ele cometido, é proibido dar mais de quarenta golpes. Tal lei segue a justiça harmônica, pois é permitido ao juiz julgar a seu critério por proporção semelhante até quarenta golpes segundo a qualidade das pessoas e do delito e a qualidade aritmética está em que é proibido ultrapassar quarenta golpes.

---

267 Deuteronômio 25.

Assim, aquele que ofendeu mais, mas não merece a morte, não é mais punido por causa disso que aquele que ofendeu menos. E a lei traz como razão e objetivo que o condenado não seja estropiado, o que é um argumento certo dado pela lei de Deus de que a verdadeira justiça e o governo mais belo são os que se regem pela proporção harmônica.

Embora o estado popular possua mais leis iguais e justiça aritmética e, ao contrário, o estado aristocrático adote mais a proporção geométrica, ambos são obrigados a misturar a proporção harmônica para sua conservação. De outro modo, se a senhoria aristocrática afasta o povo miúdo de todos os estados, ofícios e dignidades, não lhe concedendo participação alguma no despojo dos inimigos nem dos países conquistados deles, não deixará de acontecer que o povo miúdo, por menos aguerrido que seja, se revolte e mude o estado assim que a oportunidade se apresentar, como mostrei acima com vários exemplos. É por isso que a senhoria de Veneza, que é a aristocracia mais verdadeira que já houve, se governa quase aristocraticamente, distribuindo as grandes honras, dignidades, benefícios e magistraturas aos gentis-homens venezianos e os ofícios miúdos, que não possuem poder, ao povo miúdo, segundo a proporção geométrica, dos grandes para os grandes, dos pequenos para os pequenos. Não obstante, para contentar o povo miúdo, a senhoria lhe deixou o estado de chanceler, que é um dos mais dignos e dos mais honráveis, além de ser perpétuo, bem como os ofícios dos secretários de estado, que são muito honráveis. Ademais, a injúria cometida contra o habitante mais insignificante pelos gentis-homens venezianos é punida e castigada, e uma grande brandura e liberdade de vida é dada a todos, que se assemelha mais à liberdade popular que ao governo aristocrático. Além do mais, a nomeação dos magistrados se faz por escolha e por sorteio, uma própria do governo aristocrático e outra do estado popular. Dessa forma, pode-se dizer que o estado é aristocrático e regido por proporção harmônica, que tornou essa República bela e florescente.

O estado de Veneza é aristocrático e o governo harmônico

Mostramos acima que o estado de uma República e o seu governo são diferentes, pois o estado pode ser popular e o governo aristocrático, como aconteceu em Roma depois que os reis foram expulsos: o povo detinha o poder soberano, mas todas as magistraturas, dignidades, benefícios e comissões honráveis eram dadas apenas à nobreza, e os nobres casavam-se somente com os nobres, e os plebeus com os seus semelhantes, e os votos mais dignos e eficazes eram dos grandes senhores e dos ricos. Mas como o governo era puramente aristocrático, o povo (que era soberano) logo se cansou e não descansou até que pouco a pouco o povo miúdo tivesse participação nas maiores honras e benefícios e que fosse permitido aos nobres e plebeus aliarem-se por casamento. Enquanto durou esse governo harmônico, quer dizer, composto de estado aristocrático e popular, a República floresceu em armas e em leis. Depois que o governo inteiramente popular prevaleceu devido à ambição dos tribunos, como o contrapeso de uma balança pesada demais de um lado bate no chão, ou como a harmonia melodiosa se dissolve e os números harmônicos se transformam em números de proporção igual por toda parte. Disso decorreu um desacordo muito grande entre os cidadãos, que persistiu até que o estado foi mudado. Podemos constatar a mesma coisa em todas as Repúblicas, e não temos exemplo melhor do que o dos estados populares dos senhores das ligas, pois quanto mais eles são governados popularmente, mais eles são difíceis de manter, como os cantões da montanha e dos Grisões. Mas os cantões de Berna, Basileia e Zurique, que são governados mais senhorialmente e que preservam o meio-termo harmônico entre o governo aristocrático e o popular, são muito mais dóceis, mais tratáveis e mais seguros em grandeza, poder, armas e leis.

Assim como o estado aristocrático baseia-se na proporção geométrica quando é governado aristocraticamente, ou seja, quando dá aos nobres e aos ricos os estados e as honras, deixando aos pobres apenas a sujeição e obediência, e ao contrário o estado popular governado popularmente reparte os fundos, os despojos, as conquistas, os ofícios, as honras e benefícios igualmente, sem distinção entre o grande e o pequeno, o nobre e o plebeu, assim também o estado real é, por conseguinte, necessariamente proporcionado segundo as razões harmônicas, e se for governado e regido realmente, isto é, harmonicamente, pode-se garantir que é o mais belo, o mais feliz e o mais perfeito de todos.

O estado real governado harmonicamente é o mais belo e o mais perfeito

Não me refiro à monarquia senhorial, na qual o monarca mantém, na condição de senhor natural, todos os súditos como escravos e dispõe dos seus bens como se pertencessem a ele, e menos ainda da monarquia tirânica, na qual o monarca, mesmo não sendo senhor natural, abusa dos súditos e dos seus bens a seu bel-prazer, como se fossem escravos, o que é ainda pior quando ele os obriga a servir às suas crueldades. Refiro-me ao rei legítimo, quer ele aceda por eleição, sorteio ou sucessão, quer de senhor e conquistador ele se torne rei voluntário, tratando seus súditos e prestando-lhes justiça como o pai faz com seus filhos.

Estado real governado popularmente e por proporção aritmética

Não obstante, ele pode governar seu reino popularmente e por proporção igual, convocando todos seus súditos sem distinção da pessoas para todas as honras, sejam quais forem, sem selecionar seus méritos ou competência, seja por sorteio, seja por ordem de uns depois dos outros. Mas existem poucas ou nenhuma monarquia desse tipo.

Estado real governado aristocraticamente por proporção geométrica

O rei também pode governar seu estado aristocraticamente, dando os estados e cargos honoráveis e a distribuição das penas e recompensas em proporção geométrica, escolhendo a nobreza de uns e a riqueza de outros e alijando os plebeus pobres, sem levar em conta nem os méritos nem as virtudes deles, mas apenas aquele que tem mais dinheiro ou mais nobreza. Embora ambos os governos sejam viciosos, aquele que é proporcionado geometricamente é muito mais tolerável porque se aproxima muito mais da suavidade harmônica. Afinal, pode acontecer que o rei, para assegurar seu estado contra a invasão do povo plebeu, se apoie na nobreza, de cuja qualidade e condição ele se aproxima mais do que dos plebeus, com os quais ele não é tão sociável, pois sua majestade não pode simplesmente rebaixar-se a ponto de familiarizar-se com eles, como parece ser necessário se ele quiser conceder-lhes os estados e cargos mais honoráveis. Porém, esse governo também é vicioso e pernicioso, não somente para o povo miúdo, mas também para a nobreza e o Príncipe, pois ele terá necessariamente receio do povo miúdo descontente, que é sempre mais numeroso que a nobreza e os ricos. Se o povo pegar em armas, tornar-se-á o mais forte, e às vezes ele se revolta contra o Príncipe, expulsa a nobreza e fortalece seu poder, como aconteceu na Suíça e em outras Repúblicas antigas que mencionei anteriormente.

A razão é evidente, pois o povo miúdo não está ligado por nenhum acordo nem ao Príncipe nem à nobreza, não mais do que os três números 4, 6 e 7. O primeiro produz um bom acorde com o segundo, a saber uma quinta, mas o último vem provocar a dissonância mais desagradável possível e estraga totalmente a doçura do acorde inicial, porque não tem nenhuma proporção harmônica nem com o primeiro nem com o segundo, nem com os dois juntos. Contudo, pode acontecer que o Príncipe conceda todos os cargos honoráveis, os grandes benefícios e dignidades aos nobres e grandes senhores e somente os pequenos ofícios aos plebeus e ao povo miúdo, como os tabelionatos, sargenterias, notariados, receitas particulares e outros pequenos ofícios das cidades, ou alguma judicatura. Assim ele preservará a proporção geométrica e o governo aristocrático. Digo, no entanto, que esse governo é vicioso, ainda que seja mais suportável que o primeiro e que haja nele proporção semelhante, pois assim como o ofício de condestável é apropriado para um grande senhor, assim também o ofício de sargento o é para um plebeu pobre.

Proporção geométrica na distribuição dos ofícios

Porém, como não há ligação social entre o Príncipe e o miserável, tampouco existe semelhança entre o ofício de condestável e uma sargenteria, não mais do que entre estes quatro números dispostos em proporção geométrica disjunta: 3, 6, 5, 10. Os dois primeiros têm a mesma razão que os dois últimos. A razão entre o primeiro e o terceiro é semelhante à razão entre o segundo e o quarto. Mas a razão entre o primeiro e o quarto é discordante e diferente das outras, e disjunta os extremos. Isso poderia ocorrer ainda que os ofícios dos plebeus fossem honestos e com dignidade, se a nobreza tiver participação neles. É o que se fez em Roma depois que o povo miúdo obteve a faculdade de nomear tribunos do seu corpo, que seriam somente plebeus, sem que os nobres fossem admitidos, a não ser renunciando à sua nobreza. Então o consulado era dado apenas aos gentis-homens e o tribunato aos plebeus. Nisso a proporção geométrica era mantida, pois a razão que havia entre o consulado e o tribunato era semelhante àquela entre o nobre e o plebeu, e a mesma razão que havia entre o tribunato e o plebeu era semelhante àquela entre o consulado e o nobre. Mas assim como o nobre não podia ser tribuno nem o plebeu cônsul, a proporção entre os homens e as honras, disposta geometricamente, permanecia disjunta e desligada, como entre os números 2, 4, 9 e 18 encontram-se duas oitavas em proporção geométrica disjunta, as quais misturadas formam o desacordo mais duro possível devido à desproporção entre 4 e 9, que é intolerável e corrompe toda a harmonia.

A razão pela qual os cônsules e os tribunos estavam sempre em liça

Por isso, os tribunos sempre atacavam os cônsules, e os cônsules os tribunos, frequentemente com sonoros insultos e com toda força, a ponto de serem cometidos vários assassinatos. E os tribunos não descansaram até que a porta das grandes honras e consulados fosse aberta aos plebeus. Se eles tivessem também compartilhado o tribunato com a nobreza, colocando nele mais plebeus do que nobres, sem que estes renunciassem à qualidade de nobreza, não há dúvida que o estado governado harmonicamente dessa forma seria muito mais seguro, mais bem governado e mais durável do que foi. Pois a ligação harmônica dos quatro teria impedido as sedições e guerras civis, como se pode ver nestes quatro números 4, 6, 8 e 12, nos quais há duas quintas nas razões dos extremos, oitavas entre o primeiro e o terceiro e entre o segundo e o quarto, e a razão entre o segundo e o terceiro é uma quarta, que harmoniza todo o conjunto com uma harmonia muito doce e agradável. Mas pouco importava se os gentis-homens de casa antiga eram aceitos no tribunato (se quisessem renunciar à nobreza e fazer-se adotar por plebeus), já que os plebeus não acediam quase nunca ao consulado, a não ser quando atingiam o ponto mais alto da honra por feitos de guerra, como Mário, ou de eloquência, como Cícero, ou de ambos, como Catão, o Censor. Mesmo assim era com tamanha dificuldade que Cícero dizia[268] ter sido o primeiro a romper a cerca que a nobreza havia erguido para impedir os plebeus de entrar no consulado, pois eram somente os patrícios ou os nobres de casa muito antiga que geralmente gozavam dessas honras.

O estado real governado harmonicamente é o mais belo e o mais perfeito

Portanto, é preciso que o rei sábio governe seu reino harmonicamente, misturando suavemente os nobres e plebeus, os ricos e os pobres, mas com tal discernimento que os nobres tenham alguma vantagem sobre os plebeus, pois é correto que o gentil-homem tão excelente em armas ou em leis quanto o plebeu seja preferido nos estados de judicatura ou da guerra, e que o rico igual em todas as outras coisas ao pobre seja também preferido nos estados que têm mais honra que proveito, e que o pobre obtenha os ofícios que têm mais proveito do que honra. Assim todos serão contentados, pois aquele que é bastante rico só procura a honra, e o pobre procura seu proveito. Também é preciso que os ricos, que custeiam os encargos públicos, tenham alguma vantagem sobre os pobres. É por isso que um sábio cônsul romano deixou o governo e a soberania das cidades conquistadas por ele aos mais ricos[269], estimando que eles seriam mais ciosos da conservação delas que os pobres, que não tinham tanto interesse nelas. E se os estados forem associados e dobrados, será melhor emparelhar o nobre e o plebeu, o rico e o pobre, o jovem e o velho do que deixar dois nobres, ou dois ricos, ou dois pobres, ou dois jovens juntos, que no mais das vezes brigam entre si e estorvam um ao outro no seu cargo, como acontece naturalmente, pois só há inveja entre iguais. Ainda decorre um benefício muito grande da conjunção que mencionei, pois ao agir assim cada um conserva a prerrogativa e o direito ao estado que detém, como se vê que, nas cortes soberanas e nos corpos e colégios compostos por toda espécie de pessoas, a justiça é muito mais bem ordenada do que se fossem formados por um único estado.

---

[268] Em Agraria 1.

[269] Lívio liv. 34.

Ora, não há meio de unir os pequenos aos grandes, os plebeus com os nobres, os pobres com os ricos a não ser comunicando os ofícios, estados, dignidades e benefícios aos homens que merecem, como mostramos anteriormente. Mas os méritos são diversos, pois se quiséssemos atribuir os estados e cargos honoráveis apenas às pessoas virtuosas a República estaria sempre em combustão, já que o número de homens de virtude é sempre muito pequeno e eles seriam expulsos facilmente e alijados. Porém, ao emparelhar os homens de virtude, como eu disse, ora com os nobres, ora com os ricos, ainda que sejam destituídos de virtude estes se sentirão honrados por estarem unidos às pessoas de virtude, e estas por acederem aos lugares de honra. Agindo-se assim, toda a nobreza, por um lado, alegra-se ao ver que o único ponto de nobreza é respeitado na distribuição das recompensas e, por outro lado, todos os plebeus são arrebatados por um prazer incrível e sentem-se muito honrados. De fato é uma honra quando veem o filho de um pobre médico se tornar chanceler de um grande reino e um pobre soldado tornar-se enfim condestável, como se viu nas pessoas de Bertrand du Guesclin, de Michel de l'Hospital e de muitos outros que por suas virtudes ilustres ascenderam aos mais altos graus da honra.

Porém, todos os estados aguardam impacientemente enquanto os mais indignos ocupam os lugares mais altos. Não que não seja necessário às vezes dar aos incapazes e indignos alguns ofícios, mas em número pequeno o bastante para que sua ignorância ou maldade não tenha grande efeito sobre o estado que ocuparão. Pois não se deve somente entregar a bolsa aos mais leais, as armas aos mais valentes, a justiça aos mais retos, a censura aos mais íntegros, o trabalho aos mais fortes, o leme aos mais sábios, a prelatura aos mais devotos, como quer a justiça geométrica (embora isso seja impossível devido à escassez de homens virtuosos). É preciso também, para estabelecer harmonia entre uns e outros, misturar entre eles aqueles que têm como suplantar de alguma forma aquilo que falta nos outros. De outra maneira tampouco haveria harmonia, pois se separariam os acordes que são bons por si sós, quando na verdade eles não fazem consonância se não estiverem unidos, pois a falta de um é suplantada pelo outro.

A imagem do rei e dos três estados conformes à natureza

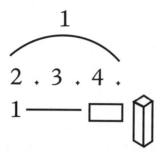

Ao fazer isso, o Príncipe sábio harmonizará seus súditos uns com os outros e todos juntos consigo, assim como podemos ver nos quatro primeiros números, que Deus dispôs em proporção harmônica para nos mostrar que o estado real é harmônico e que deve ser governado harmonicamente. Pois de 2 para 3 há uma quinta, de 3 para 4 uma quarta, de 2 para 4 uma oitava, de 1 para 2 novamente uma oitava, de 1 para 3 uma décima segunda, que compreende uma quinta e uma oitava, e de 1 para 4 uma oitava dobrada, que contém o sistema completo de todos os tons e acordes de música. Quem quiser avançar para 5 produzirá um desacordo insuportável. O mesmo podemos dizer do ponto, da linha, da superfície e do volume.

A imagem da alma é semelhante ao reino bem ordenado

Portanto, supõe-se que o Príncipe, alçado acima de todos os súditos e cuja majestade não tolera divisão, é a unidade, que não é número nem está no rol dos números, embora todos os outros só tirem sua força e poder da unidade. E os três estados são dispostos como estão e quase sempre estiveram em todos os reinos e Repúblicas bem ordenados, a saber, o estado eclesiástico em primeiro devido à dignidade que possui e à prerrogativa do ministério de Deus, composto de nobres e plebeus; depois o estado militar, também composto de nobres e plebeus; e o povo miúdo de acadêmicos, mercadores, artesãos e lavradores. Cada um desses três estados deve ter participação nos ofícios, benefícios, judicaturas e cargos honoráveis, levando-se em conta os méritos e as qualidades das pessoas. Assim se formará uma agradável harmonia de todos os súditos entre si e de todos juntos com o Príncipe soberano.

Ainda podemos visualizar isso no homem, que é a verdadeira imagem da República bem ordenada, pois o intelecto desempenha o papel da unidade por ser indivisível, puro e simples; depois a alma razoável, faculdade que todos os antigos separaram do intelecto; a terceira é a vontade de castigar, que reside no coração, como têm os guardas; a quarta é a cupidez bestial, que reside no fígado e em outros intestinos que alimentam todo o corpo humano, como fazem os lavradores. Assim como os homens que têm nenhum ou pouco intelecto não deixem de viver sem voar mais alto na contemplação das coisas divinas e intelectuais, assim também as Repúblicas aristocrática e popular, que não têm rei, mantêm-se e governam seu estado. No entanto, elas não são tão unidas nem tão ligadas como se tivessem um Príncipe, que é como o intelecto, que une todas as partes e faz com que concordem quando a alma razoável é guiada pela prudência, a vontade de castigar pela magnanimidade, a cupidez bestial pela temperança e o intelecto é elevado pelas contemplações divinas. Então se estabelece uma justiça muito harmoniosa que devolve a cada uma das partes da alma o que lhe pertence. Podemos dizer o mesmo dos três estados guiados pela prudência, pela força e pela temperança e dessas três virtudes morais em acordo entre si e com seu rei, ou seja, com a virtude intelectual e contemplativa, que estabelecem uma forma de República belíssima e harmoniosa. Pois assim como da unidade depende a união de todos os números, que tiram seu ser e seu poder somente dela, assim também é necessário um Príncipe soberano, de cujo poder dependem todos os outros.

De fato, não se pode fazer boa música sem haver alguma dissonância, que é preciso necessariamente assimilar para dar mais graça aos bons acordes, o que faz o bom músico para tornar a consonância da quarta, da quinta e da oitava mais agradável, inserindo anteriormente alguma dissonância, que torna a consonância de que falei maravilhosamente suave. É também o que fazem os cozinheiros refinados, que, para dar melhor gosto às boas carnes, intercalam alguns pratos de carnes falsas, rudes e desagradáveis, como o douto pintor, para realçar sua pintura e dar brilho ao branco, obscurece o entorno com preto e sombreados. Afinal, a natureza do prazer é tal em todas as coisas deste mundo que ele perde sua graça se não se tiver provado o desprazer, e o prazer sempre contínuo torna-se insípido, pernicioso e desagradável.

Por isso é necessário que haja alguns tolos entre os sábios, alguns homens indignos de seu cargo entre os homens experientes e alguns viciosos entre os bons para dar-lhes brilho e fazer saltar aos olhos a diferença entre o vício e a virtude, o saber e a ignorância. Pois quando os tolos, os viciosos, os maus são desprezados, então os sábios, os virtuosos, as pessoas de bem recebem a verdadeira recompensa de sua virtude, que é a honra.

As três filhas de Têmis referem-se às três proporções

Parece que os antigos teólogos nos haviam mostrado o que eu disse dando a Têmis três filhas, a saber εὐνομία, ἐπιείκια e εἰρήνη, ou seja, lei reta, equidade e paz, que se referem às três formas de justiça, aritmética, geométrica e harmônica. Não obstante, a paz, que representa a harmônica, é o único objetivo e realização de todas as leis e julgamentos e do verdadeiro governo real, tal como a justiça harmônica é o objetivo do governo geométrico e aritmético.

O mundo é feito e governado por proporção harmônica

Tendo esclarecido esse ponto, resta saber se é verdade o que dizia Platão, que Deus governa este mundo por proporção geométrica, porque ele usou esse fundamento para mostrar que a República bem ordenada à imagem deste mundo deve ser governada por justiça geométrica. Mostrei exatamente o contrário ao falar da natureza da unidade relacionada harmonicamente aos três primeiros números, do intelecto relacionado às três partes da alma e do ponto, da linha e da superfície com relação ao corpo. Mas é preciso ir além, pois se Platão tivesse observado mais de perto ele teria notado o que ele esqueceu no seu *Timeu*, que esse grande Deus da natureza compôs harmonicamente o mundo da matéria e da forma por igualdade e semelhança. Como a matéria seria inútil sem a forma e a forma não poderia subsistir sem a matéria, nem em todo o universo nem nas suas partes, ele compôs o mundo igual a uma e semelhante à outra. Ele é igual à matéria porque compreende tudo, e semelhante à forma, assim como a proporção harmônica é composta pelas proporções aritmética e geométrica, igual a uma e semelhante à outra, sendo uma separada da outra imperfeita. E assim como os pitagóricos sacrificaram hecatombes, não pela abertura do ângulo reto justaposto aos dois lados, mas por ter achado numa mesma figura

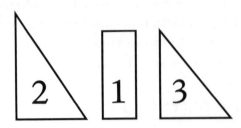

A igualdade e semelhança de duas outras figuras, sendo a terceira figura igual à primeira e semelhante à segunda, assim também Deus fez este mundo igual à matéria, porque compreende tudo e não tem nada vazio, e semelhante à forma eterna, que ele havia concebido antes de fazer o mundo, como lemos na santa Escritura[270]. Quanto ao movimento deste mundo, vemos que Deus fez um igual, que é o movimento arrebatador, e outro desigual, que é o movimento planetário, contrário ao primeiro. O terceiro é o movimento oscilatório, que abarca e liga ambos.

Ligação harmônica do mundo e de suas partes

Se investigarmos com atenção as outras criaturas, encontraremos uma ligação harmônica perpétua que harmoniza os extremos por meios indissolúveis dependentes de ambos os extremos, como se pode ver que entre a terra e as pedras há a argila; entre a terra e os metais, as marcassitas, calamitas e outros minérios; entre as pedras e as plantas, as espécies de coral, que são plantas petrificadas que se alimentam e crescem por meio das raízes; entre as plantas e os animais, os zoófitos ou plantas animais, que têm sentimento e movimento e alimentam-se pelas raízes; entre os animais terrestres e aquáticos, os anfíbios, como castores, lontras, tartarugas e outros semelhantes; entre os aquáticos e voláteis, os peixes voadores; e geralmente entre as bestas e o homem, os macacos, embora Platão tenha colocado a mulher entre estes e a natureza angelical. Deus colocou o homem, uma parte do qual é mortal e outra parte imortal, como ligação entre o mundo elementar e o mundo celeste por meio da região etérea.

---

[270] Gênese cap. 2.

Assim como a dissonância dá graça à harmonia, Deus também quis que o mal fosse misturado ao bem, as virtudes colocadas no meio dos vícios, os monstros na natureza, os eclipses nas luzes celestes e razões absurdas nas demonstrações geométricas, para que disso resultasse um bem maior e que o poder e a beleza das obras fossem conhecidos por esse meio[271], senão permaneceriam escondidos e sepultados. É por isso que Deus endureceu o faraó, que os sábios hebreus interpretam como o inimigo de Deus e da natureza: "Assim o fiz", disse Ele, "para que se opusesse a mim e que eu mostrasse minha força contra ele, para que todo o mundo cante minha glória e meu poder". No entanto, todos os teólogos concordam que a força e o poder desse inimigo de Deus estão contidos nas barreiras do pequeno mundo elementar e que ele só tem poder enquanto aprouver a Deus deixá-lo agir. Ora, assim como de vozes e sons contrários compõe-se uma harmonia suave e natural, assim também dos vícios e virtudes, das qualidades diferentes dos elementos, dos movimentos contrários, das simpatias e antipatias ligadas por meios invioláveis se compõe a harmonia deste mundo e de suas partes.

Do mesmo modo, a República é composta de bons e maus, de ricos e pobres, de sábios e tolos, de fortes e fracos, aliados por aqueles que são intermediários entre uns e outros, de forma que o bem é sempre mais possante que o mal e as consonâncias mais que as dissonâncias. E assim como a unidade com relação aos três primeiros números, o intelecto com relação às três partes da alma, o ponto indivisível com relação à linha, à superfície e ao corpo, assim também se pode dizer que o grande rei eterno, único, puro, simples, indivisível, elevado acima dos mundos elementar, celeste e inteligível, une os três e faz reluzir o esplendor de sua majestade e a suavidade da harmonia divina em todo este mundo, exemplo que o rei sábio deve seguir para governar seu reino.

FIM

---

271 Êxodo cap. 9.

Para saber mais sobre o nosso catálogo, acesse:
www.iconeeditora.com.br

• • • • • • • • • • • • •

Esta obra, composta na tipologia
Adobe Jenson Pro,
foi impressa pela Imprensa da Fé
sobre papel offset 75 gramas para a
Ícone Editora em 2011 e 2012.

• • • • • • • • • • • • •

Os Seis Livros da República.
Total de 1.200 páginas.
Livro Primeiro: 328 p.; Livro Segundo: 104 p.;
Livro Terceiro: 168 p.; Livro Quarto: 168 p.;
Livro Quinto: 184 p.; Livro Sexto: 248 p.

• • • • • • • • • • • • •